IN DISTANT LANDS

A SHORT HISTORY OF THE CRUSADES

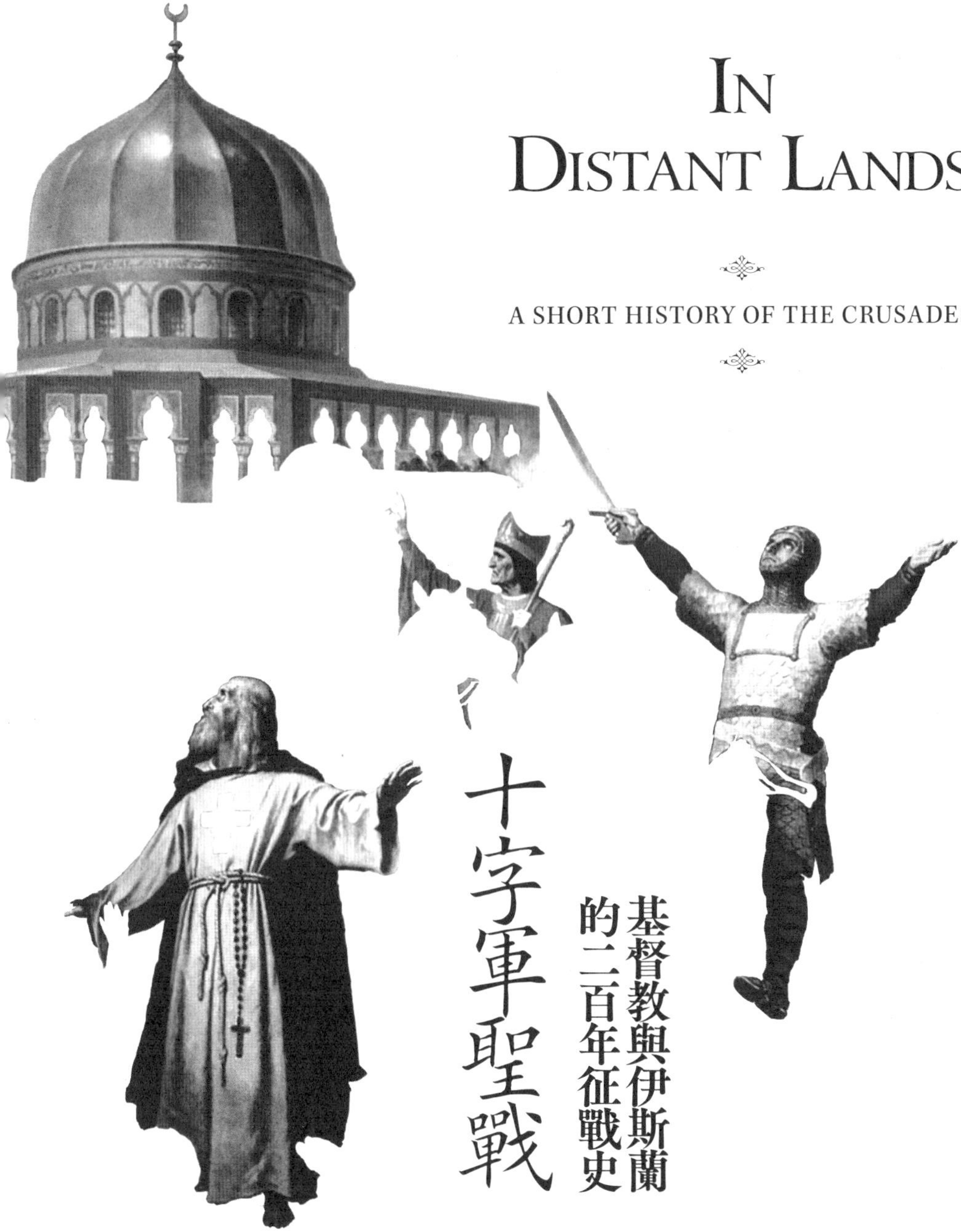

十字軍聖戰

基督教與伊斯蘭的二百年征戰史

LARS BROWNWORTH

拉爾斯．布朗沃思 著　　黃芳田 譯

中文版序

歐洲究竟是什麼？這塊地中海以北的大陸在古代或中世紀早期的確並未被認為是一塊獨特的地方。德意志帝國宰相俾斯麥說得最好，將之稱為「只不過是地理上的表達」，是個歷史上的創造物，除了地理上的遇合之外，並沒有實質上的統一關聯。而且這地理位置在東部邊界上也有點模糊不清。

然而，不管「歐洲」一詞的界定多麼朦朧不清，如今卻已成為寰宇公認的字眼，一連串在文化上獨特的國家在十九世紀末興起，成為主宰全球的勢力。因此，可能比較好的問法應該是：歐洲人究竟何時開始自認為歐洲人？

西元八世紀期間，歐洲仍然沒擺脫過去而沉迷在與北非和中東曾共享過的古羅馬時代中，到處仍可見到過去輝煌時代所留下的有形提醒物：傾頹的古羅馬建物、半掩埋的大理石雕像、法典，以及所有受過教育的人用來溝通的語言。歲月使得許多古羅馬的成就化成半為人所記得的殘夢——如有位中世紀作者就聲稱自己見過的廢墟是由巨人所建，因為凡人不可能造出這樣的規模——但這仍足以激發起一種信念，認為可以再重建古羅馬世界。

這不僅是個單純的政治統一夢想而已。古羅馬人治下的歐洲是由成千上萬里馳道連結許多無城牆城市的非凡組合，並受到羅馬軍團的保護。邊疆之外是無遠弗屆的貿易網，深入到無名之地，遠至連神話上都沒出現過。雄心勃勃的商賈越過寒冷的山丘與炙熱的荒地去尋找東方貨物，足跡遠超過亞歷山大大帝的士兵願意涉足的範圍之外。西元一六六年，廣大的新商業關係似乎即將展開，羅馬特使抵達了中國首都洛陽，獲得了漢桓帝朝廷的接待。

但這番勝利已算是帝國的顛峰，到了二世紀結束時，羅馬帝國已開始轉向內在（turn inward），及至五世紀時，西半部羅馬帝國已經完全瓦解，疾病與蠻族入侵毀了歐洲，倖存的城市則在其昔日陰影中苟延殘喘。隨之而來的長期政治衰落使得西歐淪為偏執、混亂又千瘡百孔的空殼，誠如史學家肯尼斯．克拉克（Kenneth Clarke）頗為誇張的形容，文明千鈞一髮地「九死一生」。

那個偉大夢想看來無望地遙不可及。歐洲包圍在更強大、厲害的鄰國之中，似乎注定繼續成為一灘死水，永遠要受他國的擺布。然而接下來兩個世紀裡，卻反而可見到歐洲異乎尋常地復甦了，它會轉型成為充滿信心、活力的諸國組合，首次意識到自身的新興身分。

諷刺的是，這個大轉捩點卻是始於一場入侵。在九世紀之交，維京人從冰封的北方之地一擁而出，將西歐與中歐的弱小王國攪得天翻地覆，一波又一波的北歐「海狼」緊接著第一批劫掠者之後來到，尋找掠奪財物、土地或光榮陣亡的機會。不列顛大部分島嶼都淪陷在他們的劍下，歐洲大陸的首都如巴黎與亞琛也遭劫掠。他們往東沿著尚未納入地圖的中歐流域南下而攻占了基輔，並進攻拜占庭帝國的強大首都君士坦丁堡。

儘管這些過程十分痛苦，但這些暴力行徑卻宛如誕生現代歐洲必經的陣痛，除舊布新的創造性毀滅，掃除了舊有秩序，以便讓新穎有活力的事物在原處生長。維京人遠非單純的蠻人，他們是律法制定者（英文「法律」一詞就是源自於古諾斯語），並把新穎的陪審團制度引入了英格蘭。他們也是老練的商人與探險家，在冰島殖民，俄羅斯因他們而得名，他們興建了都柏林，並建立起延伸至北美與中國的貿易網。

也許最重要的是定居法蘭西北部的維京人，這些住在諾曼公國（不久就簡稱為「諾曼地」）的居民，為如何創建一個成功的中世紀國家提供了榜樣。他們是中世紀了不起的企業家；浪跡天涯的急進冒險家，白手起家，深刻改變了歐洲的面貌。在兩個世紀期間，他們發動了連串非凡的征服，從北海到北非海岸打造出王國。到十一世紀結束時，歐洲四大國之中有三個是由諾曼人創建或徹底改造而成的。

新的擴張精神興起了，自從羅馬帝國的輝煌時期以來，這是歐洲首次懷著信心望向邊疆之外。遠比維京人更強大的敵人位於他們四周，歐洲的東、西、南面皆受伊斯蘭包圍。在四個世紀的侵略中，哈里發的軍隊已併吞了北非以及西方的西班牙，直抵東方的中國邊界。羅馬本身也遭到攻擊，穆斯林曾在義大利短暫建立過一處灘頭堡，基督教世界的邊界一直遭到蠶食。如今歐洲終於準備反攻了。

一〇九五年，教宗烏爾班二世在法蘭西的克萊芒演講，為新的樂觀精神定出了一個目標，最終回應此呼籲者多達十五萬人，拋下了他們所知的一切而肩負起這看來像是傻子的使命：行萬里路深入敵境為基督教世界征服耶路撒冷。於是第一次的十字軍東征開始了，這是個廣大而最終成為悲劇時代的開端，或許也是史上最受誤解的時期。十字軍東征曾被描述為東西方對抗的倒數第二來源，殖民主義的起源，甚至是恐怖主義的根源。實則卻是遲來而且最終也沒成功的嘗試，企圖要扭轉四百年來伊斯蘭的征服。

十字軍東征失敗意味著東方香料與絲綢的傳統陸路貿易路線此時不通了，因此，歐洲人開始另覓抵達中國利潤豐厚市場的通路，結果迎來了大航海時代，及遠超過所有羅馬帝國前輩的新貿易路線發展成果。原來，過去並非指南而是序幕而已。

這就是《諾曼風雲》、《維京傳奇》、《十字軍聖戰》講的故事。從九世紀到十三世紀形成歐洲的歲月是如何成為關鍵，讓人了解到歐洲之所以成為歐洲，以及它如何從一池渾水轉型成了世界強權。

目次

人物表

第一次十字軍東征：教宗的十字軍（第一章至第二章）

阿歷克塞一世（Alexius I Comnenus），在第一次十字軍東征時呼籲協助烏爾班二世的拜占庭皇帝。

埃米喬（Emicho），萊寧根伯爵，反猶「日耳曼」十字軍領袖。

基利傑·阿爾斯蘭（Kilij Arslan），根據地位於尼西亞的土耳其蘇丹。

隱士彼得（Peter the Hermit），法蘭西教士，平民十字軍的主要領袖，也稱為「亞眠的彼得」。

烏爾班二世（Urban II），一〇九五年在克萊芒演講的教宗，因此發起了第一次十字軍東征。

沃爾特・桑薩瓦爾（Walter Sans-Avoir），布瓦西桑薩瓦爾（Boissy-sans-Avoir）的領主，平民十字軍的低階領袖，綽號「窮鬼」沃爾特。

第一次十字軍東征：諸侯十字軍（第三章至第六章）

勒皮的阿德埃馬（Adhemar of Le Puy），教宗使節，第一次十字軍東征的精神領袖。

鮑德溫一世（Baldwin I），布永的戈弗雷的弟弟，建立了第一個十字軍國家（埃德薩伯國），耶路撒冷第二任國王。

博希蒙德一世（Bohemond I），塔蘭托大公，建立了第二個十字軍國家（安條克公國）。

戈弗雷（Godfrey），下洛林公爵，第一任耶路撒冷國王（未加冕），擁有「聖墓捍衛者」的稱號。

韋爾芒杜瓦的于格（Hugh of Vermandois），法王的弟弟，第一位跟著十字軍出發的大貴族。

克波葛（Kerbogah），摩蘇爾的阿德貝格（Atabeg，總督的意思）。

彼得・巴塞洛繆（Peter Bartholomew），法蘭西神祕主義者，曾在安條克見到聖槍的異象。

雷蒙（Raymond），土魯斯伯爵，博希蒙德的主要對手。

布洛瓦的史蒂芬（Stephen of Blois），征服者威廉的女婿。

坦克雷德（Tancred），博希蒙德的姪兒，後來成為加利利大公以及安條克攝政。

塔第吉歐斯（Taticius），拜占庭將軍，與十字軍一起前往安條克。

亞吉希安（Yaghi-Siyan），安條克的土耳其總督。

十字軍國家的形成（第七章至第九章）

鮑德溫二世（Baldwin II），鮑德溫一世的表親，耶路撒冷王國第三任國王，俗稱「勒布爾的鮑德溫」（Baldwin of Le Bourg）。

鮑德溫三世（Baldwin III），富爾克與梅利桑德的兒子，耶路撒冷王國第五任國王。

戴姆伯特（Daimbert），教宗使節，被指派接任勒皮的阿德埃馬。

多梅尼科・米凱萊（Domenico Michele），威尼斯總督。

安茹的富爾克（Fulk of Anjou），梅利桑德的丈夫，耶路撒冷王國第四任國王。

于格・德・帕英（Hugues de Payens），法蘭西騎士，創立聖殿騎士團。

喬治林二世（Joscelin II），埃德薩伯爵，他與普瓦捷的雷蒙敵對的結果，導致埃德薩公國衰亡。

梅利桑德（Melisende），鮑德溫二世的女兒，與丈夫富爾克共同擔任兒子鮑德溫三世的攝政。

普瓦捷的雷蒙（Raymond of Poitiers），安條克大公，阿基坦的埃莉諾的叔叔。

贊吉（Zengi），阿勒坡的埃米爾，他的勝利促成了第二次十字軍東征。

第二次十字軍東征（第十章至第十一章）

克萊沃爾的聖伯納德（Bernard of Clairvaux），熙篤會僧侶，第二次十字軍東征的推手。

康拉德三世（Conrad III），神聖羅馬帝國皇帝。

阿基坦的埃莉諾（Eleanor of Aquitaine），路易七世的妻子，普瓦捷的雷蒙的姪女。

尤金三世（Eugenius III），號召第二次十字軍東征的教宗。

路易七世（Louis VII），法蘭西國王，率先宣誓參加十字軍的主要人物。

曼努埃爾一世（Manuel I Comnenus），拜占庭皇帝，阿歷克塞一世的孫子。

努爾丁（Nūr al-Dīn），阿勒坡埃米爾，贊吉的兒子。

第三次十字軍東征（第十二章至第十五章）

阿馬里克（Amalric），鮑德溫三世的弟弟，耶路撒冷王國第六任國王。

鮑德溫四世（Baldwin IV），阿馬里克的兒子，耶路撒冷王國第七任國王。俗稱「痲瘋王」。

腓特烈一世（Frederick I Barbarossa），神聖羅馬帝國皇帝，康拉德三世的姪兒。

格列哥里八世（Gregory VIII），號召第三次十字軍東征的教宗。

呂西尼昂的居伊（Guy of Lusignan），法蘭西貴族，耶路撒冷王國第九任國王。

亨利二世（Henry II），英格蘭國王，阿基坦的埃莉諾的第二任丈夫。

伊薩克二世（Isaac II Angelus），第三次十字軍東征時的拜占庭皇帝。

腓力二世（Philip II Augustus），法蘭西國王，路易七世的兒子。

沙蒂永的雷納德（Raynald of Châtillon），安條克大公，魯莽行事導致喪失耶路撒冷。

「獅心王」理查（Richard the Lionheart），英格蘭國王亨利二世與阿基坦的埃莉諾的兒子。第三次十字軍東征的主要人物。

薩拉丁（Saladin），謝爾庫赫的兒子，為伊斯蘭再度征服了耶路撒冷。

謝爾庫赫（Shirkuh），努爾丁的庫德人將軍，白手起家成為埃及法蒂瑪王朝的維齊爾（宰相）。

雷契的坦克雷德（Tancred of Lecce），西西里諾曼王國的國王，俗稱「猴王」。

第四次十字軍東征（第十六章）

阿歷克塞三世（Alexius III Angelus），拜占庭皇帝，伊薩克二世的弟弟。

阿歷克塞四世（Alexius IV Angelus），拜占庭皇帝，伊薩克二世的兒子，與十字軍聯盟。

阿歷克塞五世（Alexius V），拜占庭皇帝，推翻了阿歷克塞四世，人稱「莫爾策弗魯斯」（Mourtzouphlos，意指「濃眉」）。

博尼法斯（Boniface），蒙費拉托侯爵，第四次十字軍東征的領袖。

恩里科·丹多洛（Enrico Dandolo），威尼斯總督，第四次十字軍東征的領袖。

英諾森三世（Innocent III），號召第四次和第五次十字軍東征的教宗。

伊薩克二世（Isaac II Angelus），拜占庭皇帝，於第四次十字軍東征就快號召之前被阿歷克塞三世推翻。

提博（Thibaut），香檳伯爵，「獅心王」理查的外甥。

第五次十字軍東征（第十七章）

卡米爾（al-Kamil），第五、六、七次十字軍東征時的埃及蘇丹，薩拉丁的姪兒。

安德烈（Andrew），匈牙利國王，第五次十字軍東征領袖。

腓特烈二世（Frederick II Barbarossa），神聖羅馬帝國皇帝，人稱「世界的奇蹟」。

布里恩的約翰（John of Brienne），耶路撒冷攝政，第五次十字軍東征的領袖。

利奧波德（Leopold），奧地利公爵，第五次十字軍東征領袖。

科隆的尼古拉（Nicholas of Cologne），日耳曼牧童，「兒童十字軍」的領袖之一。

佩拉久斯（Pelagius），教宗使節，第五次十字軍東征領袖。

第六次十字軍東征（第十八章）

腓特烈二世（Frederick II Barbarossa），神聖羅馬帝國皇帝，第六次十字軍東征領袖。

格列哥里九世（Gregory IX），繼任何諾三世的教宗，將腓特烈二世逐出教會。

何諾三世（Honorius III），號召第六次十字軍東征的教宗。

尤蘭妲（Yolande），布里恩的約翰的女兒，耶路撒冷王位繼承人。

第七次和第八次十字軍東征（第十九章至第二十一章）

拜巴爾（Baybars），埃及的馬穆魯克蘇丹。

安茹的查理（Charles of Anjou），路易九世的弟弟，西西里國王。

愛德華一世（Edward I），英格蘭國王，在第八次十字軍東征正式結束後才加入，人稱「長腿愛德華」。

旭烈兀（Hulagu），成吉思汗的孫子，蒙古人的領袖。
英諾森四世（Innocent IV），第七次十字軍東征期間的教宗。
路易九世（Louis IX），法蘭西國王，第七次和第八次十字軍東征領袖，人稱「聖人路易」。
祭司王約翰（Prester John），傳說中的東方基督教國王。
亞多亞的羅貝爾（Robert of Artois），路易九世的弟弟。

十字軍國家王公世系表[1]

耶路撒冷王國（1099-1291）

布永的戈弗雷（Godfrey of Bouillon, 1099-1100）

鮑德溫一世（Baldwin I, 1100-1118）

鮑德溫二世（Baldwin II, 1118-1131）

梅利桑德（Melisende, 1131-1153）[2]

---

1 編按：以下世系表為編輯增補，供讀者參閱。

2 編按：梅利桑德女王前後與丈夫富爾克（Fulk, 1131-1143）、兒子鮑德溫三世共治。

鮑德溫三世（Baldwin III, 1143-1163）
阿馬里克一世（Amalric I, 1163-1174）
鮑德溫四世（Baldwin IV, 1174-1185）
鮑德溫五世（BaldwinV, 1183-1186）
西碧拉（Sibylla, 1186-1190）[3]
伊莎貝拉一世（Isabella I, 1192-1205）[4]
蒙費拉托的瑪利亞（Maria of Montferrat, 1205-1212）[5]
尤蘭妲（Yolande, 1212-1228）[6]
康拉德二世（Conrad II, 1228-1254）
康拉德三世（Conrad III, 1254-1268）
于格（Hugh, 1268-1284）
約翰二世（John II, 1284-1285）
亨利二世（Henry II, 1285-1291）

安條克公國（1098-1268）

博希蒙德一世（Bohemond I, 1098-1111）
博希蒙德二世（Bohemond II, 1111-1130）
康斯坦絲（Constance, 1130-1163）[7]
博希蒙德三世（Bohemond III, 1163-1201）
博希蒙德四世（Bohemond IV, 1201-1233）[8]
博希蒙德五世（Bohemond V, 1233-1251）

---

3 編按：西碧拉女王與丈夫呂西尼昂的居伊（Guy of Lusignan, 1186-1192）共治。

4 編按：伊莎貝拉一世女王先後與三位丈夫：蒙費拉托的康拉德一世（Conrad I of Montferrat, 1192）、香檳的亨利一世（Henry I of Champagne, 1192-1197）、呂西尼昂的阿馬里克二世（Amalric II of Lusignan, 1198-1205）共治。

5 編按：瑪利亞女王與布里恩的約翰一世（John I of Brienne, 1210-1212）共治。

6 編按：尤蘭妲又稱為伊莎貝拉二世，嫁給神聖羅馬帝國腓特烈二世期間，兩人共治（1225-1228）。

7 編按：康斯坦絲女大公先後與兩任丈夫：普瓦捷的雷蒙（Raymond of Poitiers, 1136-1149）、沙蒂永的雷納德（Raynald of Châtillon, 1153-1160）共治。

8 編按：博希蒙德四世曾短暫失去安條克大公位子（1216-1219）。

博希蒙德六世（Bohemond VI, 1251-1268）

的黎波里伯國（1102-1289）

土魯斯的雷蒙一世（Raymond of Toulouse ,1102-1105）

阿方索（Alfonso, 1105-1109）

伯特蘭（Bertrand, 1109-1112）

彭斯（Pons, 1112-1137）

雷蒙二世（Raymond II, 1137-1152）

雷蒙三世（Raymond III, 1152-1187）

雷蒙四世（Raymond IV, 1187-1189）

博希蒙德四世（Bohemond IV, 1189-1233）

博希蒙德五世（Bohemond V, 1233-1252）

博希蒙德六世（Bohemond VI, 1252-1275）

博希蒙德七世（Bohemond VII, 1275-1287）

露西婭（Luica, 1287-1289）

埃德薩伯國（1098-1144）

鮑德溫一世（Baldwin I, 1098-1100）
鮑德溫二世（Baldwin II, 1100-1118）[10]
喬治林一世（Joscelin I, 1118-1131）
喬治林二世（Joscelin II, 1131-1144）

9 編按：自博希蒙德四世開始起，由安條克大公同時兼領的黎波里伯國。
10 編按：鮑德溫一世與鮑德溫二世在接任耶路撒冷國王前都曾是埃德薩伯爵。

拜占庭帝國

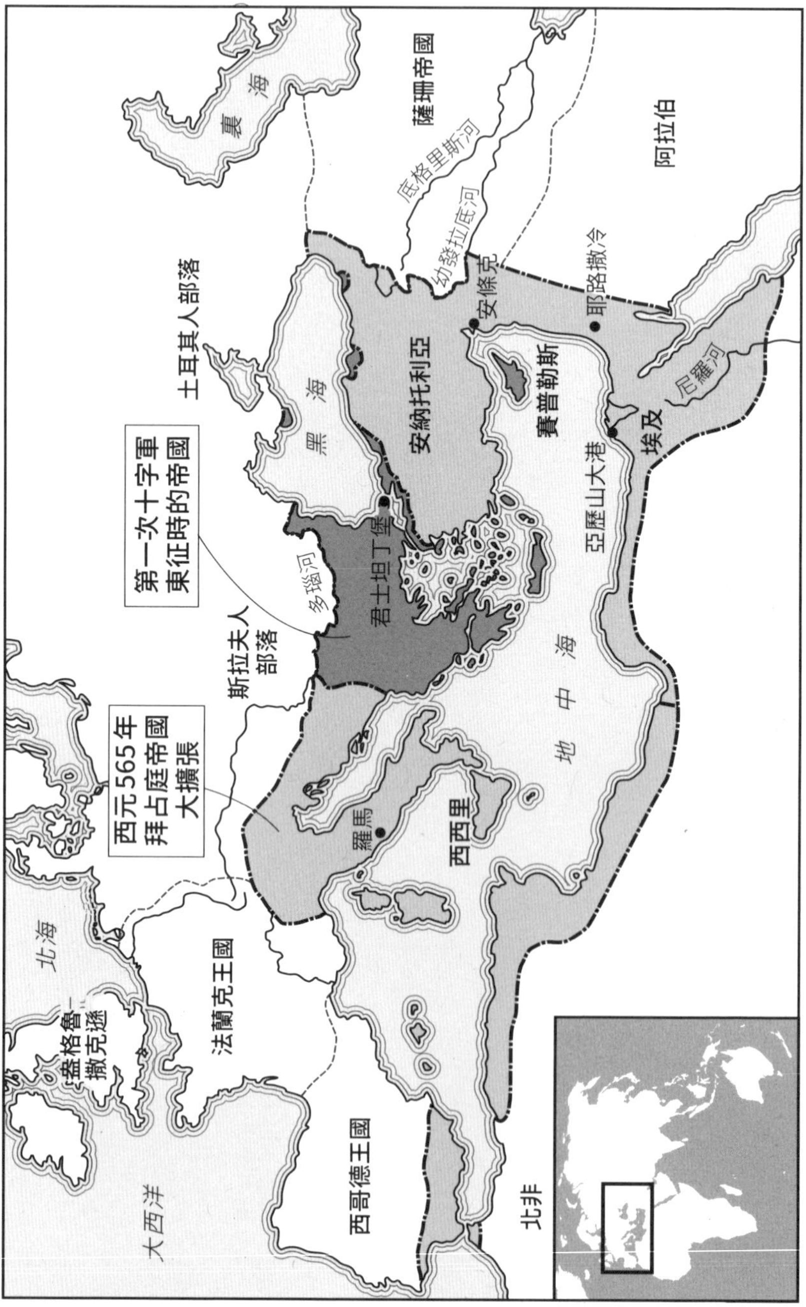
裏海
薩珊帝國
阿拉伯
底格里斯河
幼發拉底河
土耳其人部落
黑海
安納托利亞
安條克
耶路撒冷
賽普勒斯
尼羅河
埃及
亞歷山大港
第一次十字軍東征時的帝國
多瑙河
君士坦丁堡
斯拉夫人部落
地中海
西元565年拜占庭帝國大擴張
羅馬
西西里
北海
法蘭克王國
盎格魯－撒克遜
西哥德王國
大西洋
北非

阿拔斯伊斯蘭帝國，約西元七五〇年

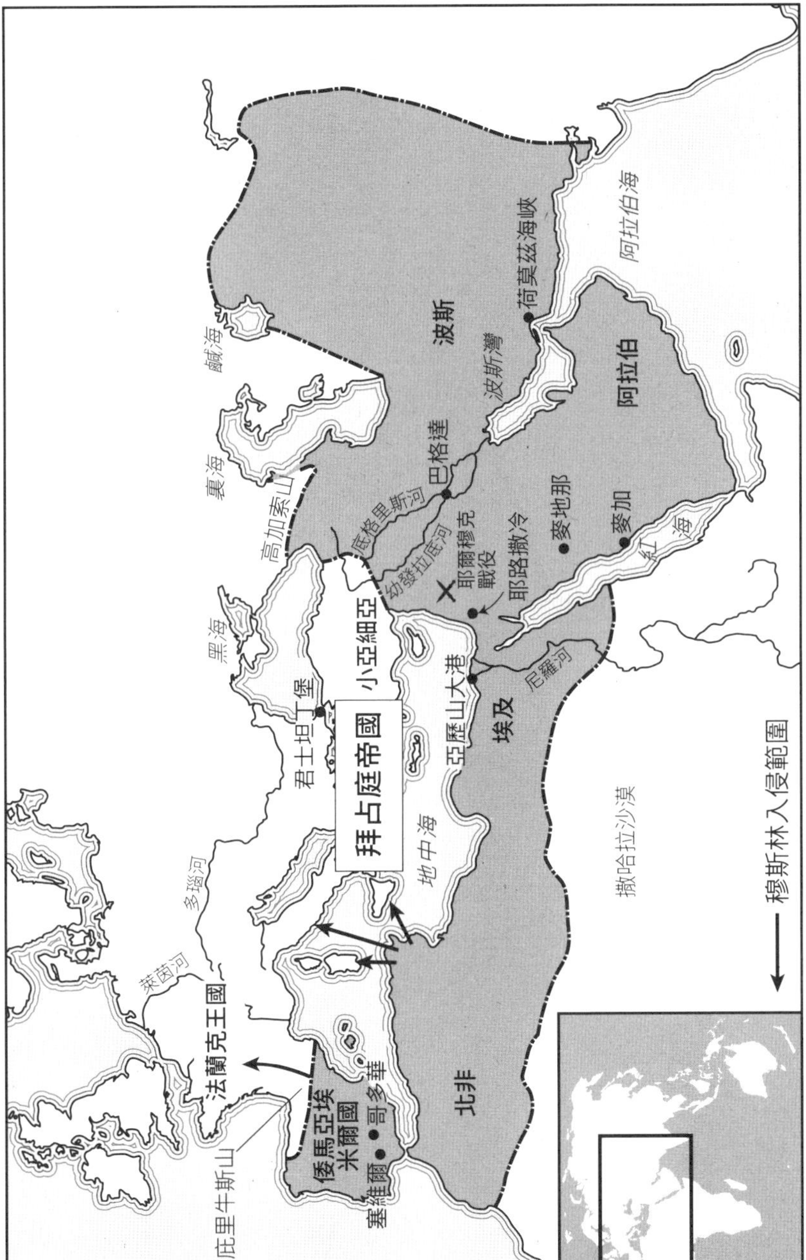

第一次十字軍東征路線圖

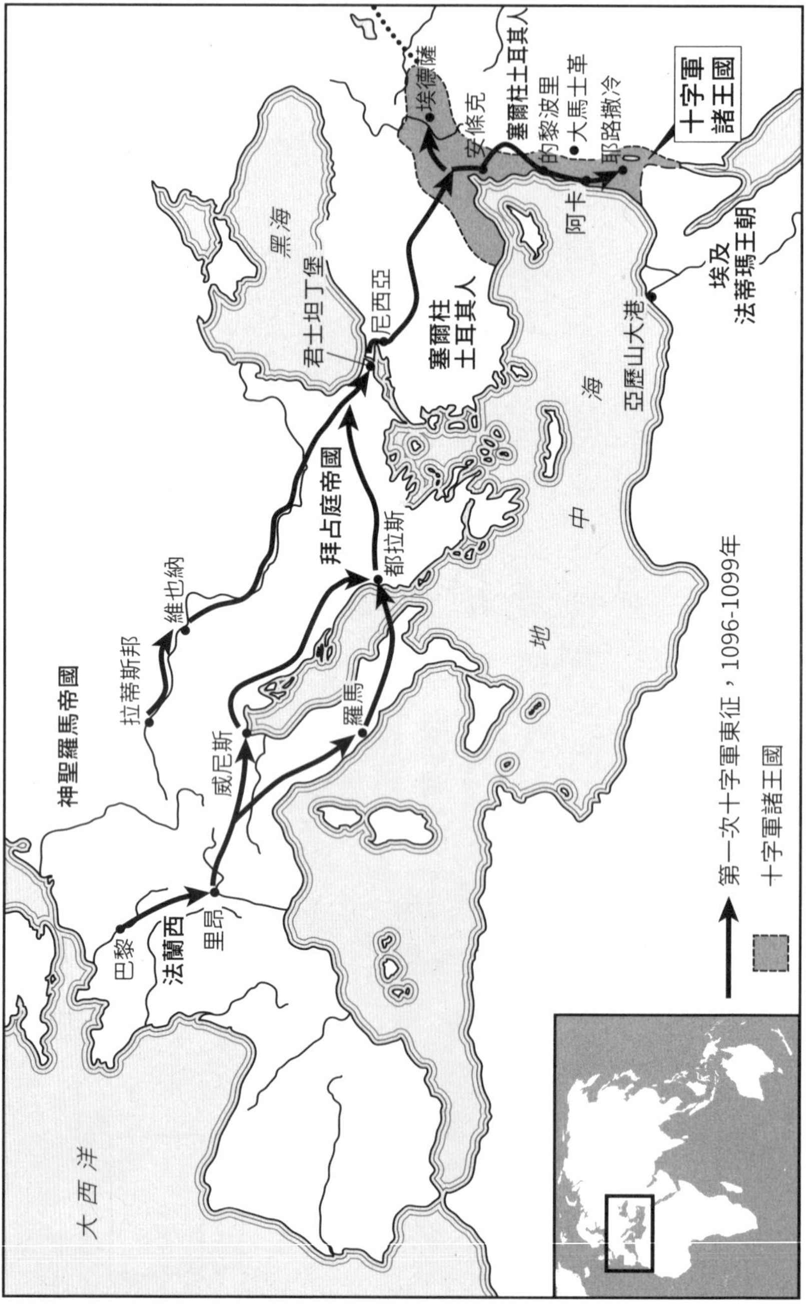

十字軍國家，約西元一一三五年

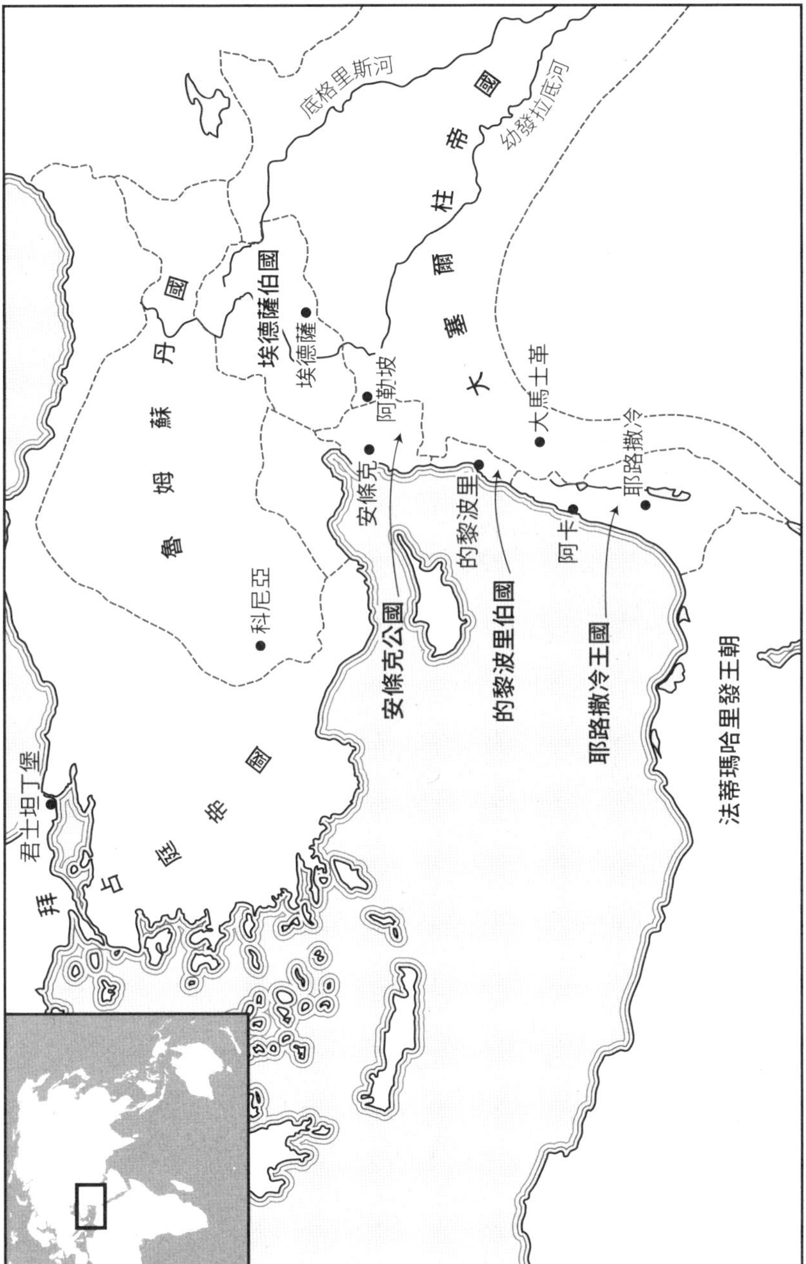

第四次十字軍東征路線圖，一二〇四年

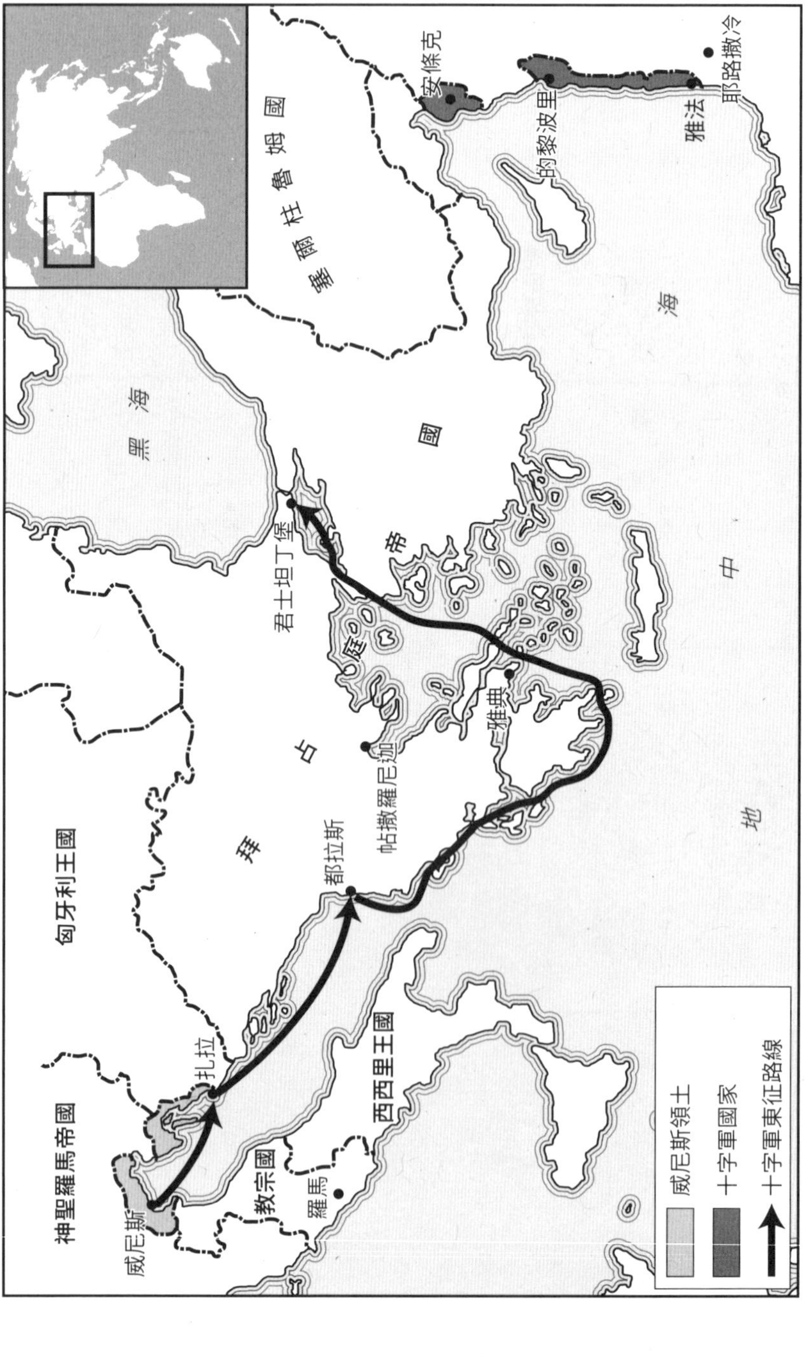

想要和平，就要備戰。

——普布利烏斯・弗萊維厄斯・維蓋提烏斯

（Publius Flavius Vegetius）

序幕　耶爾穆克

西元六三六年初，一支駱駝騎兵越過了敘利亞邊境，以看來宛如自殺式攻擊的方式，入侵了東羅馬帝國。這個國家以「拜占庭」一名更為人所知，是個輝煌燦爛、文明的基督教王國壁壘，它的邊界向西延伸至西班牙南部的大西洋，向東延伸至現代的沙烏地阿拉伯的沙漠。[1]從各方面來看，這個帝國似乎都在蒸蒸日上。經過四個世紀斷斷續續的戰爭，羅馬終於大敗其宿敵波斯，由軍人出身的英明羅馬皇帝希拉克略

1 作者注：東羅馬帝國的首都是君士坦丁堡，由於此城市原名為「拜占庭」，近代史家提及該帝國或稱為「拜占庭帝國」，或索性稱為「拜占庭」。

（Heraclius）果決地將之摧毀。

拜占庭的編年史家們很快就奉承希拉克略的統治為新黃金時代。老去的皇帝被捧為帶領人民脫離恐懼束縛的新摩西，摧毀波斯威脅的新亞歷山大，大敗現代漢尼拔並恢復羅馬榮耀的新大西庇阿[2]。「羅馬治世」（Pax Romana）再度廣及地中海飽受戰火蹂躪之地。

另一方面，侵略者來自阿拉伯半島荒漠之地，是個在文明世界範圍之外的地區，生活在這裡的都是些不斷爭吵、微不足道的部落。除了少數幾次進襲帝國領土之外，這個乾旱地區的人從未在人類史上扮演過重要角色，而且也全無將來會扮演重要角色的跡象。然而到了六二二年，一位深具個人魅力的駱駝夫兒子穆罕默德，宣稱他是上帝派來的最後一位先知，來淨化被猶太教和基督教敗壞了的上帝訊息。[3]

穆罕默德可不是個簡單的怪人或曇花一現的強人，他宣揚要絕對遵守和順從神的旨意，並將此精神與政治和軍事系統結合，使得伊斯蘭不僅是個宗教那麼簡單。[4]他劃分的世界啟發了阿拉伯半島上爭吵的部落，順從伊斯蘭者屬於「伊斯蘭之域」（Dar al-Islam），而尚未被伊斯蘭征服者則屬於「戰爭之域」（Dar al-Harb）。於是在阿拉伯半島上原本消耗在為世仇自相殘殺的龐大能量，因而轉而集中在以刀劍去擴大「伊斯蘭之域」。

這第一大波的「吉哈德」（jihad，討伐異教徒的聖戰）的成功，是非常驚人的。十年間，穆斯林軍隊已經征服了大部分阿拉伯半島，儘管穆罕默德於六三二年在麥加死於一場熱病，但一連串同樣積極的繼位者仍不斷前進。[5]早在六三四年阿拉伯入侵部隊就紛紛進入了拜占庭帝國境內，兩年後才真正聲勢浩大，他們的時機再好不過了。

拜占庭雖然表面輝煌，但它的力量卻是虛有其表。過去二十年裡最近期的一場戰爭，已經讓帝國付出二十多萬人死傷的代價，使得它脆弱不堪又筋疲力盡。宗教分裂

2　譯者注：大西庇阿（Scipio Africanus），古羅馬統帥兼政治家，在扎馬戰役（Battle of Zama）中打敗迦太基統帥漢尼拔而著稱於世。

3　作者注：穆罕默德宣稱，阿拉已透過無數先知表露自己的意念（摩西和基督就是兩名更傑出的先知），但他們傳達的訊息已隨著時間推移而被斷章取義、扭曲得亂七八糟。穆罕默德帶來的是最終、最純淨的啟示，可以取代那些被敗壞的啟示。

4　作者注：「伊斯蘭」意指「順從」阿拉的旨意。

5　作者注：穆罕默德的成功關鍵是他講究實際。他在宣揚嚴格的服從之際，也樂於為根深柢固的習俗留有餘地，例如奴隸制度和一夫多妻。

肆虐於東南各省，而皇帝意圖以武力來剷除異端觀點更是火上添油。帝國迫切需要領導，但是到了六三六年，希拉克略自己也只剩下了空殼子，他雙肩下垂，兩手發抖，在帝位上坐了二十五年後已疲累不堪，出現神智不清的跡象，病苦於強烈痙攣，不久就與世長辭。

希拉克略就像大多數拜占庭人一樣，也以為這只不過是一支新的基督教旁門左道，或者猶太教派。雖然他可能沒認清所面對的敵人，但他至少清楚這是個威脅，並籌組了多達八萬人的軍隊來捍衛帝國。由於他已病得無法領軍，於是就在帝國的第二大城市安條克（Antioch）設立了一個指揮中心，然後派一群將軍指揮軍隊進入鄰近的敘利亞，伊斯蘭軍隊就在那等著。

兩軍在耶爾穆克（Yarmouk）附近的沙地平原相遇，約旦河的支流之一。這是個荒涼、不宜人居的地點，位於現在以色列、約旦和敘利亞三國交界之處的高地，剛好就在你爭我奪的戈蘭高地（Golan Heights）東南邊。七世紀時，這裡更是個偏遠之地，兩旁是無法通行的荒漠以及被太陽烤焦了的山頭，根本就不像是個歷史上一戰定江山的地方。

拜占庭的軍隊在人數上很容易取得上風，但此刻敵軍近在眼前，他們卻手足無措。五天的時間裡，他們派出試探性的偵查襲擊，保持小心觀望，但拒絕投入戰鬥。就在他們搖擺不定時，穆斯林的援軍湧現，加強了伊斯蘭軍隊的力量並打擊了基督教軍隊的士氣。[6]

結果是穆斯林軍隊先採取行動。六三六年八月二十日早上，一陣沙漠風暴迎面吹向他們的敵軍，讓人眼睛都睜不開，阿拉伯人便在風暴掩護下發動了攻擊。起初帝國軍堅守陣地，但就在激戰最烈之際，有一萬兩千名基督徒的阿拉伯人盟友，因為他們的糧餉遭到嚴重拖欠，因而變卦投靠到穆斯林陣營，於是帝國軍就崩潰了。恐慌、遭到圍困與不知所措，拜占庭人已沒有什麼勝算機會，大多數人都在爭先恐後試圖逃往安全之處時遭到屠殺。

這場災難消息傳到安條克，打垮了希拉克略最後僅存的惡化中神智。他在這場戰役中冒了一切風險，結果卻輸掉了。他認為自己已被上帝遺棄，就沒再試圖進一步制

6 作者注：由於穆斯林的主力軍和援軍之間沒有水源供應，於是很有創意的伊斯蘭指揮官在出發前，命人將所有的駱駝都灌飽水，然後沿途宰殺駱駝來取水。

止伊斯蘭的進軍。[7]只有在聖城耶路撒冷稍作短暫停留時，才稍稍打斷希拉克略撤回君士坦丁堡之路。

才不過六年前，希拉克略曾凱旋進入聖城，背著帝國最神聖的聖物，真十字架（True Cross），打扮成一位簡樸的悔罪者，赤足走在十字架苦路（Via Dolorosa）上，也就是基督被押送前往釘十字架的「憂傷之路」（Way of Sorrow）。這條路的盡頭就是聖墓教堂，君士坦丁大帝建造的宏偉長方形教堂，希拉克略就在這裡把他的寶物掛在了主祭壇上。這是他統治時期的光輝一刻，是受到上帝恩寵無可置疑的證明。

但此刻，希拉克略卻成了心灰意冷、可悲可嘆的人物，再度進入了聖墓教堂。當這位飽受打擊的君主小心翼翼取下真十字架，並連同其他大多數聖物一起裝載上船時，沒有幾個旁觀者會錯過這其中的象徵性。皇帝在眾目睽睽之下哭著離開了，把這個東方基督教地區留給命運去處理。

領導不力加上無法理解這個新崛起的侵略者，帝國就跟著以驚人的速度分崩離析。羅馬帝國的中東地區，在過去三百多年以來一直是基督教的勢力範圍，如今實際上已受到致命的打擊。在耶爾穆克戰役後不到一年，哈里發就親自進入耶路撒冷，將該城從基督徒手中奪了過來。一年之內，大馬士革連同敘利亞其他部分，以及今天的以色列和約旦都陷落了。十年內，埃及和亞美尼亞也淪陷了。二十年內，伊拉克和大部分伊朗地區也沒了。耶爾穆克戰役後不到一個世紀，伊斯蘭軍隊就占領了北非和西班牙，並來到距離巴黎不到一百五十英里的範圍內。基督教世界有四分之三的領域都淪陷了，而最慘的是，基督教被趕出了它的誕生之地。

這種情緒最後由耶路撒冷牧首來做了總結，他將此城移交給了新主人以避免更進一步的殺戮。當牧首看著哈里發騎在雪白駱駝上來接收聖殿山（Temple Mount）時，他喃喃說道：「看呀，那行毀壞可憎的……。」[8]這是個徵兆，如基督曾經警告過的，世界末日近在眼前了。

7 作者注：皇帝的臣民都同意這個看法。希拉克略首任妻子去世後，他娶了自己的姪女，民意普遍認為這亂倫的結合為皇帝帶來了大多數災難。

8 作者注：出自《馬太福音》，第二十四章，第十五節。（譯者注：整句為「那行毀壞可憎的，站在聖地」。）

第一章 筆與劍

一個受詛咒的種族，全然疏遠神的種族……已經暴烈地侵入了基督徒的領土……。

——烏爾班二世於克萊芒的講話

一〇九三年是東羅馬帝國皇帝阿歷克塞一世・科穆寧（Alexius I Comnenus）在任期間等候已久的一年，穆斯林大敵已如一盤散沙而且衰弱；只要持續推進，已經失去好幾代的繁榮與太平就唾手可得了。

在十幾年前的一〇八一年，他的加冕典禮上，阿歷克塞曾許諾要重振拜占庭的國運，但看來他更像是主持了帝國最後的崩毀而已。四百多年來，古老的東羅馬帝國拜占庭一直處在敵人的包圍中。到了十一世紀中葉阿歷克塞出生時，伊斯蘭無情的進軍打擊已經把原本橫跨地中海地區的國土，削減到只剩下今天的土耳其和希臘。

拜占庭最低潮的時期在一〇七一年就到來，那是在阿歷克塞獲得皇位的十年，當時的突厥人[1]是一群從中亞來的新侵略者，在亞美尼亞偏遠城鎮曼齊刻特（Manzikert）將拜占庭軍隊打得落花流水，並俘虜了皇帝及其隨從。勝利的蘇丹將穿了拖鞋的腳踩在皇帝脖子上，彷彿把這位受辱的君主當成了禮儀用的腳凳。套用當代拜占庭編年史家米海爾・普塞盧斯（Michael Psellus）的話，土耳其人就像「強大洪水」般湧入了小亞細亞。[2]

隨著東方疆界的崩壞，西方國境也遭到包圍。維京人在法蘭西定居下來的後裔成了諾曼人（Norman），有些諾曼冒險家進入義大利半島，受到這片宛如秋收待收割的大地所吸引。這批諾曼人在無敵的「詭詐的羅貝爾」（Robert Guiscard）及其巨大魁梧的兒子博希蒙德（Bohemond）領導下，幾乎所向披靡征服了義大利南部。到了一〇八一年，他們越界進入希臘，才幾個月時間君士坦丁堡就已經進入他們近在眼前的攻擊範圍。如今唯一的問題似乎只在於拜占庭帝國會淪陷在諾曼人還是土耳其人手中。

但這連綿不斷的災難正是促使阿歷克塞一世坐上皇位的原因。他那位年老的前任皇帝已經將近八十歲，實在無能為力抗敵，而且很輕易就可送入隱修院。阿歷克塞面對兩個堅決的敵人，又沒有可靠的軍隊奧援，這可是多麼艱難的處境。但是阿歷克塞運用了外交手段，膽量加上時機恰到好處的一些賄賂，設法阻止了帝國立即的崩潰。

在接下來的十四年裡，阿歷克塞孜孜不倦地努力，試圖穩定邊疆，並恢復起碼在他的百姓眼裡，帝國還是一派繁榮的景象。形勢慢慢穩紮穩打地扭轉。一連串小亞細亞的弱小蘇丹們，管不住接受他們庇護的地方埃米爾[3]。但了一〇九五年，小亞細亞的蘇丹國大部分已瓦解成為失和的埃米爾國（emirates）。

此刻正是阿歷克塞準備已久的時機，他已經用拜占庭的黃金打通許久。此時，他的大敵分裂又衰弱，大有可能一舉反攻將土耳其人趕出小亞細亞，一雪曼齊刻特戰役

1 編按：突厥人或稱突厥語族主要分布在歐亞大陸，目前全球約有一億八千萬的人口使用突厥語族的語言，土耳其人是突厥語族的一個分支。以下稱呼進入拜占庭帝國的突厥人，皆以土耳其人稱之。

2 作者注：小亞細亞原本指聖保羅傳福音的羅馬帝國亞洲省區範圍，包括現在大部分的土耳其，而且多少跟「安納托利亞」（Anatolia）一詞互用。

3 編按：埃米爾（emir）是伊斯蘭國家地方首長或領主的稱號。

大敗之恥。像這樣的良機很可能永不再有。

然而可惜的是，阿歷克塞卻缺乏一支軍隊來善加利用眼前的良機。失去小亞細亞已經損耗了拜占庭帝國大部分有經驗的老兵。他將一支僱傭軍和一批招募來的生手新兵湊合起來組成大軍，在行軍走出黃金門（Golden Gate）時還頗令人刮目相看的，但實際上打起仗來時卻一點用處也沒有。阿歷克塞領著這支軍隊首次與正規軍交鋒，馬上就被打得七零八落。阿歷克塞連續兩次嘗試重組軍隊，結果都一樣。

問題其實不在於人數，而是在於僱傭兵的素質。他們大部分都是從鄰近的蠻族部落招募來的傭兵，他們的忠誠度也很令人懷疑。一旦面對強悍、訓練有素的西方軍隊，或人數更多的東方部隊時，他們多半就恐慌了。要是阿歷克塞能找到一支可靠的部隊（幾百人就夠了），他們就會發揮大補藥的功能，讓其他人能夠堅定面對敵人。

幸好，有這樣的人近在眼前。西歐那些重甲騎士是如此的銳不可當，在阿歷克塞拿捏到恰到好處的狀況下，人數多到足夠可以補強他的軍隊，但又少到可以掌握控制，阿歷克塞就可以將土耳其人完全驅逐出帝國的領土。

阿歷克塞唯一得要想清楚的細節就是決定要找誰。他當然不能寫信給博希蒙德，或任何其他諾曼人領袖，邀請他們回來再度打擊帝國。他也不能乾脆從亂成一團的西歐小國中挑個君主出來，因為這些小國不會有多少資源。只有一位夠份量的人物，他既曉得該去向誰求援，也有政治上的影響力能確保阿歷克塞得到這些支援。於是拜占庭皇帝向羅馬教宗發出了決定將來命運的求救呼籲。

身負傳達阿歷克塞所託的使節們發現，教宗烏爾班二世（Urban II）正在義大利北部城鎮皮亞琴察（Piacenza）主持一項教會會議，這是烏爾班上任後第一次的重大聚會，他很高興見到有來自東方的顯赫訪客出席會議。拜占庭人傳統上是拒絕承認羅馬擁有最高權力，這項失策已經造成東西的嚴重宗教分裂[4]，因此有皇帝的個人代表們前來赴會是可喜可賀的事。略為猶豫之後，教宗就邀請他們向大會全體講話。

考慮到當時的環境，使節們很明智地選擇從基督教弟兄情誼來呼籲眾人，而不談世俗的財富回報去啟發他們的觀眾。當然，使節們也有很婉轉的暗示，在充滿文化的東方可以獲得的財富，但大部分時間似乎都是集中在談東方基督徒忍受的迫害和受苦

4 作者注：一〇五四年，教宗使者將君士坦丁堡牧首驅逐出教會，牧首馬上反過來也把教宗驅逐出教會。這起事件被稱為「東西教會大分裂」，引起了一連串後續事件，終而造成基督教世界分裂成基督教（西方）和東正教（東方）。

的情況。他們繪聲繪影地聲稱土耳其人已來到君士坦丁堡的城門下。東方古老的基督教社群，例如安條克，「基督徒」一詞最早使用的地方，已淹沒在穆斯林的洪水中。伊斯蘭軍隊已經奪取了《啟示錄》中提到的七個教會，要是放著不管的話，很快就會威脅到西方。最後他們當然也做出結論，保衛東方的弟兄們以及君士坦丁堡是所有真正的基督徒騎士的職責，因為君士坦丁堡是基督教文明的偉大堡壘。

這是很有說服力的論證，在教宗烏爾班眼中，更有天時、地利、人和的加分。他解散議會之後，就往北越過阿爾卑斯山回法蘭西的出生地，腦中開始浮現出一幅宏偉大膽的景象。

教廷很清楚伊斯蘭對西歐的威脅，羅馬本身就曾在九世紀遭遇一幫穆斯林劫掠者，侵略者還想辦法燒毀了部分的聖彼得大教堂。北非的基督徒之地，聖奧古斯丁[5]及其他深具影響力的教會教父們[6]的老家，已經吞沒於伊斯蘭勢力，此外還包括西班牙大部分的基督徒勢力領地。如今連拜占庭也被壓制，基督教王國四面楚歌受到了伊斯蘭的包圍。

在正常情況下，人們會期待有位國王或皇帝拿起劍來捍衛基督教王國，但卻沒有合適人選可用。拜占庭皇帝的信函已經表明需要強力奧援，但在西方，王室的影響力幾乎已經消失了。這起因於封建制度的去中央化特質以及均分財產的日耳曼人習俗，兒子們可以均分父親的遺產，因此少有一位統治者可以將他的權威延伸到王宮的範圍之外。只有教宗才有德高望重的地位去領導反抗穆斯林的威脅。

最早想到要發動泛基督徒攻勢的教宗，其實是烏爾班的前任格列哥里七世（Gregory VII）。在他的異想天開中，格列哥里曾提議從西歐各國招兵買馬組成一支軍隊，由他來領軍。他就像一位當代的摩西，會從土耳其人手中解救出受壓迫的上帝選民，並引人注目地展現他身為信徒捍衛者的教宗角色。

格列哥里壯志未酬身先死，但曾是他心腹好友的烏爾班此時坐上了教宗寶座，可以實現他的壯志。[7]就在烏爾班於一〇九五年夏天北行越過阿爾卑斯山之際，他又在

---

5 譯者注：聖奧古斯丁（St. Augustine, 354-430），羅馬帝國末期北非的柏柏人，早期西方基督教的神學家、哲學家，曾任阿爾及利亞城市希波（Hippo Regius）的主教

6 譯者注：教父（Church fathers），基督教會早期宗教作家及傳教士的統稱。他們的著作被認定具備權威性，可以做為教會的教義指引與先例。

7 作者注：諷刺的是，格列哥里當初的想法是讓神聖帝國皇帝亨利四世（Henry IV）管理西方，由他發兵出征。然而才這樣考慮了沒多久，這兩人就因為敘任權（世俗政權對教會任命權的控制）而鬧得不可開交，結果搞到格列哥里把亨利逐出了教會。

腦袋中重新思考了這個想法，並將之琢磨成遠比格列哥里所想像的，更加雄心勃勃的大計畫。

教宗到訪法蘭西其實是類似返鄉，將近六十年前，他以沙蒂永的奧多（Odo of Châtillon）身分出生時，是法蘭西東北部產酒區香檳（Champagne），貴族家庭裡的一個幼子。然而烏爾班這趟旅行的表面理由卻不是重訪他年輕時風景如畫的山谷，而是為了法蘭西國王腓力一世（Philip I）很不像樣的行為。腓力愛上了安茹伯爵（Count of Anjou）的妻子，但卻欠謹慎，讓姦情見了光。而且腓力不僅犯了錯，還變本加厲對待他的妻子，也就是王后，這讓人髮指。王后才一生下他們的孩子，腓力就以她太胖為理由而休掉她，而且還誘拐來安茹伯爵的妻子。法蘭西的主教們一再嘗試說服腓力，要把他誘拐來的女人歸還給伯爵而不果，即使威脅要把他逐出教會也改變不了國王的心意。

為了處理這情況以及其他濫權行為，烏爾班宣布於十一月十八日在法蘭西中部奧維涅（Auvergne）的克萊芒（Clermont）召開一場宗教大會議，為期十天。雖然會議嚴格限制只准神職人員出席（無疑這會讓那些好奇者大感失望），但卻宣布了很不尋常的一份公告。從會議的第二天直到最後一天，當地的主教座堂會向民眾們開放，好讓教宗可以發表一篇具有重大意義的聲明。

這份公告產生了預期效果，周圍鄉間的百姓開始湧入克萊芒，急著想聽教宗會說些什麼。儘管有著十一月的寒風和一大清早的例行會議，在這些會議上會譴責買賣聖職的行為，以及神職人員的婚姻和由世俗領導者派任主教的問題，但民眾的興奮之情卻在那一星期內日益高漲。一如所料，國王腓力要再度被勒令放棄他的情婦，而國王也再度回絕，於是他就正式被逐出教會。

到了第九天，群眾已經多到主教座堂裡都擠不下了，於是就在東城門外大空地上搭建了一座特別的平台。完美安排這整個場面的烏爾班，此時就站上台開始講話。接下來這份講話可說是撼動了整個歐洲。

但令人意外的是，我們不完全清楚教宗到底說了些什麼，因為雖然有四份紀錄留存下來，其中還包括一份聲稱是目擊者的紀錄，但卻沒有一份逐字記錄下的演講內容，而且這四份紀錄都是在事件之後數年才寫成。大有可能的是，每位作者寫的都是他們認為教宗的演講中「應該」說了哪些內容。但儘管如此，雖然四份紀錄有些微差異，但內容大體上是相同的。

教宗似乎是先從東方的基督教社群悲慘狀況的細節講起，呼應了拜占庭對於土耳其人的凌虐、摧毀基督教聖地以及殺害基督徒朝聖者等的關注。但他沒有著重於君士坦丁堡，而是著重於耶路撒冷，這城市在西方中世紀人心目中，可以說是世界的中心。

就在西方基督徒在老家全神貫注於彼此之間的小爭鬥時，他們遠在耶路撒冷的弟兄姊妹們卻正遭到屠殺。這座聖城，基督曾在這裡活過、死去並復活，如今卻落入一個殘酷、瀆神敵人的統治之下。穆斯林已在聖殿山上興建了圓頂清真寺，內有銘文，警告基督徒不要再膜拜基督以及「上帝的公義是來得很快的」。信徒們遺留下的膜拜用神龕則紛紛被關閉或接收。本土基督徒被驅逐出境，朝聖者遭搶劫、折磨並殺害已成日常。

少數被推舉而留下來的基督徒則遭受到駭人聽聞的待遇。誠如法蘭西僧侶漢斯的羅貝爾（Robert of Rheims）所記得的烏爾班描述：

（土耳其人）喜歡殺害別人，剖開他們的肚子，拉出腸端綁在一根木樁上，然後鞭打他們，要這些受害者繞著木樁走，直到內臟都被扯出來倒地身亡為止。然後他們又再把其他人綁在木樁上，用箭射他們；他們抓住其他人，拉長這些人的脖子，看是否能一劍就砍下這些人的腦袋。至於令人震驚的強暴婦女行為，我還能說什麼呢？[8]

先把情緒化的景象描繪好之後，接著烏爾班就開始發表他的傑作。他認為那些良心不安的人們（尤其中世紀的生活總是充滿了血腥），可以前往東方援救弟兄以救贖自己。他們可以將自相殘殺化為有更崇高目標的正義戰爭。如果在過程中喪生，不過是把今生的痛苦換得了在天國的豐富回報。

在這演講的總結部分，烏爾班很巧妙地為教會教義加了點新東西。西方基督教思想家自從五世紀的聖奧古斯丁以來，都教導說只要符合某些標準，戰爭可以是公正的。[9]然而烏爾班卻啟發了其他事情。他稱他的觀眾是「聖彼得的尖兵」（soldiers of St. Peter），並且指示他們要捍衛教會。騎士們為了追求更多土地、財富或權勢的正常戰鬥，將會危及他的凡人靈魂，讓他深陷於末日審判時遭天譴的風險。然而如果騎士

8 作者注：漢斯的羅貝爾可能有在克萊芒現場，但或許是在二十年後才寫下他記得的烏爾班講辭。

9 作者注：戰爭必須是由合法的當政者為了一個合法原因而發動，只能是為了糾正不公義而戰，而且必須是做為最後手段而戰。

們為了收復耶路撒冷而戰，則是比較崇高的理由，而且也有助於淨化靈魂的罪惡。擔負起這個十字架的騎士會成為「基督的義勇軍」（militia Christi），一名基督的騎士，藉由虔敬的信仰與朝聖行動而獲得靈魂的淨化。因此十字軍東征不僅僅只是一場戰爭，而是一場「聖戰」。[10]

等到教宗結束演講時，男人們都當眾哭起來，並響起了高喊「上帝的旨意！」（Deus vult!）的呼聲，隨著傑出的神職人員勒皮的阿德埃馬（Adhemar of Le Puy）爬上平台跪在教宗面前，呼聲更變成了怒吼。當他誓言加入耶路撒冷東征時，教宗一名手下就取出兩條紅布，在他盔甲罩袍肩上縫成十字狀。於是許多騎士和小貴族們就爭先恐後擠上前去「領取十字架」，結果烏爾班手下的布條都用完了，只好把捐贈而來的衣物撕成布條以便供應縫製足夠的十字架圖案。[11]

如此熱烈的反應讓烏爾班也吃了一驚。其中真正的原因倒不是教宗的個人魅力，而是自該世紀初以來橫掃歐洲的宗教大覺醒。人們對末日浩劫的恐懼一直是中世紀生活的特色，但在十一世紀初看來就更像是徵兆了。自從基督道成肉身並從死裡復活以來，已經過了千年，愈來愈多人感到這個世界已破舊而且接近滅亡，末日審判的日子顯然就快到了。

為了逃避日益加深的罪過感，中世紀的人心紛紛轉向修道院以及聖物神力去尋求安慰。實質遺存的聖地或聖人，又或者聖人曾經接觸過的物件，都會對一個罪人發揮很強的支持作用。從查理大帝（Charlemagne）以來，許多祭壇都供奉有聖物，而且對其崇敬程度不亞於中世紀教會日常的聖禮。

法力最強的聖物莫過於與基督或者聖母有關的遺物，但那些次要的聖人也可以顯靈產生奇蹟，並經常成為朝聖焦點。九世紀期間，在西班牙發現了耶穌十二門徒之一，聖雅各的遺骨，於是基督徒走上千百里路，穿過敵人的領土，就是為了有機會看到這些遺骨。安置遺骨的聖雅各主教座堂躲過了維京人和穆斯林的襲擊，到了烏爾班演講的那刻，此地已經成為基督教王國中最著名的聖物所在地。

因此，當烏爾班提到耶路撒冷時，激起的興奮之情就蕩漾開來。耶路撒冷不僅僅只是座城市而已，而是基督曾在此活過、死去、又復活的地點。要是一件衣服因為碰

---

10 作者注：伊斯蘭教從一開始就有「聖戰」（吉哈德）的概念，但在基督教裡則一直對此觀念有不同程度的排斥。

11 作者注：那些宣誓要前往耶路撒冷的人，拉丁文名稱叫crucesignati（由十字架簽下的人），由此一詞而演變成為crusade或crusader。

觸過聖人而變得神聖，那麼這座耶穌住過城市的聖物又會多到什麼地步呢？正如基督本身成為歷史中心人物一樣，耶路撒冷也同樣堪稱是世界的中心。[12]

這種對於基督在人間老家重要性的信仰並非新鮮事。早在二世紀時，儘管羅馬官方反對並試圖壓制基督教，耶路撒冷和伯利恆（Bethlehem）卻早已成為基督徒造訪的熱門地點。這趟危險旅程無疑象徵意義大於實質得益，因為耶路撒冷沒有什麼值得看的東西，這可歸因於一連串的羅馬帝國統治者，竭盡全力要把耶路撒冷從歷史記憶中抹去。西元七〇年，皇帝提圖斯（Titus）曾洗劫耶路撒冷，其殘暴程度如史學家約瑟夫斯（Josephus）所述：「沒有任何東西遺留下來，以致造訪者不相信這地方有人居住過。」耶路撒冷在整整一個世代都處於廢墟狀態，直到哈德良（Hadrian）擔任皇帝時才重建此地做為退伍軍人的聚居地，並重新命名為「愛利亞加比多連」（Aelia Capitolina），還故意在基督被釘上十字架的地點，興建了一座獻給維納斯的宏偉神廟。[13]

縱然大多數的基督徒都是文盲，但他們從未忘記過福音書裡提到的物質環境，所有人都從教士們口中聽過耶穌的生平，也將跟耶穌有過交集的村莊和地方熟記於心。四世紀期間，君士坦丁大帝的母親海倫娜（Helena）儘管已經七十幾歲了，卻首次

「正式」前往聖地朝聖，親自走在耶穌的足跡上。根據傳說，她在一名猶太長者引領下，來到哈德良興建的神廟地點，這時神廟已倒塌成為廢墟，用來當垃圾場，她就在這裡發現了埋在地基下面的真十字架。

進一步的挖掘又出土了更多聖物，例如曾經掛在耶穌頭頂上的銘文，四根用來釘他上十字架的釘子。[14]海倫娜命人清理了這座遺址，而他的兒子，第一位基督徒皇帝

12 作者注：中世紀的歐洲地圖通常把東方或「東方世界」（orient）放在頂端，耶路撒冷則位於其中心。這也就是我們的「定向」（to orient）一詞的由來。

13 作者注：事實上，唯一完整留存下來跟基督有關的地點是「晚餐室」（Cenacle）或稱「上層房間」（Upper Room），也就是「最後的晚餐」的房子，以及釘十字架後仍活著的十一名門徒聚首之處。諷刺的是，哈德良皇帝試圖興建神廟來壓制基督教，一座供奉維納斯的神廟建在釘上十字架的地點，一座供奉朱比特的神廟建在基督墓穴之上，但到頭來卻保存了這兩個地方。

14 作者注：現今至少還能看到其中的兩根。君士坦丁大帝熔化了一根用來做他的馬銜，這個馬銜後來被帶到米蘭，如今仍可在主教座堂裡見到。另一根送給了義大利倫巴底某些大公，後者將之打造成環狀，創造出著名的倫巴底鐵冠（Iron Crown of Lombardy），如今安置在蒙扎（Monza）的主教座堂裡。這最後一根有點可疑，因為算來起碼是君士坦丁用上的「第五根」釘子了。中世紀期間，至少有三十幾間教堂都宣稱擁有「聖釘」。

君士坦丁則在該地點上興建了聖墓教堂。海倫娜餘生都用在走遍巴勒斯坦，在所有認得出的神聖遺址上興建紀念教堂。皇室的贊助保護引發了朝聖洪流，不到一個世紀就出現兩百多所男修道院，以及為悔罪旅客而興建的宗教性住所。

到了四世紀末葉，通俗聖經譯本（Vulgate，聖經的拉丁文譯本）作者聖熱羅姆（St. Jerome）論證說，耶路撒冷散發出一種「靈性能量」，並勸他的讀者也要去其他主要遺址看看，例如拿撒勒（Nazareth）是耶穌成長的地方，伯利恆是他出生之地，約旦河是他受洗之處，迦拿（Cana）則是他把水變酒的所在。[15]

朝聖的想法變得如此熱門，而且源源不斷的遊客也搗亂了本地僧侶的修行，以致於在聖熱羅姆生命將盡時，覺得有必要「勸阻」這個想法。於是他就說朝聖之旅或許能讓靈性獲得圓滿，但對於救贖卻不是必要的，而且在任何一個地方都可以過上良善的人生，因為真正算數的是人的品行和信仰。但實際上聖熱羅姆自己卻選擇在伯利恆度過他人生最後的四十幾年，導致聖地對信徒的呼喊只有與日俱增。

造訪耶穌曾經走過的現場或許是靈性禮敬最終極的表現，但也極其殘酷艱難。這趟行程耗時數月，費用貴得可怕，朝聖者還得勇於面對沉船、土匪、未知的氣候，以及往往充滿敵意的人群等等危險。如果旅客平安抵達了，還得取得正確的官方通行證才能造訪神聖所在，並要備有現金以賄賂核發通行證的穆斯林官僚。除此之外，還有外國人去到人生地不熟之處經常會遇到的困難，例如沒有職業道德的商人、不老實的導遊、抬價過高的小飾品，以及條件很差的住宿。

旅程實在太艱苦了，因此有時也被用來做為懲罰。特別惡名昭彰的罪行如謀殺，犯罪者會被勒令把謀殺武器掛在脖子上，徒步前往聖地。這是給其他朝聖者看的標誌，表示此人不應視為一般的悔罪者，而應該公開受人羞辱。在最極端的情況下，受罰的朝聖者會被預期在特別不體面的條件下徒步，一如英國詩人喬叟（Chaucer）所留意到的：「當一個人公然犯了罪……他就得赤身裸體或赤足去走朝聖的路。」毫不意外地，像這類的悔罪者被規定得要蒐集所有他們去過的聖地之處的簽名，以證明他們的確有到過那裡。[16]

15 作者注：這種朝聖方法本就是古代的習俗。古羅馬世界裡的虔誠異教徒也不遠千里去造訪以弗所（Ephesus）宏偉的黛安娜神廟，或特洛伊的赫克特神廟，以尋求靈性上的受益。

16 作者注：勒令罪人赤足從歐洲徒步到巴勒斯坦往往是致命的。就拿一個例子來說，一〇五一年，英格蘭最後一任盎格魯—撒克遜國王，他行為不當的弟弟斯萬．戈德溫森（Swein Godwinsson），就在越過小亞細亞山區時，因為暴露在嚴寒中而導致死亡。

此外值得注意的是，穆斯林掌握耶路撒冷這個事實，最初並未減緩朝聖業的發展。旅遊是聖城的命脈，而且在經歷過極為短暫的壓迫時期之後[17]，伊斯蘭的統治者很快就體認到了這一點，保持黃金繼續流入耶路撒冷才符合他們的最佳利益。幾個世紀以來，穆斯林已經與基督徒取得了協調，為了換取允許讓聖地保持開放以及保護城內的朝聖者，可預期基督徒的統治者會鼓勵朝聖行為，並贈送豪華的禮物給穆斯林，好維護現有的神聖遺址。[18]

這樣的安排讓雙方都大有好處。黃金流入了哈里發的錢箱，到了十世紀初期，基督徒在巴勒斯坦的地位實際上已大有進步，其程度已到了他們差不多享有在之前受基督徒統治時期，同等的權利。朝聖人流量之大，如諾曼公爵們、英格蘭王室成員，以及令人生畏的維京王「無情者」哈拉爾（Harald Hardråda）都前來致敬。[19]有位前往耶路撒冷的穆斯林旅行家甚至抱怨說，似乎一切都由基督徒控制了，並聲稱簡直不可能找到一位非基督徒的醫生或非猶太人的銀行家。[20]

在任何外界旁觀者看來，這種相對的平靜像是可以持續下去。地中海的兩大勢力：哈里發與拜占庭，關係良好，相當穩定，而且看來永久的疆界也上了軌道。然而，基督徒的立場相對比較直截了當，例如拜占庭一直都是聖地基督徒的大保護者，但穆斯林的立場卻複雜得多。

雖然從外表看來伊斯蘭是一個龐大的整體，實際上內部卻滿是分歧。主要的分歧介於人數較少的什葉派和人數較多的遜尼派，這個分歧就跟伊斯蘭教本身一樣歷史悠久。[21]政治上，遜尼派一直占主導地位，從首都巴格達統治著龐大的阿拔斯王朝[22]哈

17 作者注：在最嚴厲的鎮壓時期，例如西元一〇一二年，所有的猶太會堂以及教堂都在半瘋狂的哈里發哈基姆（al-Hakim）命令下摧毀殆盡。此外所有的非穆斯林都要繳納賦稅並穿上獨特的衣服，並配戴有辱身分的標誌：基督徒配戴木頭大十字架，猶太人則配戴鈴鐺。

18 作者注：查理大帝興建了一座寬敞的旅館供朝聖者使用，十一世紀時，拜占庭皇帝君士坦丁九世（Constantine IX）重建了聖墓，並一擲千金以便擁有維護耶路撒冷基督教遺址的殊榮。

19 作者注：其中名聲最臭的朝聖者之一是「魔鬼羅貝爾」（Robert the Devil，征服者威廉的父親），他把兒子遺棄在諾曼地，自己則死在從耶路撒冷回來的途中。

20 作者注：出自 Al-Muqaddasi, *Descriptions of Syria*, trans. by Le Strange, p. 37。

21 作者注：除了神學上的分歧之外，當初的爭端是起於穆罕默德死後該由誰來做他的接班人。什葉派認定是穆罕默德的堂弟阿里（Ali），遜尼派則認定穆罕默德的岳父阿布・巴克爾（Abu Bakr）才是合法的接班人。

22 作者注：其名源自阿拔斯王朝的先祖阿拔斯（Abbas），他是穆罕默德的叔叔。

里發帝國。然而，到了十世紀時，遜尼派的哈里發（字面意義是「穆罕默德接班人」）卻受到強勢諸侯們的壓制，無法阻止對手什葉派在埃及建立哈里發王朝。[23]

阿拔斯的腐敗因著塞爾柱土耳其人的到來而停止了，他們是來自中亞乾草原的半游牧部落，這片乾草原是個遼闊地域，從烏拉山脈延伸到今天中國的西北部。塞爾柱土耳其人改信遜尼派信仰後，這批新信徒就成了最狂熱的戰士，他們征服了巴格達並為這個頹廢的哈里發帝國注入了新能量。一〇七一年，他們在可怕的曼齊刻特戰役中打垮了拜占庭軍隊，六年之內就把什葉派的埃及人（依其統治王朝之名而稱為「法蒂瑪人」）趕出他們曾經征服的敘利亞領土。一〇七七年他們在巴勒斯坦建立了一道脆弱的邊界，這樣一來耶路撒冷就落入土耳其人手中。已經運作幾世紀的微妙平衡就驟然被打破了。

聖城的新主人們驚恐地見到城內眾多興旺的基督教教堂，將這詮釋為進一步的證據，證明在這之前的什葉派統治者的確是旁門左道，應該要被趕出去。土耳其人立刻展開了宗教迫害，摧毀教堂、抓捕朝聖者、沒收基督徒的財產。雖然土耳其人很快明白他們犯了大錯，沒有了朝聖業，耶路撒冷很快就會衰落下來，但傷害已然造成。土耳其人的暴行迅速傳到西方，加上拜占庭帝國在曼齊刻特戰役大敗後一蹶不振，教宗烏爾班於是就接掌了守護基督徒的重任。

等到一〇九八年土耳其人自己也被對宗教更為包容的法蒂瑪人趕出耶路撒冷時，第一次十字軍東征已然發動了。

23 編按：此處指的是法蒂瑪王朝（Fatimid, 909-1171）。

第二章 平民十字軍

這個世界正經歷著動亂不安的時期。

——隱士彼得

對於教宗烏爾班來說，在克萊芒的演講只不過是開啟了很辛苦的一年而已，除了在君士坦丁堡集合和光復耶路撒冷這個目標之外，他的「基督徒大軍」細節並未成形。於是他大部分時間都花在走遍法蘭西與義大利北部，撰寫無數信函、講道，為十字軍完成東征計畫。教士與主教們也都代表他去進一步傳播這訊息，結果證明他們做得跟教宗一樣成功。其中有許多人繪聲繪影極具感染力。基督所命的「背起十字架」

此時引起的共鳴別具意義，混合著封建的職責。有些傳道者甚至使出花招，將展示出的基督被釘上十字架圖中的迫害者，從羅馬人換成了土耳其人。宣傳得到的響應是既直接又廣泛，等到烏爾班回到羅馬時，已經接到消息說遠至蘇格蘭、丹麥與西班牙的朝聖者都誓言要加入十字軍。

對十字軍理念的廣泛熱烈響應讓教宗憂多於喜，烏爾班並不是個充滿浪漫情懷的人，他很清楚曉得伊斯蘭對於基督教世界所加諸的危險，也知道他能為陷入困境的東方所提供的力量就是派出歐洲的超級武器——全副武裝的騎士。農民若參加部隊非但無用甚至有害，因為他們不僅無法負擔這一趟昂貴的旅程，而且多半在抵達耶路撒冷之前就會被殺掉，此外，這還會減損西方在農作物收成時所需要的人力。

最後這一點最讓烏爾班憂心。義大利北部響應號召的農民如此之多，以致引起會發生饑荒的恐懼。烏爾班只好轉換策略，改為努力去說服百姓「不要」參加十字軍，發出信函澄清說明這場偉大的冒險只為了地主階層而設，他們才負擔得起軍需費用。為了讓貴族有時間處理好自己的事，正式的出發日期推遲到整整一年後的一〇九六年八月十五日，所有可能參加十字軍者都必須先徵得他們的宗教導師的同意才行。為了確保這支軍隊的組成正確，烏爾班還指示神職人員，但凡不是最合適的人選，就一律刷掉。由於社會上的非軍事階層並不能在實質上對十字軍有幫助，因此就沒有靈性上的受惠可以給他們。老人、小孩和病人必須留在家裡，貧困者在田地裡也有他們的責任。神職人員與僧侶被勒令待在崗位上為十字軍祈禱（除非徵得主教的特別許可才能參加），尤其言明西班牙人禁止參加十字軍，因為他們要在家鄉跟穆斯林戰鬥。[1]而就算有資格參加者，若為新婚，也需要經過妻子的同意才行。

從一方面而言，烏爾班認為有必要限制十字軍的人數其實有點奇怪，因為這趟旅程本身已足夠讓大多數人勇氣全消。經由陸路到耶路撒冷，得要徒步兩三千英里路，且要行經敵人的領地。更何況，歐洲貴族肯定清楚他們會遭遇怎樣的抵抗，因為有許多人曾在拜占庭軍隊中當過傭兵，親眼見識過土耳其人有多厲害。而更讓他們操心的是花費過多的問題，騎士們得要自籌旅費，有些情況下還要幫弟弟或兒子買單。此外他們也需要養一批配合身分的隨行人員，包括鐵匠、護衛與僕役，沿途照顧他們所需。這筆花費很容易就會達到他們年收入的五、六倍之多，因此多數預期會參加十字

1 作者注：穆斯林在八世紀初入侵西班牙，自此當地的基督徒一直從事收復失地運動（Reconquista），最終在一四九二年完成。

軍的騎士，就得要變賣莊園或家當才負擔得起費用。另外還有很多騎士根本就是靠較富有的領主慷慨解囊才得以成行。當然十字軍們總是希望可以沿途劫掠來填補開銷，但這充其量只是個遙不可及的「可能」而已，因為烏爾班早已下了諭令，所有攻得的領土都必須完整無缺地交還給拜占庭皇帝，若有違抗此令或提早返回者，一律處以破門律。[2]

換言之，第一次的十字軍東征意味著變得窮困或散盡家財，換得的卻是不知道會離家多少年，而且非常有可能會客死異鄉。然而儘管要冒這麼多的風險，十字軍東征卻非常受那些失去最多東西的人的歡迎。更糟糕的是，到過耶路撒冷的絕大多數人歸國都身陷債務困境，既沒得到財富也沒得到土地，很多人更失去了健康。

之所有會有這麼多人漠視烏爾班的限制，乃根源於中世紀的宗教虔誠觀念。信仰，尤其是對於貴族而言，是需要公開展現的。大領主們興建教堂或資助宗教會所，來抵銷他們往往殘暴又血腥的人生。他們相信如果花費大筆金錢捍衛在老家或國外的教會，就可在天堂積累豐厚的財富。

當然，與這種想法混合的是各式各樣參與十字軍東征大業的理由，從真心為了實現大我理想主義到很卑劣的動機皆有。

烏爾班在不知不覺中打開了一個很深沉的情感蘊藏，而且一發不可收拾。他本打算要徵求一支紀律嚴明的騎士部隊前去捍衛東方，但第一批出發前往耶路撒冷的軍隊卻完全不是這麼回事。烏爾班在克萊芒的演說或許已經牽動了貴族們的良知，但這場演說對農民的牽引力卻更強得多。窮苦人家在歐洲西北部的生活，套用湯瑪斯・霍布斯（Thomas Hobbes）的話來說是「卑賤、粗鄙又短暫」。在九世紀到十一世紀，維京人的襲擊蹂躪了歐洲，破壞了許多土地。農田荒蕪、橋梁和堤壩無人管理、村社人口稀少。隨著中央秩序的崩潰，沒有人來保護農民免受當地領主的虐待。在烏爾班演講前的幾年就是苦上加苦，一〇九四年法蘭西南部發生嚴重水災，緊接著是蟲災與疾病，隔年則出現嚴重的旱澇與蔓延的饑荒，使得原本就很高的死亡率更加攀高。

烏爾班的聖地長征訊息提供了逃避現世無情苦痛的途徑，而且又有誘人的來世救贖承諾。此時發生的種種跡象與奇蹟也印證了這個重大消息。在法蘭西的北部出現兩次的月食，南部則見到大規模的流星雨。有些誓言加入十字軍的人們報告說，在他們

2 作者注：在中世紀教會，破門律（excommunication）是最令人害怕的懲罰。被處以破門者會暫時與教會斷絕，悔改之前不得領聖餐或接受其他聖禮。若在處罰期間死亡的話，就注定要下地獄。

的肌膚上出現燃燒著的十字架圖樣，而那些很不願意參加十字軍的人們則被俗稱的「聖安東尼之火」[3]的疾病打倒，發作時極度痛苦、四肢腫脹。

亞眠的彼得

烏爾班只要求主教們宣揚十字軍理念，但法蘭西鄉下以及萊茵河兩岸地區的萊茵蘭（Rhineland），很快就湧現大批卑微僧侶與遊方傳道者散播這個消息。這些非官方信使之中最重要又最有影響力的人叫做彼得，出生在亞眠（Amiens）附近的皮卡第（Picardy），他人雖然不是長得很帥（他的臉經常很倒楣地被人拿來跟他所騎的驢子相提並論），但卻具有奇特的個人魅力。認識他的僧侶「諾讓的吉伯特」（Guibert of Nogent）寫道：「無論他做什麼或說什麼，看來都相當地神聖。」聽他講話的群眾經常潸然淚下，即使彼得去到日耳曼，他的聽眾根本聽不懂他說的話，這種現象也依然存在。

彼得吸引了各階層人的注意，而且經常有當地貴族送大筆金錢給他，但彼得把大部分金錢都施捨出去，幫追隨者償債，或用來幫窮家女子準備嫁妝，這一來卻更提高了他的聲望。沒過多久，群眾就拔下他的驢毛做為聖物保存。

彼得本身也是個相當異樣的人物，總是赤腳，不吃麵包或肉，只靠魚類與葡萄酒維生，唯一的招牌服裝就是一件骯髒的斗篷，因此而有了「隱士」的綽號。然而，他和當代傳教士們有所區別之處，在於演講時某種經驗談的神態。兩年前，一〇九三年時，他曾去聖地朝聖，但卻被土耳其人痛打一頓，以致被迫中途而返，沒能見到耶路撒冷。這讓他說的話有了份量，他對東方實際情況有直接的認知，而且有一種迫在眉睫的急迫性。[4]中世紀有一種普遍的信念認為，耶路撒冷在基督歸來時將會重新回到基督徒手裡，而且顯然世界末日即將到來。許多忙於處理好莊園事務好去參加十字軍的貴族都被嘲諷缺乏信心，眾人認為教宗的呼籲已發出，只有基督才能保證十字軍得勝，而非精心籌劃的行程或所費不貲的隨從團。

一〇九五年的夏天，彼得在法蘭西的東北部宣揚十字軍，史學家們將此次十字軍

3　編按：研究指出當人類食用被真菌感染的穀類作物（例如小麥），會產生幻覺、痙攣、精神錯亂、四肢疼痛、如火焚身等症狀，中世紀的人們稱這種病症為「聖安東尼之火」（St. Anthony's fire）。

4　作者注：一般普遍認為彼得有一封來自天國的信函，敦促他要立刻採取行動對付土耳其人。

稱為「平民十字軍」（People's Crusade）。等到他進入神聖羅馬帝國境內，追隨者已增至一萬五千人，而這個他預期會達到的規模也讓他開始明白，激勵人們行動是一回事，組織人們卻又是另一回事。追隨彼得的人來自許多不同背景，但幾乎全都是窮人，許多還帶了一家大小，包括老婆、孩子以及牲口。這些人之中又混雜著想要另謀出路的人，例如竊賊、罪犯、騎士家庭中沒有前途的晚輩。他們除了有志一同要參加十字軍之外，全無共通之處。他們更像是暴民而非軍隊。

彼得此時陷入了兩難困境。一方面，他得設法吸引比較有能力的貴族成員來充實他的十字軍戰力，另一方面他又被迫不斷遷移，因為中世紀的歐洲沒有幾個地方能長期養得起這額外的一萬五千人，尤其又是些沒有紀律的人群。因此當他抵達神聖羅馬帝國的主要城市科隆時，他見到了機會，於是停了下來。科隆地處富裕區域，又有便於聯絡溝通的萊茵河。

若說烏爾班當初要組織菁英軍隊的願景，被隱士彼得這類人給突變成了一場民眾運動的話，那麼在神聖羅馬帝國就變本加厲到完全失控的地步。隨著平民十字軍言論到處散播，也開始分裂出許多小團體，領導者愈來愈怪異。有一群農民甚至跟著一隻鵝子到處跑，聲稱是受到聖靈感動。[5]就在這些團體遭到比較清醒的十字軍嘲弄時，例如神職人員「艾克斯的阿爾伯特」（Albert of Aix）罵他們愚蠢又不負責任，他們的努力是一種可惡的邪惡，更糟糕的事情隨之而來。

中世紀歐洲的猶太人

在中世紀的基督教歐洲，猶太人的地位一直很曖昧。他們既是舊約聖經裡的上帝選民，又是明確棄絕了耶穌的民族。當官方的教會教義教導說，所有人類的罪孽都要為基督的死亡負責時，一般人卻普遍認為猶太人格外有錯。他們被稱為「基督殺手」，他們所受到的待遇從懷疑到徹底迫害都有。

猶太人靠完整保存自身文化而倖存下來，例如與眾不同的服裝、宗教儀式、飲食法則、不願跟外族通婚並拒絕融入，也確保他們更容易被當成局外人。這種不穩定的局面因猶太人有從事職業的限制而變得更加糟糕。因為基督徒被禁止借錢放貸，此舉

5 作者注：另外有一群人則追隨一隻母山羊。這兩隻家畜都沒能活到離開日耳曼國境。艾克斯的阿爾伯特就曾冷然留意到，那隻鵝用來做成一頓飯要比當領袖有用得多。

被視為一種不道德的行為，因此這些工作就幾乎交給猶太人包辦。而當基督徒欠下他們眼中社會地位低劣者的債務時，就導致他們對猶太人生出敵意。幾個世紀以來，一直有人試圖嘗試，想把猶太人趕出國家或強迫他們改信基督教。

猶太人能找到一定程度安全感的地區之一，就是神聖羅馬帝國，他們在那裡受到皇帝的保護。然而，到了一〇九六年夏天，隱士彼得之流敦促大家採取行動對付基督的敵人，於是神聖羅馬帝國那些繁榮的猶太社群就成了憤怒暴民的攻擊目標。

反猶太的「十字軍」之中，最臭名昭彰的是個非常可厭的伯爵「萊寧根的埃米喬」（Emicho of Leiningen），他是來自萊茵蘭的小貴族，時間都花在搶劫那些無意中進入他領土的商人與旅人。聽了隱士彼得演講後不久，埃米喬宣稱基督在他夢中顯靈，命他前往君士坦丁堡，去推翻當局並冠以「末代羅馬皇帝」封號，然後從那裡進軍耶路撒冷，驅逐穆斯林並迎來世界末日。

埃米喬成功吸引了大批追隨者，大部分是跟他差不多聲名狼藉的騎士，然後大開殺戒，沿著萊茵河從科隆到詩貝亞（Speyer）沿途攻擊猶太人社群。他的主要動機似乎是為了金子，畢竟要為他的任務籌錢，還有什麼方法比從受鄙視的猶太人那裡奪取更好的呢？神職人員與世俗當局都對此感到震驚，皇帝下令保護帝國內所有猶太社群，許多當地主教也竭盡所能去執行諭旨，但他們也同樣無力抵抗暴徒。在神聖羅馬帝國西南部的城市沃姆斯（Worms），主教宣布猶太人受到他個人的保護，但埃米喬照樣攻擊他們，殺了八百多人。

當埃米喬來到美因茨（Mainz）時，當地主教禁止他進城，猶太社群則募集了一大筆黃金賄賂他離去。埃米喬收了錢，然後照樣讓他的追隨者進城。主教做出最後努力來拯救美茵茨的猶太人，把許多人藏在他那座略加了點防禦工事的府邸中，基督徒商人則組織了一支民兵去擊退埃米喬的手下。雖然他們擊退了頭幾次的攻擊，但終於寡不敵眾。

埃米喬的手下攻進了主教府邸，輕而易舉就衝了進去，但凡不願接受基督教洗禮的猶太人一律格殺勿論，不管年齡或性別。誠如一位編年史家所記載，驚恐的猶太人開始自殺，寧願死在自己的雙手，也不願死在沒有受過割禮的人刀下。

埃米喬的追隨者為了撇清關係，搬出了「基督殺手」的歪理，主張在抵達聖地之前，他們的首要職責是清理帝國城市的門戶。就如他手下的一名士兵向一位猶太拉比（rabbi）解釋的那樣：「你們的祖先殺害了我們崇拜的對象。」但教會卻明確駁斥了這些歪理，例如艾克斯的阿爾伯特寫道：「由於某些心智上的錯誤，他們起來反對猶太人……（但）上主是公正的審判者，並命令人不得在不情願或出於脅迫套上基督教信仰的軛。」

即使在當時，埃米喬及其同黨所犯下的暴行也受到聲討，視為一種曲解。中世紀的編年史家很滿意地見到這些反猶太的「十字軍」沒一個能抵達東方，大部分人在途中遇到抵抗後就瓦解了，要不就被帝國當局鎮壓了。埃米喬伯爵跑得最遠，一路掠奪到了多瑙河，但當他進入匈牙利國境並意圖掠奪鄉間尋找糧草時，他那日益漫無組織的軍隊就被匈牙利軍隊擊潰了。

沃爾特．桑薩瓦爾

再說回到科隆，較小的團體前往東方的消息，分裂了隱士彼得的軍隊。他們拋下一切要去奪回耶路撒冷，結果反而一直待在一座異國的城市，而且這城市也日益厭倦這些額外的人口。但彼得卻似乎不急著離開，他終於吸引到許多像樣的日耳曼貴族，並想要增加這支軍隊的力量。

彼得最熱衷的追隨者決定不要再等下去，於是就脫離了大隊伍。他們由沃爾特．

桑薩瓦爾（Walter Sans-Avoir）率領，他乃是少數追隨彼得的法蘭西小領主之一。沃爾特的姓氏通常轉換成英文就成了「窮鬼」的意思，但他可一點也不窮。[6]事實上，沃爾特是巴黎西面法蘭西島（Île-de-france）某地區的領主，他出發時帶著八名侍衛騎士和一小群步兵。

沃爾特此時領導多達數千的一群人，沿著萊茵河到多瑙河，並在一〇九六年五月初抵達匈牙利邊界。沃爾特設法讓追隨者保持良好秩序，並獲得匈牙利國王恩准給予安全通路以及補給。一切都很順利，直到他們抵達貝爾格勒（Belgrade），也就是匈牙利與拜占庭帝國的邊界。就在等待渡船送他們過薩韋河（Save）進入帝國領土之際，卻有沃爾特十六名手下試圖搶劫鄰近城市塞姆林（Semlin）的一處市集，被當地民兵逮捕。從各方面來說，民兵算是放了他們一馬，他們的武器和衣服被披掛在城牆上做為警告，然後赤裸但安然無恙地被送回沃爾特那裡。

事情應該本來就這樣結束了，但卻反而惡化。丟人現眼的十字軍決定到鄉間打家

6 作者注：人們所以會搞錯，是因為沃爾特來自布瓦西桑薩瓦爾（Boissy-sans-Avoir），而桑薩瓦爾（sans avior）在法文裡就是「一無所有」的意思。

劫舍，被惹惱的當地人決定反擊。沃爾特的那群烏合之眾下場最慘，跟他的幾名手下躲在一座教堂裡，結果被活活燒死。但幸虧在緊張局勢進一步升級之前，拜占庭皇帝匆忙派了一支軍隊護送補給品到貝爾格勒，防止了進一步的紛爭。

皇帝之所以願意慷慨解囊，部分動機是因為知道隱士彼得帶領的更大規模十字軍，再過幾個星期就會到了。他們這一路上並不輕鬆，彼得的十字軍未能帶足補給，這顯然是因為當地人看在他們為神聖大業盡力的份上，會很樂意捐助他們所需的一切。但在未能見到這種慷慨實現之際，十字軍就開始強取豪奪，從小規模搶劫到徹底掠奪不一而足。

當彼得來到塞姆林時，沃爾特手下的衣服還掛在城牆上，嚴重的問題開始了。塞姆林的城主試圖要強化安全防護，一場為了一雙鞋而引起的激烈爭吵卻升級成為一場激戰。彼得的軍隊徹底洗劫了塞姆林之後，就越過邊界進入到拜占庭國境，攻擊了貝爾格勒。彼得在此犯了大錯，該地區本來就部署有帝國軍隊，他們肩負護送十字軍前往拜占庭的任務，因此當彼得的軍隊一攻擊貝爾格勒，拜占庭部隊就會合起來對付他們，輕而易舉就把這批毫無組織的十字軍打得七零八落。

這場大難差點就了結掉平民十字軍。隱士彼得帶著五百人逃到附近山腰上，以為其他人都被殺掉了。直到早上，見到落在後面的七千人零零落落出現時，才意識他們並沒有因為這場敗仗而完蛋。

其後，多虧有帝國大軍的護送，以及人財兩失而得到的教訓，十字軍學會了收斂，在前往君士坦丁堡的接下來旅程中都沒再出事。拜占庭的嚮導保持著補給充足，並看緊他們。由於十字軍被照管著而表現良好，因此當地人的態度也明顯變得比較友善了。很多人見到這支軍隊的情景而感動落淚，且因為眼見有些十字軍衣衫襤褸，於是就主動捐贈金錢、馬匹或驢子給他們。

當十字軍抵達君士坦丁堡時，士氣提升了，沃爾特的手下以及其他一些較小群的部隊也陸續在君士坦丁堡跟他們會合。十字軍的進城受到嚴格限制，但為了表達皇帝的厚愛，阿歷克塞一世邀請彼得到皇宮會面，商討戰略。[7]

7 作者注：由於十字軍曾積極攻擊過幾座拜占庭城市，又騷擾過鄉間，因此彼得不太確定他會受到何種接待。當皇帝宣布原諒一切時（他只看十字軍一眼就知道他們已經受夠懲罰了），彼得忍不住感激得哭了起來。

君士坦丁堡

君士坦丁堡的景象必然讓這些十字軍嘆為觀止。西方的城市都相當小，君士坦丁堡卻號稱有將近一百萬的人口。[8]這裡是化為傳說的羅馬帝國的政治與宗教中心，是從古代世界存活下來卻仍生氣蓬勃的城市。拜占庭皇帝是奧古斯都的直接傳人，他的城民也仍然在賽馬場裡歡呼，一如他們的祖先一樣。且在中世紀人眼中，這裡更是個充滿神奇的地方。

君士坦丁堡宏偉的城牆是空前未有最強大防禦工事，穿插了九道主城門，其中最著名的是用於禮儀場合的「黃金門」，這是座龐大的羅馬凱旋拱門，有三扇大門，白色大理石襯有青銅與黃金，其上有幾頭大象拖著一輛勝利戰車的雕像。觸目所及皆是美不勝收的鑲嵌以及消失的古代世界所遺留下來令人屏息的藝術作品。然而遠比金碧輝煌的宮殿，以及充滿異國情調的商品更令人印象深刻的卻是，這座城市所收藏的大量聖物。君士坦丁堡幾乎每座教堂都有聖人的衣物或遺骨，數世紀以來，虔誠的皇帝們收集了基督教世界裡受人敬拜的聖物，這收藏無與倫比。到君士坦丁堡朝聖旅客什麼都可以見到，從世俗的如挪亞用來建造方舟的工具與基督的襁褓，到比較奇特的如裝有基督鮮血或聖母乳汁的小瓶子，無所不有。

而其中最珍貴的聖物供奉在宮中一間特別的禮拜堂裡，或在君士坦丁堡最壯觀的主教座堂「聖索菲亞大教堂」裡展出。全世界沒有一座建築像它一樣，在建築物充滿陰暗、沉重風格的年代，這座「神聖智慧教堂」以優雅、透亮的線條矗立著。禮拜者穿過巨大的帝王之門走進去（這座大門的門口鑲滿白銀，門楣據說是用挪亞方舟的木頭製做），會訝然望著多彩的，從地中海各地進口的大理石壁面，然後是遼闊的內部空間。巨大的中央穹頂離地面有十八層樓高，穹頂遍布金色鑲嵌，面積高達一萬六千一百八十七平方公尺。[9]建築者在穹頂底部周圍設了襯有金邊的窗戶，當光線流瀉進來時，穹頂看起來就像是漂浮在一片光芒中。

進到這樣的空間裡，很少有人能不為之動容。當一隊來訪的俄羅斯代表團在聖索菲亞大教堂裡做完彌撒後，回信報告其君主時寫下了名句：「我們不知道自己究竟是

8 作者注：第一次十字軍東征時，君士坦丁堡大約是倫敦或巴黎的二十倍大。
9 作者注：興建於六世紀的聖索菲亞大教堂穹頂在將近一千年中，一直是全世界最大的穹頂，直到文藝復興時代才被佛羅倫斯建築師菲利波·布魯內萊斯基（Filippo Brunelleschi）超越。

置身在天堂還是人間。」[10]

皇帝阿歷克塞一世很清楚皇家服飾排場威力所能激發的效果，因此他善加利用，讓賓客既受到威嚇又感覺被奉承。彼得被帶到大皇宮（Great Palace），一處占地超過四英畝半的建築群，而這名貧寒的行腳傳教士就在這裡面見了東羅馬帝國皇帝。當彼得進到八角形的Chrysotriklinos（字面上的意思是「黃金接待大廳」）時，視線必然會被眼前的皇家寶座所吸引，寶座飾以一幅極為巨大的基督聖像畫，畫中的基督是神聖審判者，一手舉起做出祝福或下指令的手勢。同樣令人印象深刻的是一株奇妙的鍍金青銅樹，枝椏上有珠寶為飾的鳴鳥，兩隻金獅蹲在寶座下。碰一下扳手開關，這些鳥就會齊鳴，獅子則站起身來發出吼聲，這效果通常都令人感到神奇又肅然生畏。

在一般情況下，這樣的景象就足以把人嚇倒，但彼得更是特別受到影響，因為他還不知道下一步該怎麼做。在法蘭西和神聖羅馬帝國時，眼前的目標顯而易見，「基督徒大軍」要集合並向耶路撒冷進軍，但實際上要怎麼到聖地，卻是八字都還沒一撇。烏爾班除了含糊指示大家要在君士坦丁堡會合之外，沒談到其他細節。彼得要不就等待更多軍隊抵達，並冒著讓他手下感到挫敗的風險，要不就馬上深入敵境。

至於皇帝阿歷克塞本人，則對於平民十字軍的到來不怎麼高興。當初消息傳來說有一支「十字軍」已在路上了，他曾大感震驚，還叫人增加些傭兵來充實軍隊。但如今阿歷克塞面對的卻是一群烏合之眾，而且顯然他們的首領也管不住他們。皇帝的女兒兼歷史學家安娜．科穆寧娜（Anna Comnena）提到這群來到拜占庭的十字軍人數之後，懷著戒心地寫道：「所有來自西方的人群……都結合為一體往亞洲來了。」

皇帝並未因為見到彼得這群人就緩解了他的擔憂，因為他正確無誤地認識到彼得帶來的這群烏合之眾，根本就不是土耳其人的對手，雖然阿歷克塞對彼得的聖潔留下了深刻的印象。於是阿歷克塞就著手發揮他著名的魅力來說服彼得，說彼得唯一的希望就是等待正規軍的到來。

這是很明智的建議，但可惜彼得對十字軍的影響力已經削弱了好一陣子，再也無法有效控制十字軍。那些一般的士兵無法容忍停留在君士坦丁堡，因為這辜負了他們解放耶路撒冷的使命，而周圍那些顯而易見的財富更加是種侮辱。他們正在為這些柔

10作者注：摘錄自內容總是很有趣的《俄羅斯編年史》（*Russian Primary Chronicle*）。據說這番體驗實在太令人傾倒了，以致說服了俄羅斯統治者弗拉基米爾大帝（Vladimir the Great）皈依基督教。相關摘記請參見網頁 http://www2.stetson.edu/~psteeves/classes/russianprimarychronicle.html。

弱的東方基督徒打場美好的仗，不是該得到些補償嗎？最初他們還滿足於小偷小竊，但很快地就得寸進尺到公然搶奪，闖入府邸與郊區別墅，甚至還偷取教堂的鉛皮屋頂。就在他們抵達君士坦丁堡的六天後，阿歷克塞的耐心就耗盡了，於是給他們一些金錢給補給，建議他們貼著海岸線前進，以便帝國海軍可以運送補給，並載他們渡海到小亞細亞。

分崩離析

十字軍雖然在亞洲登陸了，但仍未進入到敵境之內，拜占庭在此處擁有一片狹長的海岸地區，可以指望當地人給予指點和建議。然而彼得可能沒通知他的士兵這一點，但更可能是他根本已經控制不了他的手下。大家唯一都同意的一點是應該往東走，於是這批十字軍就開始漫無組織地沿著亞洲海岸行軍，沿途打家劫舍、掠奪教堂。這種拖拖拉拉的行軍方法嚇壞了當地的基督徒，多數人都設法躲開他們。最終沒有人幫十字軍帶路，軍隊內部爆發激烈爭吵，爭論應該往哪個方向走。

當他們來到已成廢墟的尼科米底亞（Nicomedia），也就是今天的土耳其城市伊茲密特（Izmit）時，緊張對峙更是達到頂點。尼科米底亞原本是拜占庭帝國的城市，大約在十五年前慘遭土耳其人蹂躪之後就被廢棄。十字軍在此按照人種分裂成兩部分：日耳曼人推選了自己的領袖，而法蘭西人則頗不情願地跟隨隱士彼得。

此時彼得終於開始表現出他英明的領導力。就在日耳曼人忙著搜刮鄉間尋找補給，進一步惡化與當地基督徒關係之際，彼得則帶領法蘭西人沿著海岸南行。他的目的地是一座設防村落茲維托（Civetot）[11]，距離尼科米底亞大約二十英里，位處尼科米底亞海灣的一塊肥沃平原，地理位置優越，安全又便於通往海路，阿歷克塞在這裡儲存了一些補給品。十字軍可以在此落腳，等待來自君士坦丁堡的後援。

不幸的是，這項合理的計畫只削弱了彼得的威信。人們質問，那位曾經慷慨激昂痛責貴族缺乏信心的火熱傳教士到哪裡去了？他怎麼變成了畏縮的懦夫，向皇帝低頭鞠躬，並不斷督促大家小心行事了呢？而偏偏不到幾個星期，彼得就宣布說要折回都城跟皇帝商討下一步該怎麼走，此舉簡直就證實了每個人心中的猜疑。

當彼得不在的時候，日耳曼人展開了一場競賽，看誰能搜刮到最多戰利品。秋

11 作者注：此村古名為「海倫娜波利斯」（Helenopolis），是君士坦丁大帝母親的出生地。

初，一群法蘭西騎士設法遠行至尼西亞（Nicaea）的城門，也就是今天的伊茲尼克（Iznik），此處是土耳其埃米爾國的首都。

對於基督徒而言，尼西亞是一座重要的城市。在將近八個世紀前，尼西亞舉辦了基督教會的第一次大集會。尼西亞大公會議（Council of Nicaea）由君士坦丁大帝主持，討論的大事從主教選舉到訂定恰當日期來慶祝復活節，不一而足。但若從更具象徵意義的層面來說，尼西亞對每位虔誠的十字軍所熟知的信經，有很大的貢獻。[12]

多年來尼西亞變得富裕起來，第一次十字軍東征的前十年更成為土耳其人的首都，而且依舊豐饒。因此當法蘭西騎士來到尼西亞時，他們見到的是富饒的鄉間，城牆外散布著村莊與城鎮。更棒的消息是，土耳其埃米爾基利傑·阿爾斯蘭（Kilij Arslan）人不在尼西亞，他到他領地的另一端去應付一場叛亂。但眼下十字軍的人數不足以包圍尼西亞，於是他們就以駭人聽聞的殘暴手段掠奪了鄉間。[13]而當土耳其駐軍衝出來制止他們的時候，十字軍設法將他們打得大敗。

法蘭西人帶著滿滿的戰利品和信心回到了茲維托，很快就吹噓起他們的偉業來。不甘落後的日耳曼人則向更遠的內陸進軍，在那裡發現了一座廢棄的城堡，可以當作深入襲擊其他地方的基地。起初一切都很順利，日耳曼人比法蘭西人更加謹慎，他們做事很收斂，不會攻擊當地的基督徒，因此遭遇的抵抗也比較少。

然而不幸的是，法蘭西人前次的攻擊消息傳到了埃米爾耳裡，於是他迅速率軍歸來。日耳曼人撤退回到城堡，卻發現大大的失算。雖然他們的糧食很充足，但唯一的水源卻是來自堡壘牆外的一條小溪。土耳其軍隊立刻展開圍城，幾天之內，日耳曼人就陷入了萬分的痛苦之中。由於將士迫切需要用水，他們就試圖從泥土塊中吸取濕氣，有的人則割斷馬匹、驢子的血管來喝牠們的血，或喝彼此的尿液。就這樣經過八天的折磨之後，日耳曼人的指揮官投降了，受降的條件是要皈依伊斯蘭教。他的手下也面對同樣的選擇，選擇改信的會淪為奴隸，其他人則遭到屠殺。

基利傑．阿爾斯蘭充分利用了他的勝利，假冒日耳曼人寫了封信給法蘭西人，吹噓說日耳曼人已經攻占了尼西亞，而且搶到大量的戰利品。接著阿爾斯蘭再把軍隊部署在茲維托，等著法蘭西人上鉤。

12 作者注：自從西元三二五年尼西亞信經（Nicene Creed）編成以來，信徒幾乎每天都背誦。

13 作者注：安娜．科穆寧娜在尼西亞劫掠事件發生後的十年，以一段情緒化而非精確的文筆，記載十字軍哈著腰用叉子烤著嬰孩。

這封信產生了預期的效果，但就在法蘭西人趁勝追擊之前，日耳曼人實際的慘況也點滴傳到法蘭西人耳裡，原本興奮的氣氛化作一片恐慌，大家亂成一團，好幾個小時裡沒人控制得了。最後是沃爾特・桑薩瓦爾設法恢復了秩序，但卻分為兩派意見，一派主張等待彼得帶來的援軍，一派則主張馬上發動攻擊為日耳曼人報仇。經過幾天的猶豫之後，眾人還是決定要進攻。

所有能上陣的人都跟著這批十字軍離開營區，只留下婦孺去照顧老病而無法上陣者。他們的人數將近兩萬，但根本稱不上是驚人的兵力，行進隊伍漫無組織，既沒有前鋒，也沒有探子來警告他們前方的狀況。十字軍在來到茲維托三英里處就掉入了土耳其人的埋伏，這場戰鬥（如果稱得上戰鬥的話）幾分鐘就結束了，沒有當場被殺的人就逃回了營地。

茲維托營地裡的大部分人都還在睡夢中，少數幾名留守的神職人員才剛開始做起晨間彌撒。在早飯炊煙還沒有升起之前，十字軍行軍而去的方向揚起了滾滾沙塵，大批驚恐的逃兵喊叫著衝進營地，土耳其軍隊則追擊在後。在這樣的情況下根本不可能有真正意義的抵禦，老病者被殺死在床上，正在禱告的神職人員也在劫難逃。面容姣好的男孩和女孩免於一死，被送到巴格達的奴隸市場上販賣。

最終只有三千名騎士活了下來，抵達海岸邊的一座古堡，古堡的門窗早已腐朽，這些絕望的十字軍設法用死屍以及打撈到的漂浮木堵住了門口與窗洞。他們既沒有糧食也沒有水源，但卻不知怎麼地守住了。這場災難傳到了阿歷克塞耳中，皇帝隨即下令出動海軍，圍城的土耳其人一見到戰船駛入茲維托的港口，就立刻下令撤軍了。

慘敗的平民十字軍殘兵步履蹣跚地回到君士坦丁堡，見到他們之前的領袖隱士彼得正等著他們，這必然是很令人心動的重逢。彼得認識的大多數人，包括沃爾特·桑薩瓦爾等人，如今都陳屍在茲維托的營地。十字軍為了征服聖地而出發，一心以為憑藉著滿腔熱血就能克服萬難，如今卻瑟縮在君士坦丁堡的一座港口中，聽憑一位外國君主發落，所有的偉大夢想都破滅了。彼得自己還有個角色要扮演，但他的士兵們的最終命運則到此為止。皇帝阿歷克塞很慷慨地賜給他們位處君士坦丁堡郊外的住所，並接受他們成為君士坦丁堡的城民。

但阿歷克塞首先要確保沒收了他們的武器。

第三章　諸侯十字軍

就算是柏拉圖本人……也無法說清楚阿歷克塞的心思。

——安娜・科穆寧娜[1]

就在隱士彼得的軍隊在茲維托遭屠殺之際，西歐的貴族正在做出發前最後的準備。在「正式」的十字軍啟動之前，這場災難的消息還沒有傳來。不過一支農民軍隊的失敗並不會讓人感到震驚，這只不過證明了未經過事前適當的規劃，軍事遠征中東

1 作者注：出自Comnena Anna, trans. E.R.A. Sweter, *The Alexiad*, (London: Penguin, 1969), Book X。

就注定會全軍覆沒。這群歐洲君王本該明智地汲取前人的教訓，但令人費解的是，儘管他們擁有更多的資源，但卻也跟農民們一樣漫無條理、一片混亂。

主要原因是沒有一位明確的領導人來帶領這批十字軍。教宗烏爾班二世原本期望西歐的幾位大國國王：法蘭西的腓力一世、神聖羅馬帝國的亨利四世（Henry IV），或者英格蘭的威廉二世（William II），其中一人會加入十字軍，所以就避免指定一名領導全軍的統帥。[2]然而這幾個人卻沒有一位有足夠的把握（或意願）可以丟下王位一段不確定的時間，於是都婉拒了邀約。最後，法蘭西和義大利的四位主要大公挺身而出，但他們的地位相當，誰都不願意聽誰的命令。

為了讓大家團結，烏爾班指派了受到眾人愛戴，勒皮的主教阿德埃馬來代表他。這堪稱是上選。阿德埃馬是出身於法蘭西貴族家庭的中年神職人員，很有外交天賦，習慣於應付很自我的人。阿德埃馬很有文化修養、個性隨和，而且慣於說服人而非命令人。他也是個旅行經驗很豐富的人，非常清楚前往耶路撒冷路上會遇到的困難。他將成為一位絕佳的統帥。然而不幸的是，中世紀的權力現實讓他的領導角色喪失了作用，他也許極具個人魅力，但卻沒有半點的政治權力。每位十字軍將士都是向上帝宣誓效忠，而不是向教會。除此之外十字軍受到封建領主的管轄，阿德埃馬可以提出建議，但沒有人非得要聽他的指揮。

結果出現的不是一支十字軍，而是四支個別的軍隊，每支都由一位大貴族率領，而且認為該由自己來管理其他所有人。他們在一〇九六年夏末出發，各自採行不同的路線前往君士坦丁堡。如果說他們有什麼計畫的話，那就是盤算著等大家都抵達君士坦丁堡之後，要怎麼搶地位先後順序。

韋爾芒杜瓦的于格

第一位出發的大人物是韋爾芒杜瓦的于格（Hugh of Vermandois），他是法蘭西國王腓力一世的弟弟，腓力的風流成性曾經驚動教宗前往克萊芒。由於于格是王室子弟，因此自認為十字軍領袖非他莫屬，而且也竭盡其力宣揚這件事實。于格顯然不缺乏信心，在離開法蘭西中部之前，他曾寫信給拜占庭皇帝阿歷克塞，自稱為「萬王之

2　作者注：似乎一開始烏爾班還曾不認真地考慮過要自己來率領，但很快就發現他在老家還有太多責任要承擔。

王，天下第一」，要求拜占庭人給予他的接待必須符合他的地位。[3]接著于格南下行經義大利，在盧卡（Lucca）跟烏爾班會面，烏爾班授予他一面聖彼得的軍旗，做為教宗祝福的象徵。

于格帶著教宗授予的旗幟（他將其視為自己已經成為十字軍領袖的標誌），繼續往義大利半島腳跟部位的城市巴里（Bari）前進，在那裡安排部隊分別上了幾艘船。[4]到這時為止，于格的旅程非常成功，但當他的船駛近達爾馬提亞海岸，也就是今天的阿爾巴尼亞時，災難襲來，一場突如其來的暴風雨吹散了艦隊，于格被困在人生地不熟的地方，大多數手下都不在身邊。

更糟糕的是，這位落湯雞「萬王之王」得要靠皇帝的姪兒來救他，對方還收攏他七零八落的軍隊，護送他前往君士坦丁堡，以防他們有進一步的不軌行為。這實在不是于格想要的盛大入城方式，但起碼拜占庭人的接待還滿有人情味，為他和他的手下舉辦了盛宴，而且于格還獲准立刻覲見皇帝。

即使像于格這樣自視甚高的人，跟羅馬皇帝見面也是非同小可的經驗。阿歷克塞也許有點矮小，但他可是安坐在君士坦丁大帝的寶座上，奧古斯都大帝都算是他的前任皇帝。阿歷克塞也是一位很出色的政治家，如果他想要的話，也可以表現得非常耀眼。而在這特殊時刻裡，阿歷克塞有更多理由去展現他的政治魅力。

一開始是阿歷克塞的信函開啟了這場戮力征討穆斯林的戰鬥，但在十字軍諸侯跟皇帝的初次見面中，阿歷克塞卻失去了更多。儘管于格帶來的人不多，且有些無精打采，但他手下的騎士們顯然比彼得手下的烏合之眾要靠譜多了。但皇帝還是摸不太清楚他們的動機，就像每一位東方人一樣，阿歷克塞對於十字軍東征感到有些困惑。東方的基督徒雖然跟穆斯林已經你死我活地鬥了四百多年，但他們可從來沒有因此發展所謂「聖戰」的概念。誠如四世紀時深具影響力的教會教父「凱撒利亞的聖巴西略」（Saint Basil of Caesarea）所教導的：殺人有時是必要的，但卻從來都不是值得稱道的事，更不該用來做為寬恕罪惡的理由。

穆斯林幾世紀的侵略並未改變教會的立場。當偉大的戰士皇帝尼基弗魯斯二世・福卡斯（Nicephorus II Phocas）在十世紀設法擊退伊斯蘭的進攻後，他向牧首請願，

3 作者注：起碼公認對十字軍懷有偏見的拜占庭公主安娜是這樣描述：由於于格並沒有王室身分，因此這說法顯然相當荒謬。事實上于格可能是要求給予他一個替「萬王之王」「效力者」的適當歡迎，但他的語氣卻得罪了安娜，加上安娜樂於發揮史家的後見之明，於是就藉機改動了于格的本意。

4 作者注：巴里以擁有「米拉的尼古拉」（Nicholas of Myra，也就是聖尼古拉）的遺骸而馳名。

也就是君士坦丁堡教會的領袖，要牧首宣布那些跟穆斯林作戰中死去的士兵能成為殉道者。儘管這是基督教世界在近三百年來對抗伊斯蘭的首度成功，但牧首卻仍堅持教會原有的立場，毫不含糊地告訴皇帝，就算殺戮有時必要，但從來都不是光榮的事，更別說是神聖的行為了。

在拜占庭人眼中，他們顯然不相信待在君士坦丁堡的西方騎士，後者口口聲聲說為了贖罪而打一場合乎正道的戰場。這種不信任感在見到十字軍的隨軍神職人員後，更顯深化。東方的神職人員禁止攜帶武器，但西方的神職人員卻是手持沉重的釘頭棒，身穿鐵甲，率領部隊，這景象很令人膽戰心驚。儘管十字軍滿口虔誠話語，但眾多拜占庭人卻懷疑他們真正的目標根本不是解放耶路撒冷，而是要來奪取君士坦丁堡。外來遊客向來對這座帝都嘆為觀止，但這種情緒終究免不了變成了貪婪。拜占庭之前已經見過無數次這種情況，從五世紀的匈人阿提拉時代到不久前諾曼人於一〇八五年的入侵，這些粗鄙的西方人當然也是半斤八兩。

因此，阿歷克塞得謹慎行事，這批十字軍真的很有可能會倒戈相向，隱士彼得手下的行徑就是前車之鑑。弄得不好，他非但不能打擊伊斯蘭的威脅，反而可能在不知不覺中給自己添了個新的基督徒敵人。阿歷克塞的首要目標是保護帝國及帝都，畢竟這才是當初他向西方求助的動機。

如果對於阿歷克塞來說，韋爾芒杜瓦的于格宛如一個難題，那麼對於十字軍來說，拜占庭人同樣也像個謎團。西方人會很不以為然地稱呼拜占庭人為「希臘人」，他們缺乏男子氣概又柔弱，身上擦了太多香水，任何食物都加了太多橄欖油，穿衣打扮更像個波斯商人而不像羅馬軍人。皇帝本人就更令人費解，十字軍是應他的請求而來，但皇帝在十字軍一事上究竟會扮演什麼角色呢？要是皇帝不親自領導十字軍，也起碼該派他的軍隊參戰。

最後的那段假設顯然不可能實現。拜占庭帝國之所以能在四面楚歌的環境中保有岌岌可危的地位，就是除非絕對必要，絕不冒出兵的風險。外交手腕與縝密的目標性打擊，才是帝國生存所必需。正面進攻阿拔斯王朝的哈里發和遙遠又戰略孤立的耶路撒冷，是件愚蠢透頂的事。帝國與十字軍雙方在目標上的鴻溝，終究會造成雙方關係惡化，為其後上演的悲劇搭建了舞台。

不過，眼前的事情都還算順利。據文獻記載，阿歷克塞使盡了渾身解數，用各式各樣的禮物和皇室盛宴上的招待讓于格目眩神馳。但所有的禮物都是有代價的，阿歷克塞對西方社會文化有相當充分的了解，知道騎士們對誓言的重視。阿歷克塞這麼做的真正目的是要十字軍宣誓效忠自己，雖然他不見得信任十字軍，但卻決心要盡可能地好好利用他們。

起初于格不肯宣誓效忠，他自視為十字軍的領袖，不願屈居於任何權力之下。此外要是他宣誓了，但其他貴族卻拒絕跟進，只會讓他看起來很愚蠢。但阿歷克塞的訴求卻愈顯堅定，暗示如果于格宣誓把攻得的城市交還給拜占庭，他就會考慮派遣部隊加入基督徒大軍，而如果時機合適，他說不定還會御駕親征。皇帝送的禮物愈來愈貴重，但威脅也跟著增加。[5]護送于格回宮中豪華房間的衛隊突然增加了武裝，也變得不太通融。當于格試圖返回他的營帳時，衛隊卻客氣地提醒他是皇帝的貴賓。于格在這鍍金的牢籠裡待了幾天後，終於妥協了。

阿歷克塞的運氣不錯，不費一兵一卒就收服了第一位抵達君士坦丁堡的十字軍諸侯。讓一位像于格這樣野心勃勃又來頭不小的諸侯效忠，本來就是艱難的任務。但在阿歷克塞辦到之後，下一位抵達的貴族就難以抗拒此事了。總之，阿歷克塞取得于格的誓言的時機正好，因為第二批十字軍就快要抵達君士坦丁堡。

布永的戈弗雷

布永的戈弗雷（Godfrey of Bouillon）是下洛林的公爵，這片領土包括了今天的荷蘭、比利時以及部分德國的西北部。戈弗雷的自信心比于格有過之而無不及，他是查理大帝的直系後裔，是十字軍領袖之中最著名且人面最廣的人物。他很戲劇化地投身十字軍，變賣大部分資產，抵押各種應得的權利，並將其餘財產都交給了聖吉爾修道院。[6]

戈弗雷沒有走于格的路線，而是選擇走陸路前往君士坦丁堡，沿著隱士彼得走的萊茵河—多瑙河路線而行。然而，平民十字軍的經驗使得當地人對十字軍的印象很差，因此當戈弗雷抵達匈牙利時，被斷然拒絕入境。他得等候三星期，最後還得交出弟弟鮑德溫（Baldwin）做為人質來保證軍隊一定會遵守規矩，這才取得了通行權。

5 作者注：根據某份法蘭克文獻資料，阿歷克塞收了于格及十字軍其他諸侯當義子。

6 作者注：戈弗雷保留了下洛林的所有權，這是他的領地中最重要的一塊。顯然他還打算回來，並以此地為基地重建他的龐大物業。

等到他們抵達君士坦丁堡時，戈弗雷已經滿肚子怨氣。他誓言支援東方的基督徒兄弟們，而且還承受相當大的個人犧牲，卻沒被當作一回事，處處受到懷疑和惡意對待。現在戈弗雷來到拜占庭都城了，結果仍受到這種對待。雖然于格的軍隊已經渡過了博斯普魯斯海峽，但消息仍傳到戈弗雷耳中，知道于格被要求發了個不像話的誓言。於是當皇帝的代表前來邀請他去皇宮時，戈弗雷很火大地回絕了。

阿歷克塞的回應是通知戈弗雷，除非他發誓會把收復的羅馬帝國土地交還給帝國，否則就別想渡海。當戈弗雷依然裹足不前，阿歷克塞就加強施壓，切斷他們前往帝國市集的通路。這成了致命的一擊。戈弗雷已耳聞一個很荒唐的謠言，說于格曾經被扔進拜占庭的牢裡，直到他同意宣誓效忠為止，眼前就是這位皇帝不擇手段的直接證明。戈弗雷在盛怒之下，橫掃了鄉間，掠奪了君士坦丁堡的郊區。

阿歷克塞意識到自己把戈弗雷逼得過火了，立即恢復了十字軍取得補給的通路，並派于格火速趕往戈弗雷的營帳，向他保證自己並沒有被扔到牢裡或受到虐待。戈弗雷解除了他的攻擊，但不管于格如何勸他宣誓，他都聽不進去。在戈弗雷的想法中，他已經表現得相當克制，而且還挺身抵抗了皇帝的欺凌。于格要去向皇帝屈膝沒關係，但他可有骨氣得多。[7]

整整三個星期，戈弗雷都拒絕宣誓，但皇帝一點也沒有放鬆的跡象。十字軍陣營裡的情緒日益緊張，騎士們為了解放耶路撒冷都捨棄了許多，但這時他們卻開始懷疑為何不能繼續上路？顯然戈弗雷得要逼阿歷克塞就範才行。

但這回戈弗雷劍拔弩張的嘗試成了一場災難。更多的十字軍已經在趕來的路上，阿歷克塞承受不起讓這些兵力加入戈弗雷的軍隊。於是皇帝派出了軍隊，將十字軍大致趕了回去。這下子公爵總算開竅了，等到皇帝的代表們又來到戈弗雷的營帳，很客氣地重複他們的邀請時，得到教訓而學乖的公爵就同意了。幾天後，戈弗雷很不情願地宣誓效忠皇帝，然後連同手下渡過博斯普魯斯海峽，去對岸跟于格的軍隊會合。

博希蒙德

如果說阿歷克塞應付戈弗雷，不像應付于格那樣有外交手段，那是有原因的。阿

7 作者注：有一份十字軍的記載中保留一段很異想天開的說法，說戈弗雷曾要求皇帝交出人質，而且在接收人質之後，才結束對君士坦丁堡的攻擊。

歷克塞的密探監視著剩下兩支十字軍穩定朝著帝都而來，通知說諾曼冒險家博希蒙德已經帶著大軍逐漸靠近了。

任何謹慎的領導人聽到這消息都會生出戒心。在所有的十字軍諸侯中，塔蘭托的博希蒙德（Bohemond of Taranto）不但最具野心，也是最令人生畏的人物。儘管他年過四十而有些彎腰駝背，但從這位金髮巨漢[8]身上仍可看出他征服諾曼地的維京祖先的影子。他的父親「詭詐的羅貝爾」是史上最成功的冒險家之一[9]，而博希蒙德完全遺傳了他父親喜愛浪跡天涯的性格。就連他的敵人也認為博希蒙德很有魅力，拜占庭公主安娜見到博希蒙德時才十四歲，覺得他讓人害怕，但也承認這個人讓她「大開眼界」。

這樣的一位人物率軍前來，足夠讓人憂鬱了，但皇帝阿歷克塞還有個人的理由害怕博希蒙德的到來。拜占庭帝國很熟悉博希蒙德的家族，在一〇七一年博希蒙德的父親羅貝爾曾把拜占庭人趕出巴里，那是帝國在義大利的最後立足點。十年後，羅貝爾與二十七歲的兒子博希蒙德向帝國發動入侵，一路蹂躪過巴爾幹半島。阿歷克塞在作戰時受了傷，至少眼見三支帝國軍隊覆滅於諾曼重騎兵之手。諾曼人以為他們打敗了皇帝，就開始計畫要扶持博希蒙德坐上皇帝寶座。最後因為阿歷克塞腦筋動得快，再加上適當的賄賂，這才挽救了他的困境。

三年後，博希蒙德帶了更可觀的軍隊捲土重來，但碰巧皇帝運氣好，一場瘟疫襲擊了諾曼軍隊，在羅貝爾父子造成帝國更大的損害前，瘟疫要了羅貝爾的命。羅貝爾死後，由於繼母在政治上的操縱，博希蒙德因此被完全剝奪掉了繼承權，此後這段期間，他都在花工夫爭回他的財產。

即使在當代人眼中，博希蒙德顯然也不是出於宗教理由而加入十字軍。[10]他在南義大利看不到未來，這歸因於他那很有權勢的叔叔，叔叔不希望博希蒙德成為他未來的對手。就在博希蒙德很不情願地幫叔叔包圍阿瑪菲（Amalfi）海岸的一座城市時，

8 作者注：博希蒙德原本取名馬克，但他的父親見他塊頭如此巨大，於是就根據中世紀傳說「巨人博蒙達斯」（Buamundas Gigas）為他取了小名「博希蒙德」。多虧了博希蒙德立下的豐功偉業，這名字就成了中世紀最多人取的名字之一。

9 作者注：羅貝爾的父親有十二名兒子，他排行第六。由於他沒有繼承遺產的機會，於是在一〇四七年加入傭兵團進入義大利，希望能找到出路發財。二十年後，他成為義大利南部與西西里島的統治者。

10 作者注：諾曼史家傑弗瑞・馬拉特拉（Geoffrey Malaterra）直言不諱地記載，博希蒙德加入十字軍是為了要去拜占庭境內掠奪。

一批正在尋找海路前往君士坦丁堡的十字軍朝聖者，告訴了他關於十字軍東征的事。博希蒙德隨即醒悟這是個大好機會，既可以為自己在東方開疆闢土，又可以藉此氣氣他的叔叔。於是博希蒙德馬上就宣布他打算前往耶路撒冷，帶走了許多士兵，害他的叔叔被迫放棄圍城。

博希蒙德決定加入十字軍或許是出於投機，但卻經過精心策劃。他和姪兒坦克雷德（Tancred）帶了一支規模中等但經費充足的軍隊從巴里啟航，渡過亞得里亞海最狹窄的地方，然後沿著達爾馬提亞海岸在數個地點分批登陸，以免過多的人數耗盡當地的糧食補給。接著等候取得進入拜占庭帝國境內需要的許可。

博希蒙德的軍隊堪稱是彬彬有禮和秩序井然的典範，博希蒙德嚴禁他們掠奪，違者將會處死。博希蒙德也樂於執行軍令，如此就可避免惹來通常會迎接十字軍的當地人的厭惡。博希蒙德選的進軍路線特別讓人印象深刻，這條路線非常艱險，會穿過希臘東北部班都斯山脈（Pindus）的隘口，海拔高達四千英尺。博希蒙德的軍隊來到今天的馬其頓西部，從這裡可以接上埃格納提亞大道（Via Egnatia），這是一條長達七百英里的古羅馬大道，蜿蜒穿過巴爾幹通往君士坦丁堡。他在那裡遇到一支緊張的帝國士兵分隊，他們的任務是要確保糧餉的安全，更重要的是密切注意諾曼人的動向。

雖然博希蒙德很小心翼翼地維護雙方的良好關係，但他走的這條路線正好是十年前他意圖征服帝國但卻失敗的路線，這成了一個不祥的凶兆。

不過幸好博希蒙德另有盤算。他父親羅貝爾一輩子非凡的生涯只吃過一場敗仗，就是敗在詭計多端的阿歷克塞手裡，博希蒙德可沒犯傻去浪費兵力、徒勞無功地攻擊這座全世界防禦工事最堅實的城市。博希蒙德的目標是在富裕的東方建立一個王國，這就要跟拜占庭皇帝搞好關係。到目前為止，拜占庭是近東最強大的基督教勢力，沒有了它的支持（或至少合作），就無法在東方取得永久的成功。跟帝國保持友好態度也有其他的好處，要是他取得拜占庭給予的資源，也就更容易達成目標。阿歷克塞身為羅馬皇帝有權指派一位十字軍實質上的領導人，只要獲得他的提拔，博希蒙德就會成為這個東、西方龐大的基督教聯盟中舉足輕重的關鍵人物。

儘管諾曼人[11]和拜占庭人不久前才彼此為敵，但博希蒙德卻有好幾個理由能夠對自己擁有的機會抱持樂觀態度。他比其他許多西方人更了解拜占庭人，可能會說雙方

11 作者注：拜占庭人把所有的西方人都稱為「法蘭克人」，唯一例外是諾曼人，因為他們很明顯自成一格。

足以溝通的希臘語，也熟知帝國的禮儀，而且他本人的口才很好，很有說服力。要是阿歷克塞不願意任命他當十字軍統帥，但起碼也可以取得一些資訊，知道其他十字軍諸侯們同意了些什麼。剩下的就只是時間問題，博希蒙德只要等待時機降臨即可。

博希蒙德在君士坦丁堡所接受的待遇很讓他鼓舞，通常要求覲見皇帝的賓客得要等上好幾天，由一大群禮儀官員悉心指導他們面見皇帝時如何舉手投足，但博希蒙德只在聖科斯馬與聖達米安修道院（Monastery of Saints Cosmas and Damian）待了一晚，就獲恩准不用面對廷臣而特別護送他到大皇宮去。

這麼快速免除掉官僚上需要經過的繁文縟節，這是皇帝不曾賜予其他西方人的榮幸，可見阿歷克塞有多認真對待博希蒙德。對皇帝來說，念及之前某些十字軍駭人聽聞的行為，這麼做也是有點賭了一把。不管眼前是哪位皇帝在位，在拜占庭人心目中皇帝的尊嚴依舊至關重要。帝國也許不如之前幾百年來得強大，但仍是普世基督教的國家，君王的地位也比其他世俗政權來得更高。皇帝就算不再能要求所有基督徒在政治上宣誓效忠，但仍有權要求他們的尊敬。然而大多數的十字軍都未能表現出適當的尊重。

從阿歷克塞的觀點來看，這些西方人的行為近乎粗野無禮，非但不感謝他送的禮物，大部分的貴族還認為這些禮物太小氣，或只是騙人的伎倆。很多十字軍會發牢騷（也有幾分是辯解），說這些根本算不上是禮物，因為在帝國的市集消費太昂貴了，最後這些禮物終究又會回到帝國的手中。就連那些把禮物留下來沒有變賣的人也很不滿意，他們認為皇帝明明這麼富有，出手卻不夠大方。他們怪皇帝送的盡是些華而不實的小玩意兒，有些更不客氣地抱怨禮送得不夠快或者不夠持久穩定。

這些不間斷地，對阿歷克塞慷慨程度的冷嘲熱諷，只印證了大多數拜占庭人看不起西方人，是有它的道理。此外如果說貴族們只是表現得目中無人，那一般騎士就更糟糕了。依照拜占庭的習慣，人們在皇帝面前就只能站著，但戈弗雷的一名手下卻肆無忌憚橫躺在阿歷克塞寶座前。在正常情況下，這種失禮舉動可能會引起戰爭，但當戈弗雷的另一名手下客氣地斥責這名騎士時，這名頑固的男人非但拒絕起身，反而還不給皇帝面子。

本來諾曼人在不久之前還公然與帝國為敵，可以預期諾曼人會容不下拜占庭人，但幸好博希蒙德對東方疆土的野心，讓他很堅定地管束住了自己。為了舒緩緊張的情勢，博希蒙德把軍隊駐紮在都城幾英里外的地方，只帶了一小隊侍衛進城。他和阿歷克塞的會面既短暫又禮數周到，當皇帝要求他宣誓效忠時，他毫不猶豫照做了，誓言接受皇帝為他的封建君主，並將所有攻占的領土都交還給皇帝。接著起身時就「順便」要求皇帝任命他當「東方大統帥」（Grand Domestic of the East）。

這個要求讓阿歷克塞很為難。這個頭銜不像皇帝大多數給出的那些徒具虛名的頭銜，博希蒙德要求的是帝國內最有權力的官位之一。「大統帥」是帝國在亞洲所有軍力的總指揮，這樣一來會讓博希蒙德成為十字軍實際上的領導者，也會成為皇帝潛在的對手。

當然，皇帝無法想像讓博希蒙德掌管帝國大部分的軍力，但要回絕他這位新封臣的第一個要求又讓皇帝有點尷尬。阿歷克塞推辭得很圓滑，說現在時機不對，但又隱約暗示博希蒙德如果能表現出膽大進取跟忠貞不二，那他就可以贏得這個位子。兩人臨別前又寒暄說笑了一番，加上阿歷克塞也允諾增派部隊和運送補給去給博希蒙德的軍隊，這位諾曼人便告辭而去，跟他的軍隊會合。

對於博希蒙德來說，這趟會面一切都考慮到了，非常成功。他不會真的認為皇帝會指派他當大統帥，但他也知道別的貴族並沒有獲得這項殊銜。此外有拜占庭的補給和部隊跟他一起上路，要讓十字軍諸侯相信他和皇帝有特別的默契，也就容易得多。

唯一會破壞這平穩關係的只有博希蒙德那魯莽衝動的姪子坦克雷德的行為，後者一聽到要求他宣誓就勃然大怒，等到終於面見皇帝時，他也相當不情願地宣了誓。等到與他一同前來的小貴族們宣誓完，阿歷克塞送給每個人一份禮物，並說明要是他們不喜歡，只要講明他們想要什麼都可以。也許受到他叔叔博希蒙德膽大包天的啟發，坦克雷德拒絕收下禮物，而要求皇帝把整個帳篷都給他，帳篷裡可是擺滿了黃金。

坦克雷德這個要求就跟指派為大統帥差不多一樣糟糕。皇家帳篷是皇帝權威的象徵，是眼睛可見的權力提示物。它就像跟皇位有關的一切東西一樣，規模龐大，近乎一座宮殿而非只用來紮營。有位當代人描述皇帝的帳篷宛如「一座有塔樓中庭的城市」，作戰時失去它就跟失去一座真正的宮殿一樣。阿歷克塞的帳篷是根據亞歷山大大帝著名的宴會帳篷製作的，配備有折疊家具，空間足夠容納五百人。[12]

阿歷克塞原本期待坦克雷德會要求一些華而不實的小玩意兒或頭銜，因此聽到當下也大吃一驚，但很快就裝作若無其事，冷然地反問坦克雷德要怎麼運送這份禮物，因為這座帳篷需要用到二十頭駱駝搬運。接著，阿歷克塞不露痕跡地挖苦了坦克雷德，他說：「無疑地，這帳篷會依憑著某種天意而跟在你身後移動。」他這是在警告

12 作者注：亞歷山大大帝的帳篷更大，內有九十張床，一百張軟榻，還有據說可容納九百人的接待大廳。

坦克雷德，因為在伊索寓言中有隻驢子披上了獅子皮而毀了自己，這是沒真本事的驢子披著獅子皮假裝自己是萬獸之王的下場。

阿歷克塞接著說：「讓你自己的行動表現來評斷你，並為你贏得帳篷。當你靜默時，我認為你是個有智慧的人，但你一開口就證明你是個愚昧的人。」最後阿歷克塞痛斥了坦克雷德：「你既不配當我的朋友，也不配當我的敵人。」13

土魯斯的雷蒙

阿歷克塞及時把諾曼人送出了都城，而在坦克雷德渡過博斯普魯斯海峽前往亞洲跟主力軍會合的當晚，十字軍最後抵達的重要諸侯土魯斯的雷蒙就率軍來到君士坦丁堡。如果說博希蒙德是十字軍之中最具野心的諸侯，戈弗雷是人脈最廣的諸侯，那麼土魯斯伯爵雷蒙四世（Raymond IV, Count of Toulouse）就是最有勢力的諸侯。五十五歲左右的雷蒙仍然精力充沛，一輩子大多花在穩步擴張他在法蘭西南部的勢力。到了一〇九七年，他已經比大多數國王，包括法蘭西國王在內，擁有更多財富、土地和軍隊。由於雷蒙娶了美人阿拉貢的艾薇拉（Elvira of Aragon），因此他跟西班牙王室也有了親戚關係，還參加過幾次「小型十字軍」去擊退西班牙的伊斯蘭入侵者。更重要的是，教宗烏爾班也跟他有私交，事實上，雷蒙是第一個公開加入十字軍的重要諸侯。雷蒙可能在烏爾班於克萊芒演講之前就親自跟他討論有關十字軍的事，而雷蒙似乎深受感動。當雷蒙立誓為基督效力，至死方休後，他就把所有的土地和財產都交給了兒子們，帶著妻子與長子向東方前進。

就像其他四位重要諸侯一樣，雷蒙也認為自己顯然就是十字軍的領袖，而且他有這個念頭也是合理的。雖然烏爾班很小心避免指派一名領袖，但他的私人代表勒皮主教阿德埃馬卻奉命與雷蒙同行。這樣一來就讓雷蒙成為摩西，阿德埃馬則扮演亞倫[14]，世俗權威補充了教宗的宗教力量。

雷蒙的軍隊實際上最早就離開了法蘭西，但他沒有選擇經由海路渡過亞得里亞海，反而很不明智地選擇走陸路，會繞過亞得里亞海的東北部海岸。當雷蒙的軍隊來

13 作者注：諾曼人方面的記載則聲稱阿歷克塞是受到坦克雷德高尚精神的感動，並因為害怕才說出這番話。記載還加上坦克雷德不太有力的反駁：「我認為你配當我敵人，但不配當我的朋友。」

14 編按：亞倫（Aaron）是舊約聖經裡的人物，摩西的兄長，也是古代猶太人的第一位大祭司。

到今天的克羅埃西亞時，才發現道路幾乎無法通行，而當地百姓又充滿敵意。他愈是深入巴爾幹，行軍進度就愈慢，原本應該花幾星期的距離卻花了幾個月。而就在他的軍隊艱苦前進之際，遇到的伏擊也日益頻繁。有一回雷蒙跟他的後衛軍還被敵人截住，結果是靠將俘虜的屍體肢解，堆成一堵牆，才阻擋住敵人的衝鋒。

等到他們終於抵達帝國境內，雷蒙軍得到護送，並前往帝國的市集購買糧食，但當地人已經沒有東西可以販賣，而且也受夠了十字軍。雷蒙的部隊紀律一直都很好，沒有因為飢餓或作戰而損失一兵一卒，但這時大家脾氣卻上來了。十字軍憤恨這些帝國重甲衛兵監視他們的一舉一動，有幾群人脫離大隊分頭去掠奪了鄉間，當拜占庭人試圖阻止他們時發生了衝突，結果有兩名法蘭西貴族遇害。

監視雷蒙軍隊的帝國護衛隊此時處在高度戒備中，而在這種緊張氣氛中只會更容易犯錯。幾天後，勒皮主教阿德埃馬偏離了路線，帝國護衛隊在還沒有認出他之前就攻擊了他，讓阿德埃馬受了傷。在感到憤慨的雷蒙將士看來，這個例子證實大家的猜疑是對的，拜占庭人果然是背信棄義的小人。沒過多久，同樣的事情也發生在雷蒙自己身上，於是這種感受就更加深了。

阿德埃馬似乎沒有為了這件事而心懷芥蒂，反而規勸大家要克制，但他人卻被留在軍隊後方養傷。雷蒙的想法也一樣，幾天後他接到君士坦丁堡的親切來信，敦促他親自面見皇帝。雷蒙在都城外幾英里處駐紮軍隊，帶了一小支衛隊進了城。

當兩位領袖不在，就無人對軍隊有管束力，事情很快就一發不可收拾。軍隊開始襲擾鄉間，強取他們認定拜占庭人不肯賣給他們的物資。這時一支帝國正規軍受召前來，攻擊了雷蒙的軍隊，這些沒紀律的十字軍很快就被打敗，四散而逃，丟下大部分的武器與行囊，這些都落到帝國軍的手中。

就在雷蒙正準備面見阿歷克塞時，這場災難的消息傳來。皇帝慣例使出渾身解數，有一座豪華宮殿任由雷蒙使用，每天也照例贈送禮物。不過雷蒙卻無意接受這樣的示好。除了他四散的軍隊所帶來的恥辱之外，雷蒙也曉得其他諸侯同僚都宣誓效忠了皇帝，以及博希蒙德意圖爭取擔任十字軍總指揮的事。此外雷蒙還聽到一則謠言，說諾曼人博希蒙德已經跟阿歷克塞達成某種共識。顯然雷蒙很不願意立下他將會成為博希蒙德下屬的誓言，當皇帝很婉轉地提起這件事時，雷蒙傲然地回答說他是來為上帝效勞的，所以不會再接受另一位主人。

縱使現場的其他諸侯們，每個人都敦促他宣誓，以便可以啟動十字軍東征，還是改變不了雷蒙的心意。此時仍在爭取皇帝青睞的博希蒙德表態說，要是皇帝和雷蒙鬧僵的話，他會支持拜占庭人，但雷蒙則反駁說，如果皇帝本人親自率軍，他就保證可以立刻出發。

阿歷克塞試圖息事寧人，說他當然很樂意領導十字軍，但可惜眼前帝國的政治現況不容許他這樣做。眼見其他十字軍諸侯都拿雷蒙沒有辦法，皇帝就很明智地告退，留下他們去說服自己的同僚。最後，經過五天的討價還價，雷蒙同意妥協，他的宣誓內容有所改動——尊重皇帝的生命與榮譽，並保證他或手下都不會做出任何有損帝國前途的事。

這樣一來阿歷克塞滿意了，也將雷蒙的軍隊送到博斯普魯斯海峽對面的亞洲海岸，去跟等候在那裡的其他十字軍會合。但諷刺的是，當雷蒙離開君士坦丁堡時，反而跟阿歷克塞的關係最是熱絡。就在其他十字軍諸侯離去跟他們的手下會合時，雷蒙則留下來等待復原的阿德埃馬抵達都城。雷蒙最大的恐懼是博希蒙德的鋒頭會壓過他，但阿歷克塞私下裡表明他跟博希蒙德並沒有特別的交情，事實上，他也絕對不會指派這個野心勃勃的諾曼人擔任大統帥。

等到雷蒙上了路，阿歷克塞終於可以鬆一口氣了。此外還有幾個貴族陸續抵達，其中主要是諾曼地的羅貝爾二世以及布洛瓦的史蒂芬（Stephen of Blois），前者是征服者威廉的兒子，後者則是女婿，但大致上來說，皇帝的工作算是完成了。[15]過去一年半裡，有十萬多人經過君士坦丁堡，帶來許多意想不到的後勤與外交問題。[16]光是要餵飽這些人並安排交通工具，就差不多會壓垮所有的中世紀國家了。但阿歷克塞以令人驚嘆的靈巧手腕應付自如。他做到讓大家都算開心，把他們送上路，而且最重要的是，讓他們全部都宣誓效忠皇帝。若說還有美中不足的地方，那就是東、西方基督徒之間的緊張對峙更明顯加深，但他所完成的工作確實遠比當初所能預期的要多。

起碼眼前十字軍是在為他的目的而效力，但他並不心存幻想認為這現象可以持續很久。這是無人能控制的力量，此時投向了小亞細亞，要是他能保持讓這些力量恆久地打向他的敵人，進而收復一些東羅馬帝國的主要城市，那麼他經受的所有羞辱、花工夫奉承那些受到傷害的自尊心、耗費大量的時間與金錢，也就都值得了。

15 作者注：這兩人都不是特別令人刮目相看的人物。羅貝爾二世把他的公爵頭銜賣給了弟弟威廉二世。史蒂芬則根本不願意參加十字軍，但他已經娶了征服者威廉的女兒阿德拉（Adela）。這位女子遺傳父親的剛強意志，她命令史蒂芬參加十字軍，他就去了。

16 作者注：這人數包括平民十字軍以及所有非戰鬥人員。

第四章　長征

若他們希望今天作戰，就讓他們像個堂堂男子漢前來。

——博希蒙德[1]

在博斯普魯斯海峽東岸會合的十字軍必然是很有趣的畫面。中世紀的軍隊規模本就出了名的難以計算，不過當時大概有三萬名步兵、五千名騎士，可能還有人數不相

1 作者注：出自James Brundage, *The Crusades: A Documentary History*, (Milwaukee, WI: Marquette University Press, 1962), 49-51。

上下的非戰鬥人員。他們比隱士彼得的烏合之眾有組織，但紮營仍是很隨意無序，圍繞著每位貴族或小領主的營帳。阿歷克塞派了將軍塔第吉歐斯（Taticius）率一小支分隊擔任隨軍顧問，只有在拜占庭的這支特遣部隊營地才令人感到井然有序，他們還帶來了龐大的攻城工具，一如羅馬人幾世紀以來所沿用的作戰方式。

儘管十字軍安排得亂七八糟，有著領袖之間爭面子的衝突，以及帝國軍隊與十字軍之間的競相奪利，但十字軍終究抵達亞洲，對於眼前該怎麼做卻不再意見分歧了。如果大軍要如願抵達耶撒冷的話，那麼就得清出通過小亞細亞的路來，這意味得要攻下尼西亞才行。

土耳其人這座設防嚴密的城市位處拜占庭一條主要軍事道路上的湖畔，距離馬摩拉海（Marmara）不遠，這個內海分隔了歐洲與亞洲。尼西亞自四世紀以來就是個重要城市，四英里長的城牆令人驚嘆，前有拜占庭人悉心維護，後來接手的土耳其人也不斷修繕。由於尼西亞位於湖畔，因此沒有海軍就幾乎無法圍城，但如果讓尼西亞留在敵軍手裡，會是難以想像的事，因為十字軍形同會被切斷一切後援。

夏初，十字軍從岸邊的軍營出發前往尼西亞，沿途經過平民十字軍所留下令人毛骨悚然的遺骸，許多發白的骨頭仍然清晰可見，這是個令十字軍清醒的警示，讓他們知道所面臨的危險以及失敗所要付出的代價。而且在他們安頓下來準備要包圍尼西亞時，腦子依然還在想著這點。

十字軍可以說運氣好多於時機算得好，此時土耳其蘇丹基利傑・阿爾斯蘭正忙於擴張東邊的疆土，不願意因此前功盡棄，他當然很清楚十字軍來襲的事，但卻沒有當一回事。經歷過彼得的烏合之眾後，阿爾斯蘭認為西方人都不足以構成威脅，而彼得也加入這回十字軍的事，大概也經由密探回報給他，讓他更加放心。為了表示自己的信心，他把妻子兒女連同財產都留在尼西亞。

展開圍城的日子似乎對十字軍來說是個好兆頭。他們雖然沒有單一的領袖，但這些諸侯與拜占庭盟友們行動一致，組成了一個管理委員會，在戰術上意見一致沒有嚴重分歧。雖然土耳其駐軍仍然可以從湖的對面取得補給，但已十萬火急送信給蘇丹，請他速速歸來。阿爾斯蘭這時才知道自己失算了，急忙率軍趕回。但等到他抵達時，尼西亞的士氣已經低落到危險的地步。

一〇九七年五月二十一日，蘇丹低估對手的程度，被慘痛地呈現了出來。在持續了將近整天的激烈交戰中，全副武裝的十字軍占了上風。到了暮色低垂時，阿爾斯蘭已經逃到山區，丟下尼西亞跟妻子兒女自生自滅。

十字軍愉悅地在蘇丹兵營廢墟裡找到了一些繩子，阿爾斯蘭本來希望用這些繩子來綁縛他的基督徒俘虜。於是十字軍就地取材用這些繩子綁了土耳其俘虜，還把幾位土耳其戰死者的頭顱發射到尼西亞城裡，希望藉此挫折駐軍的士氣。

然而，駐軍表現出的韌性卻比他們的蘇丹強得多。當十字軍從底部挖掘並生起大火想把其中一座塔樓弄倒時，土耳其人就連夜趕工修好損壞處。第二天早上十字軍醒來，卻見到白費一場工夫，十分洩氣。漸漸地，十字軍諸侯們開始明白自己需要援軍，尼西亞的駐軍有足夠的糧食和飲水，可以支撐好幾個月，只要能維持住湖泊這條通路，這場圍城戰就會無限期持續下去。要是拜占庭海軍沒有封鎖住尼西亞的港口，那麼在可見的未來中，十字軍就得一直困在這裡了。

於是十字軍派了一個代表團去見阿歷克塞，他馬上安排了一支船隊渡過湖面封鎖尼西亞的對外通路。[2]並約定好幾天之後發動攻擊。

當土耳其駐軍見到帝國軍旗出現在湖上時，了解抵抗也沒有用了。現在唯一的問題就是如何避免全城徹底覆滅，於是他們就跟拜占庭人開啟了祕密談判。尼西亞駐軍向皇帝投降，交換條件是保證居民的生命財產安全，並允諾不准十字軍進城。當晚，從湖邊的一道城門放了帝國衛隊進去，而駐軍則走了出來。

皇帝已經收復了一座重要城市，而且絲毫無損，也沒驚擾到他的土耳其鄰國。但不管這行動有多小心（這也就是當初非得要十字軍諸侯宣誓效忠的理由），還是讓十字軍的領袖們了解到，拜占庭人果然非常狡猾。當第二天早上，也就是眾人約定好要進攻的那天，十字軍醒來卻見到滿城飄揚著拜占庭的帝國鷹旗，都感到無比困惑。

阿歷克塞的代表們趕快向十字軍道謝，謝謝他們的協助，並重重犒賞了這些諸侯，但軍中卻瀰漫一股明顯被騙了的感受。攻占一座城市後的慣例是准許士兵掠奪三天，這也是圍城得勝後的主要好處，但皇帝跟土耳其人的約定，意味著將士圍城所花的工夫都白費了。

皇帝對待俘虜的方式使得雙方的關係更加緊張。皇帝准許土耳其宮廷官員以及富有的城民贖回他們的自由，而蘇丹之妻則在君士坦丁堡受到禮遇，安置在皇宮裡，而且沒有要求贖金就把她和兒女送回丈夫身邊。這對拜占庭人來說是個明智之舉，因為

2 作者注：阿歷克塞利用圍城來弄點手腳。他非常清楚尼西亞駐軍透過湖泊取得補給一事，他本來可以在圍城之初就安排海軍去封鎖通路，所以他很可能是要等到這些當初迫不得已宣誓效忠的十字軍，了解自己是需要皇帝的幫助。

就算戰爭結束，阿歷克塞還是得繼續跟他的穆斯林鄰國打交道，不給戰敗者留點餘地只會讓雙方關係火上加油。但對於十字軍來說，他們千里迢迢跑來打敗了基督的敵人，卻見到眼下這副景象，拜占庭的行為只不過印證了希臘人的確是在玩兩面手法。

然而儘管有所保留，十字軍普遍還是充滿了信心。第一場戰鬥已經結束，十字軍成功過了第一關，前方則是充滿黃金般承諾的耶路撒冷。其中一名十字軍小領袖布洛瓦的史蒂芬在滿腔樂觀中寫信給他的妻子：「除非被困在安條克，否則五個星期之內我們就會抵達耶路撒冷。」

行軍橫越安納托利亞

從尼西亞到耶路撒冷有兩條主要道路，一條沿著海岸，一條穿過炙熱的小亞細亞內陸中心地帶。阿歷克塞已經勸過他們一定要走海岸線，這樣帝國海軍才容易輸送物資給他們，但穿過內陸的路線卻比較短。尼西亞陷落一星期後，十字軍出發了，他們沒有採納拜占庭的忠告，因為這趟旅程已經夠長了，但這決定卻造成軍隊一分為二。

關於該由誰來領導十字軍的看法，逐漸集中在兩位候選人身上：博希蒙德與土魯斯的雷蒙。博希蒙德跟拜占庭派來的嚮導關係良好，他擔心找不到足夠的補給，因此建議大家分道揚鑣。而雷蒙早就受不了博希蒙德愛出鋒頭，因此巴不得各走各的。

這兩支大軍相隔一天分別以壯觀地漫不經心的方式上路，根本懶得彼此保持聯繫。但他們再度走運。失去尼西亞而大為驚慌的阿爾斯蘭一直在花工夫重整軍隊，並跟周遭勢力締結條約來應對這新的威脅。當阿爾斯蘭得知十字軍所採取的路線之後，就精心布下了埋伏，攻擊博希蒙德並以為已經困住了所有的十字軍。

幸虧博希蒙德反應快才避免了一場大難。當他的騎士們下了馬，圍著非戰鬥人員形成一個保護圈之際，博希蒙德派了信使去尋找雷蒙的軍隊。信使們只知道大概往哪兒找，但他們卻在五個小時內就尋得了雷蒙。與此同時，土耳其人已經占了一點上風，但阿爾斯蘭的軍隊多是輕裝的弓箭手，儘管他們人數遠超過十字軍，卻很難擊倒這些重裝騎士。除了一小群十字軍有過不明智的衝鋒之外，博希蒙德的軍隊倒是成功抵擋住了分散軍隊的誘惑，否則就會導致全軍覆沒。

因此當雷蒙率部隊抵達時，讓阿爾斯蘭大吃一驚。局勢主客易位，他反而處在遭受兩翼十字軍夾擊的危險。混亂隨之而來，大多數土耳其人被殺，倖存者則四散逃命，丟下行囊以及蘇丹的財物。

這場勝利雷蒙和博希蒙德都有功勞，打擊了塞爾柱土耳其人的士氣。阿爾斯蘭得到了結論，十字軍實在太強大了，無法阻擋，於是他搜刮了鄉間的物資，盡可能躲開他們。休息幾天之後，十字軍就繼續前進，橫越東南部托羅斯山脈（Taurus）附近更荒涼的地方。

接下來四個月裡，十字軍千辛萬苦橫越這片蒼涼大地，逐漸明白企圖在仲夏橫越熾熱的安納托利亞平原有多麼愚蠢。這裡原本僅有的一點點糧食都已經被土耳其人拿走了，而且水源稀少或甚至沒有。更糟糕的是眼前的酷暑，由於十字軍怕遇到伏擊，因此被迫要穿著盔甲，更是熱上加熱。駝運輜重的牲畜開始死亡，伴隨十字軍的家畜如山羊、豬和狗也被迫幫忙搬運物資。許多騎士被迫走路，以免馬兒累死。受傷的人則留下來養傷。[3]

唯一能保持士氣高昂的方法是上帝的恩寵，這藉由他們不斷的獲勝而清楚顯現出來。當十字軍來到托羅斯山脈的山口時，一群不歸阿爾斯蘭管轄的土耳其人意圖阻止他們前進。博希蒙德幾乎單槍匹馬就打敗了他們，直接衝向埃米爾，跟他單打獨鬥。最終土耳其人考量到還是不要引起激戰，於是就撤退了，沒有進一步認真阻擋這些十字軍。

這場勝利最大的受益者是博希蒙德，他本來就在跟雷蒙互別苗頭、爭取聲望，現在他逐漸勝出這場爭鬥。當晚偶然出現的一顆彗星，更為他打敗土耳其人的功績錦上添花，很多人都將其解釋為博希蒙德即將崛起的跡象。博希蒙德感到這是打鐵趁熱的時機，於是就派姪子坦克雷德偕同一些小貴族脫離大隊，去解放附近的一些城市。之後博希蒙德再將這些城市一一獻給了阿歷克塞，做為誠意的證明，而且也毫不諱言地提醒對方，他還是很願意擔當「大統帥」的職位。

戈弗雷的弟弟鮑德溫也有樣學樣地脫離大隊，表面上是去向附近的基督徒亞美尼亞人爭取協助，然而結果他卻並沒有去蒐集補給，而是利用了政治局勢為自己打造出權力基礎。

鮑德溫跟他的手下受到熱烈歡迎，進入了大亞美尼亞（Greater Armenia）的首都埃德薩（Edessa），位於今天土耳其的東部。統治者是上了年紀的托羅斯（Toros），他是周圍土耳其人的附庸，但亟欲擺脫土耳其人的控制。由於他膝下無子，於是就提出收鮑德溫為義子做他的繼承人，交換條件是利用西方騎士來撐起他下跌的民望。鮑

3 作者注：其中包括布永的戈弗雷，他在打獵時被一頭熊弄傷。

德溫迫不及待地接受了。幾星期後，倒楣的托羅斯在一場宮廷政變中被推翻，鮑德溫於是建立了一個獨立國家，他命名為「埃德薩伯國」，乃中東四大基督教前哨基地中的第一個，後來這四個國家並稱為「十字軍國家」。

鮑德溫的花招引起了整個十字軍的注意，但尤其引起博希蒙德的關注。鮑德溫這個人的人緣不太好，大多數人都因為他違背了十字軍的誓言而看不起他，但他卻做到了諾曼人打算要做的事。不過，博希蒙德的眼光卻放在安條克。

第五章　安條克

博希蒙德和坦克雷德像其他人一樣都是凡人；不過他們的神愛他們遠超過愛其他所有人……。

——《法蘭克人事蹟》（*Gesta Francorum*）[1]

安條克是古代世界的遺產，由亞歷山大大帝手下一位將軍在西元前四世紀興建而

1 作者注：出自August. C. Krey, *The First Crusade: The Accounts of Eyewitnesses and Participants*, (Princeton: 1921), 163-68。

成，設計時就打算要成為一座諸王之城，格局很有組織，位於奧隆特斯大河（Orontes）與群峰高聳的西爾比烏斯山（Silpius）之間，曾經是一個偉大王國的神經中樞，這個王國範圍一直延伸到印度。王國坐落在香料之路與絲綢之路的交會點上，曾經富甲一方，東、西方貿易極為興隆。西元前二世紀的希臘史家波利比烏斯（Polybius）曾記載說，安條克展現出的財富規模與壯觀足以讓人嘆為觀止。[2]

安條克進入古羅馬世界之後，若說跟過去有區別的話，那就是它的聲望更高了。到了奧古斯都大帝時期，它已成為羅馬帝國的第三大城市，神聖的奧運讓它增光，羅馬社會的菁英對它眷顧有加，城內處處都有皇帝的紀念碑，包括凱撒和奧古斯都大帝，立碑者從大希律王（Herod the Great）到哈德良皆有。

然而對於基督徒而言，安條克更別具意義，在某些群體中仍然稱它為「基督教的搖籃」，因為當初追隨基督的人就是在這裡開始被稱為「基督徒」。同樣令人印象深刻的是它的本土教會，據說是由聖彼得本人所建立，因此能夠與羅馬教會分庭抗禮。安條克和亞歷山大港、君士坦丁堡、耶路撒冷以及羅馬並列為基督教會的五大牧首區，縱然時不我予，使得安條克具有重要性的貿易路線移轉到南方去了，但安條克仍是通往耶路撒冷路上的最強大據點。幾世紀以來，安條克抵擋了無數次的攻擊，只有在一〇八四年，也就是十三年前，終因有人背叛才讓土耳其人征服了這座城市。

安條克光是規模之大就足以讓最滿腔熱誠的十字軍打退堂鼓。一〇九七年秋天這批基督徒軍隊抵達時，許多人立刻斷言安條克是堅不可摧的。這座城市的面積大約是三點五平方英里，在一處谷底展開來，有龐大的城牆包圍住，五百多年前由查士丁尼大帝勒令修築這道城牆。在這些磚造防禦工事中有四百座塔樓點綴其間，為防禦者提供各種角度去傾瀉火燙之物到攻城者身上。城牆內是高聳的西爾比烏斯山峭壁，千英尺高的峰頂上盤踞著堅實的堡壘。

經過又一次的快速偵查之後，證實了令十字軍洩氣的疑慮。由於有這片山區，因此要東、南、西接近安條克是極為困難的事，而十字軍的人數又不足以包圍城牆。換句話說，全面圍城是不可能的事。

雷蒙聽到傳言說城內駐軍不在，就建議大家馬上發動全面攻擊，但博希蒙德卻不想要讓他的對手居功，因此拒絕了。這位諾曼人沒有忘記尼西亞的教訓，一但阿歷克塞取得這座城市的所有權，十字軍們就除了發牢騷之外無計可施。要是皇帝沒那樣做

2 作者注：出自http://penelope.uchicago.edu/Thayer/e/roman/texts/polybius/31*.html。

的話，尼西亞就可以讓他們全面掠奪一番，說不定這些得勝的部隊還可以彼此分享成果。這種情況不能再次發生。博希蒙德打算獨自取得這座偉大的城市，而唯一的方法就是安條克得向他本人投降才行。在他還沒想出一個計畫之前，當然不會准許發動一場全面進攻，何況這還是雷蒙提出的，就更不能採用了。

眼前這座防禦工事的龐大以及任務的艱巨，使得這場辯論偏向了贊同博希蒙德。十字軍已因為長途跋涉而筋疲力盡，因此懷疑這樣莽撞進攻到頭來會像是自殺。何況阿歷克塞已經答應會增派軍隊來支援他們，延後進攻不但能提供休息機會，也讓皇帝可以派來他壯觀的攻城工具來大大增加十字軍勝利的機會。於是眾人很快就投票表決採取圍城而非進攻。面對再一次針對他聲望的羞辱打擊，雷蒙也只好忍氣吞聲。

結果事實證明，很多人都有理由悔不當初。果不出雷蒙所料，圍城完全無效，而且土耳其人堅決抵抗。土耳其總督亞吉希安（Yaghi-Siyan）幾星期前就知道十字軍正在前來的路上，於是做了萬全的防禦準備。但由於安條克才落到土耳其人手中十多年，大部分百姓都是基督徒，亞吉希安顯然無法相信他們的忠誠度，因此第一個行動就是把牧首關到牢裡，並把大部分基督徒主導人物都逐出城。然後亞吉希安用褻瀆教堂的手段並把馬養在聖彼得主教座堂來威嚇留下來的基督徒。周遭鄉間的糧食也被搜刮一空，並在水井裡下了毒。最後，亞吉希安派信差去向鄰近的埃米爾們求助，得到的回應很令人鼓舞，當地兵力充實了他的駐軍，而上美索不達米亞最有勢力的人物摩蘇爾（Mosul）總督也允諾予以支援，巴格達和波斯的蘇丹也都答應出兵相助。

與此同時，十字軍卻是每況愈下。一〇九七年的冬天空前殘酷，長途跋涉過安納托利亞高原之後的十字軍若還剩點樂觀心情，這個冬天也將它摧毀殆盡。除了凍死人的暴風雪，還有幾場地震，而夜晚出現的極光也像是上天正大發雷霆的跡象。

這時很容易會讓人認為上帝已經遺棄了十字軍，因為安條克的糧食充足，又有奧隆特斯河流過城中央，因此淡水也很充足。十字軍這邊則糧食與飲水都逐漸告罄。安條克周遭鄉間剩餘的物資都因為要養活這額外多出的四萬多人，而快速耗盡，這迫使十字軍只好冒險離營愈來愈遠去搜尋糧草。更糟糕的是，十字軍無法完全包圍住安條克，意味著會有漏洞，一些熟知鄉間道路的游擊隊就可以溜出城來，趁這些基督徒在尋覓糧食時伏擊他們。

過不了多久，也搞不清楚究竟是哪一方被圍困了。十字軍一心想的是取得食物，而不是如何嚴加封鎖安條克，而他們的困境也日益嚴重。在艱苦長途跋涉橫越安納托利亞過程中都沒喪失掉馬匹的騎士，此時卻被迫宰掉這些活下來的牲畜充飢。普遍缺乏柴火的情況意味馬肉也只能煮到勉強可餬口的地步，但這已經比軍中的其他人好多了。沒這麼幸運的騎士和步兵就試著抓老鼠、狗或駝獸，用草或薊草當佐料來烹煮。有些人則吃被剝下來丟棄的獸皮，或找尋動物糞便中未消化的種子來充飢。

到了春天，每七名十字軍就有一名餓死，結果引起大規模叛逃。人吃人的傳言開始散播，十字軍諸侯們又下令將已經短缺的木材用來建造三座巨大的攻城塔，使得原本已經難得吃到的一餐變得更難以入口。期間雖然發動過幾次殊死進攻，但每次都慘敗。彷彿這還不夠慘，這時有消息傳來，一支龐大的穆斯林援軍在勢力強大的摩蘇爾總督克波葛（Kerbogah）指揮下，正在前來的路上。

這真是壞到不能再壞的消息了。在鄰近的伊斯蘭國家之中，摩蘇爾是最強大的國家，而且不久前更是強上加強。一〇九八年的頭幾天裡，十字軍被困在安條克動彈不得之際，埃及的法蒂瑪王朝成功將土耳其人驅逐出耶路撒冷。難民因此湧入了摩蘇爾，使得這位總督的軍隊人數大增。除了這些部隊之外，克波葛還迫使周遭的埃米爾加強他的力量，因而在耶路撒冷以北構建出最強大的穆斯林軍隊。

穆斯林大軍的逼近在十字軍的軍中引起恐慌，使得叛逃率更加提高。最令人震驚的是連隱士彼得也嚇破了膽而在三更半夜溜走。但他很輕易地就被坦克雷德抓到，灰頭土臉地回到軍營，請求寬恕。眾人都了解彼得對一般士卒有足夠的影響力，已經造成士氣的損傷。

博希蒙德的詭計

然而情況其實並不如十字軍所以為的那麼沒希望。不全面地圍堵安條克雖然讓游擊隊有機會溜出來，但也讓那些被驅逐的基督徒有可能跟城裡的親人保持聯繫。城裡的情況日益惡劣，圍城已經拖了七個月之久，城內糧食開始逐漸短缺。亞吉希安的民望一直在下跌，不僅因為他強迫施行嚴格配給，也因為眾人懷疑他私下囤積自用糧食，而且沒有信守條約。博希蒙德就是一直在等待這樣一個切入點，於是設法聯繫負責主管面向諾曼人營地那座城樓的菲魯茲（Firouz）。菲魯茲是亞美尼亞人，為了逃避迫害而改信了伊斯蘭教，但跟土耳其當局關係非常惡劣，不僅因為之前才剛為了囤積穀糧而遭罰款，而且他妻子還被一名土耳其衛兵占了便宜。因此博希蒙德費不了多少工夫就說動這人成為內應。

此時博希蒙德已經有了入城的辦法，但他對此嚴加保密，他需要的是選擇一個好時機。首先，他得除掉所有勁敵。羅馬在千年裡大部分時間都握有安條克，因此帝國很迫切地想要收復它。而且事實上，阿歷克塞所以堅持要十字軍宣誓效忠，就是因為希望光復安條克。何況拜占庭將軍塔第吉歐斯所指揮的一小支部隊也在這裡，就是期待十字軍一攻進城門後就把鑰匙交給他們。為了要清除博希蒙德路上的阻礙，就得盡早讓他們保持中立，而不是等到以後。

博希蒙德很快就做好這點。塔第吉歐斯被召到博希蒙德的營帳裡，後者凝重地告知他說有人預謀要殺他，而博希蒙德自己很遺憾無力撲滅這場陰謀。這可能是個謊言，但卻很容易被採信，因為大多數十字軍將士都公然蔑視拜占庭人。儘管大部分的西歐人都不聽皇帝的勸告，該緊緊靠著海岸行軍，但卻把前往安條克路上遇到的艱難困苦都怪到皇帝頭上，還怪他不提供充足軍需給他們。結果每次只要十字軍遇到艱難考驗，就順便拿塔第吉歐斯來當代罪羔羊。

塔第吉歐斯很清楚他自己不得人心的程度，於是就採信了博希蒙德的說法。翌日他突然離去，宣稱要回君士坦丁堡安排運送更多補給。博希蒙德沒跟任何人提起他們會面的事，還倒過來指控塔第吉歐斯懦弱，恥笑說他膽怯了，丟下十字軍自生自滅。就算拜占庭人原本在軍中還剩有一點信譽，此時也都煙消雲散了。

當消息傳來說阿歷克塞親自率軍上陣，沿著今天土耳其的西南海岸展開軍事行動時，博希蒙德的詭計受到了威脅。博希蒙德最不想要見到的就是皇帝出現來拯救他們，這樣一來就會壞了他英勇征服安條克的大事。要是皇帝本人在場，他就非交出安條克不可，別無他法。

博希蒙德得趕快行動，為了加快他預期的勝利，博希蒙德開始對十字軍身處的危險加油添醋。其實剩下的軍隊根本不需要多費口舌，克波葛的部隊最多一兩星期內就會來到，阿歷克塞的軍隊卻無望及時趕到。隨著軍中產生的恐慌，逃兵多到連試圖攔阻他們都省了，甚至有些小貴族也加入了逃兵行列。六月初，征服者威廉那位意志薄弱的女婿布洛瓦的史蒂芬也逃跑了，求情說是因為他有病在身。

就在史蒂芬經由小亞細亞中心地帶折回途中，獲悉帝國軍就在附近，於是立刻前去求見皇帝。阿歷克塞於該年春天離開都城，特地前去協助十字軍，他前進得很緩慢，一面開路一面掃除安納托利亞半島中心的土耳其人。他的計畫是繼續南行到安條克，沿途鞏固帝國的防禦。然而史蒂芬卻通知他說，十字軍沒能奪下安條克，而且這時肯定已被龐大的伊斯蘭援軍殲滅了。

這個消息打擊很大。要是十字軍已經失敗了，那麼他此時就身陷險境，得勝的土耳其人必然會反攻，收復他們失去的領土，而他的聯絡線已經延伸到危險的地步。將帝國僅存的力量投入一場愚蠢的南征實屬不智，但阿歷克塞仍在躊躇中，要是有機會拯救一些十字軍的話，他並不想放棄他們。但此時消息傳來有一支土耳其軍隊正逼近，於是事情就這麼決定了，帝國軍隊撤回首都，留下一小支駐軍保護剛贏得的疆土。

布洛瓦的史蒂芬對基督教事業所造成的損害遠超過他自己所知。阿歷克塞是為了他的帝國最大利益而採取行動，明知不可而為之，謹慎行事，盡量搶救。但史蒂芬臆測說十字軍已經失敗，其實是錯的，這樣一來，阿歷克塞的撤退在十字軍看來就成了難以釋懷的背叛。若史蒂芬能讓頭腦再多保持幾個小時的冷靜，大部分的痛苦就都能避免了。就在史蒂芬跑掉的當天，變節的亞美尼亞人菲魯茲通知博希蒙德說他已經準備好出賣安條克。

博希蒙德一點時間也不浪費，立即找了領導的諸侯們召開緊急會議，令人震驚地宣布說他在義大利有急事，因此考慮要離開十字軍。他的話產生了預期的效果，因為在各大方面他都扮演了領導角色，而作戰時的身手不凡甚至連敵人都敬重他。此時十字軍若失去他，再加上克波葛的逼近，會毀掉僅存的士氣。鋪陳好失敗的現實之後，博希蒙德就收緊了圈套。接著他打蛇隨棍上提出想法，說安條克足以用來彌補他因為留下來，而在老家留下的損失。眾人中只有土魯斯的雷蒙反對，不管他是否相信博希蒙德真的要回老家，也肯定不會把安條克交給博希蒙德。雷蒙很有力地提醒同僚們，他們曾發過誓，攻城掠地之後要將土地交還給皇帝。這造成現場有些尷尬，因為大家都清楚只有雷蒙一個人沒發過這樣的誓言。

博希蒙德反提出一個簡單的提議。如今局勢慘澹無望，皇帝沒能來協助他們，已經喪失他索討城市的權利。如果博希蒙德及其手下在沒有其他人協助下奪取安條克，眾人是否同意讓他擁有此城呢？即使雷蒙也找不到理由來回絕，既然大家都同意了，雷蒙也免不了只好屈服，並表示同意，直到阿歷克塞能親自來申索安條克前。

一等到每個人都宣誓完畢，博希蒙德這才說出他有內應的祕密，並鋪陳了他的計畫。他的軍隊會拔營出發，假裝去迎戰逼近的克波葛。接著在夜幕掩護下折回，菲魯茲會留一扇窗戶不鎖上，他們就從窗戶溜進城裡。這位叛徒為了證明自己的忠誠，已把兒子交給博希蒙德照管。

黎明前兩小時，博希蒙德率六十名士兵爬進菲魯茲的窗內，很快就占領兩座塔樓以及塔樓之間相連的城牆。有些躲過驅逐命運的本地基督徒也設法協助他們，幫他們打開了其中一道主要城門，於是整批軍隊一擁而入。到了天黑時，城裡已幾乎沒有一名士耳其人還存活著。[3]經過八個月千辛萬苦的圍城之後，安條克落到了十字軍手中。

然而這場磨難還沒真的結束。安條克算是攻陷了，但位處西爾比烏斯山頂上的大堡壘卻還沒有。攻占堡壘的唯一一次努力以失敗告終，博希蒙德也在這次嘗試中受了傷。安條克城範圍內仍存有一隊敵方駐軍，讓勝利感大打折扣，不過博希蒙德在山腳築了一道城牆，以防任何襲擊。此外更嚴重的問題卻是克波葛即將襲來。

克波葛之所以沒有提前來到，實在算是個小奇蹟。這位摩蘇爾總督臨時決定要轉移前進方向，打垮剛形成的埃德薩伯國。但在花了三個星期之後，他才曉得這代價不菲，這樣一來卻給了十字軍喘息的空間。

當攻占安條克的興奮平息下來之後，十字軍諸侯們開會評估情況。城牆狀況顯然仍相當完好，提供的保護遠比他們在城外紮營時好得多。士氣也大為提升，他們也不用再為大規模的叛逃而傷腦筋了。但在其他很多方面卻幾乎更糟糕。城牆也許提供了保護，卻也成了負擔，因為十字軍人手不夠，無法全面守衛城牆。不過最令人不悅的卻是發現糧食狀況依然嚴重不足，漫長的圍城已經耗盡安條克的物資，而十字軍又沒有東西可補充。他們也沒時間了，攻占安條克後才兩天，克波葛就來了。

城牆最脆弱的那段由博希蒙德部隊來配備人手，克波葛立刻發動了攻擊，希望讓他們措手不及，結果卻被對方艱苦地擊退，於是土耳其人就安頓紮營等待時機。

克波葛很清楚安條克城內的情況，堡壘駐軍一直都有定期向他報告最新狀況，而且他也俘虜過一些十字軍逃兵。後者先遭受折磨以套取情報，然後在城牆前支解他們來打擊其同袍的士氣。十字軍投降只不過是遲早的事。克波葛有足夠人手可以全面圍城，而沒有了淡水供應，這些基督徒是撐不了多久的。

安條克的情況迅速惡化。經過了得勝的狂喜之後，十字軍將士再度面對餓得半死的吃法，對他們而言必然是加倍的打擊。剩下的幾匹馬也都殺了來充飢，許多士兵是靠吃樹葉、棄置的獸皮或任何找得到的皮革維生。實際上，許多十字軍緊抓住的唯一希望就是皇帝會率援軍到來，但連這希望也被奪走了。在土耳其人部署好圍城之前最後傳來的消息，就是阿歷克塞已經撤退。這下布洛瓦的史蒂芬跟拜占庭人都被臭罵為懦夫，一切曾向皇帝發的誓言此時也都作廢了。

3 作者注：包括亞吉希安，這個倒楣的總督設法溜出了城，但卻從坐騎上摔了下來，衛兵又丟下他不管。當地的亞美尼亞人找到他而殺了他，把頭顱送給了博希蒙德做為獻禮。

聖槍

此時只有奇蹟才救得了被圍困的軍隊，幸虧上天也義不容辭。圍城的第五天，一身襤褸的法蘭西農民彼得．巴塞洛繆（Peter Bartholomew）闖入雷蒙伯爵的帳篷裡，堅持求見主教阿德埃馬。雷蒙第一個反應是想拒絕，大家都知道彼得好逸惡勞，但這時他卻似乎脫胎換骨，於是伯爵就讓他見見阿德埃馬。

彼得．巴塞洛繆講的故事既難以置信又有點侮辱人。他聲稱聖安得烈，也就是聖彼得的哥哥，在連串異象中向他顯靈，指點他聖槍（Holy Lance）埋藏之處。這把槍曾經在耶穌釘上十字架後用來戳過他的側腹，是基督教世界裡最神聖的遺物之一，發現它會是神恩與十字軍同在的最強而有力證據。然而彼得．巴塞洛繆還沒說完。他聲稱聖安得烈命他馬上去找雷蒙和阿德埃馬；要給雷蒙看這把槍的埋藏之處，同時要訓斥阿德埃馬有失傳道者職責。

不出所料，勒皮主教阿德埃馬對這故事不如雷蒙來得激動，除了因為有直接針對他的非難之外，也因為在君士坦丁堡早就有被尊為聖槍的聖物了，而阿德埃馬在到訪君士坦丁堡時曾經見過聖槍。雖然雷蒙相信彼得的故事，阿德埃馬卻說服要他延後尋找聖槍，並讓彼得・巴塞洛繆的牧師盤問他一番。

要是阿德埃馬把異象的消息壓下來是為了可以確定真假，那他很快就失敗了，消息傳遍了軍中，在狂熱氣氛中，異象倍增。一位備受尊敬的神父挺身而出，說基督向他顯靈，告訴他說十字軍是因為放蕩邪惡與不虔信而受到懲罰。他接下去說，要是他們悔改，基督就會在五天內派援助來。隔天，就像是要印證這兩個異象似的，一顆流星劃過天空，似乎落到了土耳其人的陣營中。

彼得・巴塞洛繆聲稱聖槍就埋在安條克主教座堂的地板之下，等到他被帶到那裡時，眾人的期待之情已達瘋狂地步。一整天工人都在挖掘，隨著時間過去，群情也愈來愈焦躁不安。雷蒙是為這件事背書的人，受不了這種壓力而離開了，認為自己被耍了。最後，彼得・巴塞洛繆自己跳進坑裡，命大家禱告，然後開始徒手挖掘。過了一會兒，他歡欣鼓舞大喊著，高舉著一塊生鏽的金屬。

除了雷蒙之外，十字軍的其他諸侯大概都不怎麼相信，阿德埃馬當然更是不信。但這消息振奮了軍心，諸侯們必然更樂意對此懷疑有所保留。無論如何，彼得・巴塞洛繆繼續破壞自己的信譽，聖安得烈成了固定的顯靈者，他的指示也開始變得很奇怪。因發現聖槍而大感欣喜的雷蒙還將槍頭釘在長杆上，但他卻病倒了。雷蒙缺席時，博希蒙德成為十字軍實質上的領導人。他宣布進行一場五天的禁食（也抬出了聖安得烈來確認此事），禁食結束時他會率軍進攻圍城的敵軍，在天使協助並有聖槍帶領下，他們會很輕易就把克波葛打得落荒而逃。

與此同時，博希蒙德派出了一個代表團到土耳其陣營去，表面是去談和，實際上則是盡量打聽情報。被選中擔當這工作的不是別人，正是隱士彼得，自從上次他意圖逃跑之後已經洗刷了汙名。他從敵營帶回的消息很令人振奮，克波葛當然要求十字軍無條件投降，但可感受他的陣營裡有著明顯的緊張氣氛，這是進攻的好時機。

一〇九八年六月二十八日，隱士彼得做完激勵軍心的講道之後，博希蒙德就率領整批十字軍出了安條克城門，只留下老病者在城牆上觀戰並祈禱。

儘管樂觀情緒高漲，但十字軍隊伍的樣子是可悲多過威風。經過好幾個月的飢餓之後，他們都體弱不堪，鎖子甲鬆垮地穿在形銷骨立的身上，鎧甲也不再合身。許多騎士步履蹣跚，有的騎士則騎著還沒被殺掉充飢的駝獸。然而，他們的進攻時機卻完美無比。

克波葛拼湊了一支龐大的軍隊，但他的聯盟正在潰散中。大多數在場的埃米爾都是被迫加入，而他們全都對克波葛的野心抱以不信任。要是讓克波葛奪得安條克的話，他就會變得所向無敵了。這些步履蹣跚的十字軍比起那位總督根本就不足以構成真正的危險，讓克波葛在這裡吃一場敗仗，打擊他的聲望，這才能管控得了他。

就在埃米爾們猶豫不決時，克波葛犯了幾個戰術上的錯誤。他想要一舉消滅掉十字軍，於是沒有下令進攻，反而等他們全部都出城來。然而等到十字軍都出來之後，克波葛又大吃一驚敵軍人數之眾，於是試圖進行談判。十字軍不理會那些使者，繼續井然有序地進軍，開始膽怯的總督於是在兩軍之間的草地上放火，想要拖延他們前進，但煙霧反而吹向了土耳其人的臉，讓他們看不見。克波葛試圖撤退，但他那些埃米爾們卻狂奔逃跑，結果原本戰術上的撤退轉而成了大潰敗。亞美尼亞與敘利亞的牧羊人眼見有機會報復土耳其人十年來的壓迫，紛紛從山上下來加入廝殺。

這場勝利的規模很驚人。才不過幾小時前，土耳其人的威脅似乎肯定會吞噬十字軍，此刻卻已經完全煙消雲散。雖然大部分功勞都屬於博希蒙德，因為他率先攻入安條克，又領導衝鋒陷陣解救了安條克，但大多數人都認定是上帝出手幫忙造成的。那些在城牆上觀戰的人報告說，他們可以看到天使、聖人還有十字軍亡靈都一同跟大軍並肩作戰。

關係惡化

只有一個人有不高興的理由，那就是土魯斯的雷蒙。他因病而被迫無法參加這場大戰，眼見對手載譽歸來更讓他不是滋味。後來西爾比烏斯山上堡壘的土耳其守城者的行為表現，讓他更酸溜溜。土耳其人眼看這場大敗，知道再抵抗也沒用，於是就派使者去雷蒙帳篷宣布投降。雷蒙把他的旗幟送去以便對方升旗做為投降標誌，但當駐軍指揮官見到旗幟上的圖像是誰的之後，土耳其人拒絕了，說他只向博希蒙德投降。這位諾曼人一如以往，已經跟堡壘建立了聯繫，堡壘指揮官已祕密同意在基督徒勝利的情況下，他只跟博希蒙德打交道。不管是旁人威脅他或侮辱他，都不能讓他改變心意。只有博希蒙德本人出現，指揮官才會打開堡壘門投降。[4]

這對雷蒙來說真是孰不可忍，其他諸侯都已經準備要把安條克交給博希蒙德，然後上路去耶路撒冷了，但他堅決不讓步。主張把安條克交還給阿歷克塞是根本別提，因為提了也沒用，於是他改換策略。十字軍眾人都曾向上帝起誓要將耶路撒冷交還給基督徒，所以任何人都不准為了創建自己的王國而放棄這項任務。雷蒙建議要從十字軍中選出一批駐軍，留守安條克，然後博希蒙德應該跟著十字軍繼續遠征。博希蒙德當然不打算再往前走一步，所以他留在原地，拒絕讓步。

由於已經進入七月，阿德埃馬勸諸侯們先留在原地。這是很謹慎的忠告，前頭的路要穿過熾熱的敘利亞沙漠，想在盛夏穿過它將會得不償失。於是諸侯們宣布時間會解決他們之間的分歧。

要說有誰能夠平息博希蒙德和雷蒙的火氣，大概就是阿德埃馬了，但不幸的是他從來沒有機會。城裡的衛生環境很差，因為在攻城屠殺的死人屍體幾乎沒有時間掩埋，克波葛就攻來了，因此那年夏天瘟疫襲擊了安條克。阿德埃馬是瘟疫第一批受害者，瘟疫奪走了十字軍中最穩重也能夠團結大家的人物。

隨著時間過去，大家都看出不管是雷蒙或博希蒙德，誰也不會讓步。博希蒙德這邊非常努力。彼得．巴塞洛繆又被抬了出來，聲稱他見到另一個異象。這回聖安得烈下令把此城交給博希蒙德，條件是要他在物資上協助軍隊去攻占耶路撒冷。

這讓雷蒙下不了台，因為他一直主張聖槍是真的，當初就是異象讓聖槍出現，總

4 作者注：指揮官似乎已經跟博希蒙德建立起了密切關係，投降之後，帶著一些手下皈依了基督教，並加入博希蒙德的軍隊。

不能現在卻要否認這些異象。但彼得．巴塞洛繆卻管不住自己，繼續說個不停。他說在另一個異象中見到阿德埃馬下了地獄，是靠博希蒙德的禱告才獲得解救。阿德埃馬一開始就否定彼得能看到異象，因此彼得很厭惡他。但這樣一來反而毀了彼得的聲譽。阿德埃馬是最得軍心的領袖之一，軍隊上下都真心哀悼他的死去。所有這些插曲只徒增了兩位諸侯之間的緊張對峙。

十字軍陷入了不知何去何從的局面，十一月的出發日期已過，看來像是再也走不了了。官兵們其實一點也不在乎由哪位領導人來接管安條克，事實上他們根本就不在乎安條克。當初眾人宣誓拋下一切是為了解放耶路撒冷，在小亞細亞滯留得愈久，就愈感到挫折。他們的目標就位在向南行軍幾星期之處，但卻不是因為敵軍的力量而無法抵達，而是因為領導人的傲慢。

最後在十一月五日那天，他們終於受夠了。當諸侯在城內的主教座堂裡開會，徒勞無功想取得某種妥協時，軍中代表打斷了會議，向他們遞出最後通牒。要是領導人不下令出發的話，軍隊就拆了安條克城牆，丟下他們的首領自生自滅。

面對兵變，諸侯們達成了協議；博希蒙德留在安條克，雷蒙則被任命為全軍的總指揮。雖然雷蒙欣然接受下來，但其實對他而言是場空洞的勝利。此職銜有名無實，不過是帶軍出發上路而已，並沒有什麼實權。但這兩位冤家總算不再糾纏，軍隊也終於能集中去完成他們的大業。

一〇九九年一月十三日，在抵達安條克整整十五個月後，雷蒙赤足穿著朝聖者的簡單服裝，帶著軍隊走出了安條克的主城門。

第六章 黃金之城耶路撒冷

黑暗之後是光明。

如果說前往安條克的旅程是慘烈的，那麼前往耶路撒冷一路上則是非常令人愉快的經驗。敘利亞到處都是土耳其的小埃米爾，他們渴望保持獨立，完全不想要阻擋一支入侵軍隊的路線，而且更願意付錢給十字軍，免受他們的攻擊，甚至還協助他們向南挺進。

十字軍花了不少時間迂迴經過敘利亞西部，收集金錢和糧食。期間最小題大作的事件，是一位安然躲在堅固堡壘裡的當地埃米爾拒絕臣服於十字軍。不久前才信心十足當上總指揮的雷蒙辯稱這座堡壘太重要，非得征服不可，但其他的諸侯都想要跳過繼續上路。彼得．巴塞洛繆這回又得意忘形搬出他見到的異象，聲稱聖安得烈又顯靈了，而且還連同聖彼得和基督一同出現。有他們的撐腰，命令大家都要聽雷蒙的話。

彼得聲稱的異象造成信仰日減已有一段時日，這回有些貴族更公然質疑異象的真實性，因而引起一場激烈辯論，在辯論過程中，大家開始公開懷疑聖槍的真偽。彼得昏了頭，怒而要求舉行踏火考驗（ordeal by fire）來證明自己。於是在耶穌受難日那天用兩大堆原木生起了火，只在兩堆大火之間留下一條狹窄通道。彼得身穿新皈依者所穿的簡單白衣，手持聖槍躍入火焰中。過不了多久，彼得隨即現身，受到嚴重燒傷，要不是有位觀眾抓住了他的衣角把他拉出來，他就會倒在火中了。最後彼得在極度痛苦中撐了十二天，因傷勢過重而死。[1]

幾星期後，軍隊的注意力轉移了，法蒂瑪[2]哈里發派了使者前來，他們嚴重誤解了十字軍的動機，竟然提議聯手對抗土耳其人。十字軍沒有理會這些提議，到了五月底就越界進入了法蒂瑪的領土。

聖地出現一支十字軍的軍隊讓哈里發大感震驚，也激起了當地基督徒的幻想。當十字軍來到小村落以馬忤斯（Emmaus）時，遇到伯利恆派來的代表們，懇求十字軍幫助他們從伊斯蘭的控制中解救出來。博希蒙德的姪兒坦克雷德當時還留在軍隊裡，立刻接到命令率領一小支部隊去解救伯利恆。

伯利恆全體百姓列隊相迎，領著興高采烈的十字軍去到附近一座教堂，裡面正在舉行感恩節彌撒。基督的誕生地又恢復了由基督徒來控制，這是個徵兆，接下來就是耶路撒冷了。而當晚的月食更證實了底下這令人歡欣鼓舞的解釋：伊斯蘭的半月也很快就會被吞食。

隔天一早，十字軍爬上了一座山丘，他們命名為「歡喜之丘」，終於見到千里迢迢為此而來的目的地。在早晨的熱氣蒸騰中，明顯可見遠方耶路撒冷的長城牆。

看到這座聖城的第一眼時，許多十字軍將士都熱淚盈眶，他們歷盡千辛萬苦才來到這個地方，走了將近三千英里的路，經過沙漠的炙熱以及山口的深雪，飽受飢餓以

1 作者注：雖然這段插曲使得彼得在軍中大多數人心中失去了信譽，但他還是有些支持者。他們堅稱彼得毫髮無傷地從火焰中現身，但卻被激動的人群給推了回去。雷蒙繼續相信聖槍的真實性，並特別建造了一座禮拜堂來膜拜。

2 作者注：以埃及為根據地的伊斯蘭哈里發依其統治王朝而稱為「法蒂瑪」，屬於什葉派，與大馬士革一帶的遜尼派阿拔斯哈里發是對手。

及缺水之苦，嚴重到得要喝自己的尿或動物的血來活下去。他們曾因疾病而虛弱下來，受到敵人騷擾，並因內訌而受到迫害，但他們的信仰並未崩毀，而且終於抵達了耶路撒冷。現在眼前只剩下一關：攻下耶路撒冷。

說起來容易但做起來難。耶路撒冷就像之前的安條克，他們疲弱的兵力無法全面包圍城市，而且他們也沒時間圍城了，因為法蒂瑪的軍隊已經在前來的路上。耶路撒冷總督早就儲備了大量糧食，而且從安條克的前車之鑑學到教訓，因此把城內的基督徒[3]都驅趕出城，這回不會有叛徒打開城門。最後，駐軍還驅離田野中的羊群，並在耶路撒冷周圍大多數水井裡下毒，迫使十字軍得要很費力的從十七多英里外的約旦河運水回來。唯一實際可行的選項就是一舉攻下耶路撒冷。

可惜對於十字軍來說，他們的第一次嘗試無疑地碰了壁，十字軍缺乏攻城工具，而耶路撒冷的城牆則是建造於西元二世紀期間的哈德良皇帝，城牆大得無法靠猛攻破城。這回的失敗極度讓人失望，因為在前一天十字軍碰到一位住在橄欖山的老隱士，告訴他們說只要信念夠強，任何進攻都會成功。如今看來領導他們奮戰迄今的信念似乎已經不夠了。

但結果十字軍再度因為奇蹟而獲救。六艘英格蘭和義大利船隻突然出現在附近的一處廢港，運來糧食以及打造攻城工具所需的鐵製零件。穆斯林迅速派一支艦隊去封鎖港口，但補給都已經運送完成了，軍營裡一片歡欣鼓舞。由於製作攻城工具所需的木材量非常稀少，光禿禿的猶太山地只有幾棵樹，派出去的隊員將能找到的都帶了回來。最後坦克雷德在撒馬利亞（Samaria）找到足夠的木材量，花了將近一個月時間才從四十二英里外拖回了足夠的原木到耶路撒冷。

這工作既炎熱又乏味，而且沒得寬限。隨著六月過去，領導人之間的脾氣也開始爆發。坦克雷德曾讓他的旗幟飄揚在伯利恆的聖誕教堂（Church of the Nativity）上，堅稱他現在已經擁有這座城市以及這座教堂。其他諸侯則激烈反彈，認為這麼重要的神聖地點不應該只由一個人來管轄。

引起更多爭議的則是對耶路撒冷的各種主張。諸侯們建議應該從他們之中選一個人擔任國王，但想當然耳無法選出由誰來擔當。神職和軍中人員都一致反對立國王這想法，認為沒有一位基督徒能名正言順要求在「萬王之王」耶穌曾經生活過的城市裡，擔當國王。

3 作者注：在十一世紀期間，當地基督徒人口仍然遠多於穆斯林人口。

到了七月初，領導人之間的爭吵、不斷出現的危險，以及工作的單調，造成許多士兵的士氣再度下滑。以前將士們根本無法想像會成為逃兵，如今目的地就近在咫尺了，逃兵反而紛紛開始出現。一個個逃兵溜到海岸，想辦法回到歐洲。事態嚴重到上天又得再度出手干預。

七月六日，有位神父挺身而出，宣稱阿德埃馬向他顯靈。這位受愛戴的主教告訴諸侯們別再爭吵了，並告知將士說勝利在望，指點他們禁食並赤足圍繞著耶路撒冷步行。要是他們真心悔改並這樣做，耶路撒冷就會在九天內陷落。於是全軍立即奉命禁食三天。

七月八日星期五那天，穆斯林駐軍從城牆上困惑又好奇地往下看著十字軍排成一列列開始行軍，神職人員帶著聖物，領著諸侯、騎士以及步兵[4]，走在最後面的則是非戰鬥人員。他們全都赤足，裝束如簡樸的朝聖者，並很努力不去理會城牆上傳來的喝倒采聲。

等他們繞完城牆之後，全體人等在橄欖山集合，隱士彼得在那裡慷慨激昂地講道。自從他燃起了法蘭西農民的狂熱之後，長年以來他的口才絲毫不減當年。所有諸侯，尤其是雷蒙和坦克雷德，都深受鼓舞，因此鄭重發誓要拋開一切分歧，為了十字軍的大業而一起努力。

接下來五天裡，最後的準備紛紛就緒，兩座建好的強大攻城塔上場後就大功告成，接著就把這兩座龐大的機械盡可能拖曳到距離城牆最近的地方。七月十四日，大規模進攻展開了。

大家一致決定讓雷蒙和戈弗雷分別指揮這兩座攻城塔，當天兩人各自努力讓攻城工具就位。雷蒙讓他的攻城塔先靠近了城牆，但防禦者的頑強抵抗使得他無法破牆而入。戈弗雷的攻城塔在十五號早上來到城牆邊，但也無法取得進展。

此時兩支部隊都愈來愈絕望。十字軍已經損失到大約只剩一萬五千名左右士卒，還不及當初抵達小亞細亞時的一半人數。移動攻城塔使得西方騎士身陷防守者的箭矢、石頭以及類似凝固汽油的燃油「希臘火」攻擊中。十字軍傷亡率慘重，可能高達所剩軍隊的四分之一。若此時攻城失敗，那麼一切希望也就都失去了。

4 作者注：雷蒙帶著聖槍，顯然聖槍又被軍中大多數人接受（或起碼希望）是真的聖物。

洗劫耶路撒冷

七月十五日快到中午之前，戈弗雷攻城塔上兩名法蘭德斯騎士成功躍上了耶路撒冷壁壘，坦克雷德緊跟其後，所以後來才會宣稱他是率先入城的第一名騎士，而且還清除這段城牆上的障礙。十字軍立刻把雲梯架到城牆上，不一會兒工夫騎士們就一擁而入。穆斯林動搖了，雖然仍有時間集結兵力，但接著有扇城門被打開了，於是全體十字軍湧入城內。

接下來發生的事件很難以評估，穆斯林當然沒有發動什麼抵抗，雙方都明白征服者的部隊可以名正言順地置百姓於刀劍下。一般而言，中世紀的百姓若投降的話就可以饒得性命，選擇抵抗就會被殺，這是當時公認的慣例，伊斯蘭和基督教軍隊都緊守的原則。但也常有野蠻的場面，例如男人被從城牆上拋下去或斬首，有的則被箭矢穿身或扔進四處燃起的烈火之中。

混亂中根本無望維持秩序。坦克雷德是第一位登上聖殿山的十字軍，一些伊斯蘭倖存者藏身在阿克薩清真寺（al-Aqsa Mosque）避難，躲在屋頂裡，坦克雷德則掠奪著附近的穹頂清真寺。為了要換取豐厚贖金，這位諾曼人就讓他們活命，還把自己的旗幟給了他們做為保護。然而在如此喪心病狂的氣氛中，這也無法成為保證。隔天一大清早，一群十字軍強行闖入清真寺，屠殺了每一個人。

大屠殺持續了兩天，耶路撒冷的貴重物品、建築以及糧食也按部就班各有人索討。屍體就留在原處，這在夏日高溫中是個嚴重問題，城裡瀰漫著死亡的惡臭。基督徒的文獻資料急於要凸顯勝利的規模，於是就引述聖經中的文字。編年史家阿奎列的雷蒙（Raymond of Aguilers）在描述他去看聖殿山時，引了一段啟示錄，說街道上血流成河，高達他的馬轡繩。

儘管這完全違背了他們所宣稱的基督教原則，但以當時頗殘暴的標準而言，十字軍有權屠殺平民百姓。當置身於敵眾我寡的敵境，補給有限，且有大規模敵方援軍逐漸逼近時，如此還可能是深謀遠慮的做法。不過儘管有繪聲繪影的駭人傳聞，但某些卻是十字軍自己編造出來的故事，而且看來他們似乎沒有屠殺百姓。

許多城民肯定已經逃掉了，因為十字軍缺乏人手包圍全城，因此東面和西面的城牆無人防守。有的城民則付了贖金而得以饒過一命。耶路撒冷要塞裡的駐軍知道該城失守後，就向雷蒙投降了，然後被護送到附近的阿什克隆（Ashkelon）。還有些人付了高額的罰金或被迫交出傳家寶來換得他們的人身安全。

很多時候，那些膽大進取的十字軍很快就撈了一筆。猶太人區最靠近十字軍進城的地方，遭到了劫掠，但那些猶太拉比們則獲准贖回被搶走的「摩西五經」。那些看來像有錢的人，不管什麼種族或信仰，都被十字軍趕到安全之處，希望一筆豐厚贖金會隨之而來。

死亡的總人數實際上無法確知，但當代的希伯來記載說是三千人左右，根本算不上一般所稱的大屠殺。但奪取耶路撒冷一事卻成了傳說的沃土，很多神話都迅速萌芽生長。基督徒的文獻資料亟欲以天意認可的勝利來美化這起事件，因此將之渲染為正義的屠殺，用聖經上對惡人的折磨與懲罰描述來點綴他們的紀事。

奪回耶路撒冷對於基督徒來說，也許是驚天動地的重大事件，但穆斯林卻大多沒當一回事，直到將近五十年後才有第一份關於耶路撒冷劫掠的伊斯蘭記載，而這份含糊的記載也證實了一個很低的傷亡數字。[5]但特別的是第一次十字軍東征過了一個世代之後，「法蘭克人」在穆斯林眼中就成了未開化的蠻人，而掠劫耶路撒冷一事也就被當成其野蠻不化的證明，因此這則故事就變得愈來愈暴力。十字軍曾燒毀了耶路撒冷重要的猶太會堂，但如今故事卻演變成在放火燒房子之前他們先將四百名猶太人關在會堂裡面。[6]到了十三世紀，穆斯林死亡人數已經提高到七萬人，而所有的猶太老百姓則都被屠殺了。

在大多數情況下，這些紀錄被現代人不加辨別地採用，此番劫掠耶路撒冷被視為十字軍滔天偽善的表徵。但不管怎樣，從當時的標準來看，奪取耶路撒冷的經過並不算是特別的殘酷。[7]

耶路撒冷的穆斯林或猶太社群都沒有消失，隔年曾有位猶太旅人描述了一個雖然很小但充滿活力的猶太人區。穆斯林人口萎縮了，但跟後來那些指稱他們已經被屠殺殆盡的說法卻相互矛盾，事實上穆斯林還投入了復原工作，因為街道上的屍體已經對城民的健康造成嚴重風險，於是他們受徵召去拖走屍體。

---

5 作者注：阿拉伯作家伊本・阿拉比（Ibn al-Arabi）估計穆斯林的死亡人數大約三千人。

6 作者注：這則屢次被重複的故事幾乎出現在所有現代關於十字軍的歷史中。有份當代的猶太人紀錄證實該建築的確被毀，但卻沒有提到任何傷亡。

7 作者注：我們很難理解每個時代的殘暴程度如何。有位猶太目擊者為基督徒說話，因為基督徒沒有像穆斯林那樣在殺人之前先強姦對方。

聖墓捍衛者

還有兩項重要任務尚待完成。第一是要決定如何處置耶路撒冷；第二件，也是迄今更為緊迫的任務，是要準備迎戰正在前來的埃及軍隊。

就某些方面而言，第二件任務取決於第一件任務的處置方法，得要做出整體的規劃，需要部署防禦、發布命令。由一個具有鐵腕的人來做，會遠比一個委員會有效得多。但問題是，沒有人能認定誰才是那個具有鐵腕的人。

要決定誰不該擁有耶路撒冷倒是容易得多。拜占庭皇帝顯然已經喪失了資格，就連雷蒙也承認了這一點，而那些小貴族則大可以排除在外。最明顯的答案似乎是教宗，這座聖城理應由教會來管轄，但烏爾班卻遠在天邊，而他的代表人阿德埃馬已經死了。[8] 十字軍接下來轉而尋求當地的東正教教徒，但他們最高階層的神職人員，耶路撒冷的牧首，卻在圍城結束前幾天死於流亡之中。

時間上已經來不及等羅馬給予指示或選出一位新牧首，因為不到三個星期埃及的軍隊就會殺到，得要馬上部署防禦。於是眾人召開緊急會議，諸侯們決定把這頂王冠授予最有財富又最有權勢的諸侯——土魯斯的雷蒙。

這是個很牢靠的選擇。雷蒙監督了奪取耶路撒冷的過程，並素有虔誠的名聲。他已經控制了堡壘，就像博希蒙德在安條克所做的一樣，因此也很難硬把他趕出堡壘。此外，雖然雷蒙太自負而不太得貴族同僚的心，但他因為身為精力充沛、勇氣十足的軍人而受眾人尊敬。

這是雷蒙生涯的顛峰，勝利的一刻讓他之前所受的一切羞辱都值得了。他決心要好好品嘗這般勝利的滋味。雷蒙明知大家會堅持這項提議，但卻裝模作樣地拒絕，說他無法在這座城市戴上金色的王冠，因為基督在這裡戴上的是荊棘的冠冕。這謙遜的回覆得到眾人好的反應，但讓他驚恐的卻是眾人隨即作罷這項提議，不再提起，反倒轉而詢問布永的戈弗雷的意思。戈弗雷很聰明，拒收王冠但卻接受了這座城市。

從某些方面而言，這是個挺奇怪的選擇。戈弗雷從來沒表現過對教會有什麼特別的奉獻精神，事實上他還曾經對抗過教宗。[9]但他頗得大部分軍人的心，而且是他的

8 作者注：烏爾班並沒有表達出要管轄耶路撒冷的意思，只要被承認是耶路撒冷教會的領袖就好。烏爾班期望他們把政治上的控制權交給拜占庭。

9 作者注：當神聖羅馬帝國皇帝亨利四世與教宗發生爭執，也就是眾所周知的「敘任權鬥爭」（Lay

攻城塔率先攻破城牆，才使得奪取耶路撒冷成為可能。伊斯蘭的援軍就快趕到，眼看著就要面臨另一場嚴酷的圍城，英勇的戈弗雷將能夠維持軍中的士氣與效忠。

實際上的頭銜相當重要。在這段期間戈弗雷想維持以下的狀態，因為耶路撒冷精神上的領袖還未確立，所以才先由他來保護耶路撒冷。最初戈弗雷用了「元首」（Princeps）的頭銜，但後來就固定採用「聖墓捍衛者」（Advocatus Sancti Sepulchri）的稱號。

鞏固王國

無論戈弗雷怎麼自稱，他的首要任務是要去應付雷蒙，可想而知後者對事情演變的結果有多火大。在憤怒中，雷蒙拒絕承認戈弗雷或交出堡壘的控制權。這種意氣之爭威脅到了基督徒在耶路撒冷的生死存亡，得不到耶路撒冷中央軍事要塞的控制權，戈弗雷的權威就會被嚴重削弱。其他貴族去懇求雷蒙，解釋說敵軍逐漸逼近，眾人需要團結，但這位伯爵就是不為所動。雷蒙覺得自己被擺了一道，需要有個獨立的評判人來聆聽他這件案子。其他十字軍所能做的只是讓雷蒙同意交出堡壘給一位主教保管，直到能召集一場教會會議來審理這件案子。

結果證明這是個錯誤。雷蒙才一轉頭，主教就把堡壘交給了戈弗雷。伯爵暴跳如雷，斷定大家都串通起來找他麻煩。雷蒙將自己的部隊從城裡全數撤離，一走了之，誓言永不回來。戈弗雷和其他那些搞鬼的人大可以去獲得勝利。

差不多就在雷蒙前腳出了城門，法蒂瑪軍隊派來的使者後腳就進了城門。他們帶來了哈里發的口信，譴責基督徒攻擊耶路撒冷，並命令他們離開巴勒斯坦。因為法蒂瑪王朝維齊爾（vizier，宰相）所率領的強大軍隊就快兵臨城下了，這個剛誕生的耶路撒冷王國眼見就要被摧毀在搖籃裡。

戈弗雷迅速採取行動。耶路撒冷的防禦工事狀況良好，但十字軍卻是疲累不堪，無法久撐。於是戈弗雷趕快派信差去找所有可能的盟友，包括雷蒙在內，請他們回來。

一切都考慮到了，信差發現雷蒙伯爵的心情還滿不錯的。為了信守自己在安條克許下的諾言，雷蒙行軍南下來到約旦河，跟手下在河中沐浴，接著拔營前往耶利哥

Investiture Controversy）時，戈弗雷曾協助亨利四世將教宗趕出羅馬。然而他死後不到一百年，就有說法認為戈弗雷唯一的錯誤就是「太過」虔誠。

（Jericho），在那裡不太情願地準備要回歐洲。當消息傳來說迫切需要他的支援時，雷蒙心中的確滿得意的，但起初他頗為躊躇，說想要先確認危險性才行。

這番拖延實際上反而對十字軍有利。面臨城內資源日趨減少，以及少得無法勝任守衛工作的人馬，戈弗雷決定出城到戰場上去對抗法蒂瑪的軍隊。於是戈弗雷留下一支部隊給隱士彼得管理，指示彼得領導耶路撒冷全體百姓祈禱，祈求基督徒勝利。經過偵查之後，雷蒙才確信耶路撒冷真的受到威脅，於是就在八月十日再度與守城軍隊會師，一同朝著西南方挺進四十英里來到阿什克隆港，法蒂瑪軍隊的紮營處。隔天破曉時分，他們發動進攻。

埃及人完全措手不及，他們本以為十字軍會龜縮在耶路撒冷，因此根本沒派出偵查兵去確認敵情。大多數士兵仍在營帳裡睡覺，這場仗只打了幾分鐘，情況慘不忍睹，埃及人要不在床上被砍死，就是淹死在海裡或者死在衝鋒馬蹄的踐踏之下。

十字軍獲得的戰利品很豐厚，法蒂瑪王朝的維齊爾設法溜進了阿什克隆的堡壘裡才逃過一命，但他全部財寶卻都落入了十字軍之手。更重要的是，埃及人還趕了羊群一起前來，這些羊群連同馬匹以及駝載補給的牲口，全都被十字軍擄獲。

但這場勝利卻有美中不足的地方。阿什克隆的駐軍早已聽說過雷蒙的騎士名聲，宣布他們準備投降，但只會向土魯斯的雷蒙投降。穆斯林的這項要求點醒了戈弗雷原有的種種懷疑，於是他拒絕守軍向雷蒙投降。莫名其妙受到侮辱又沒面子，雷蒙就帶著大多數其他貴族一起撤退。因此在接下來五十年裡，阿什克隆還會繼續留在穆斯林手中，使得耶路撒冷身後有如芒刺在背。

時間儘管短暫，但在阿什克隆的這場勝利卻可列為整場十字軍運動中最重要的一場勝利，有效削弱了唯一能威脅到耶路撒冷的鄰近勢力，確保這個十字軍國家能夠存活下來。第一次十字軍東征克服萬難和可怕的重重障礙，證明是場大成功。在當代人眼中，這是信仰力量的戲劇化明證。然而諷刺的是，號召人卻一直都不知道有這場勝利，在十字軍終於進了耶路撒冷，在羅馬的烏爾班二世卻已經行將就木。一〇九九年七月二十九日，奪得耶路撒冷兩星期後，消息尚未傳到羅馬，他就溘然長逝了。

第七章 十字軍國家

神從前應許過我們的，已藉著我們的手實現，表現出了祂的憐憫。

——布永的戈弗雷致教宗烏爾班二世函[1]

經過四百六十二年後，耶路撒冷終於又回到基督徒手中。[2]伊斯蘭的征服潮流已

1 作者注：出自 *Original Sources of European History*, vol I, no. 4 (Philadelphia: The Department of History of the University of Pennsylvania, 1902), pp. 8-12。

2 作者注：西元六三七年，東正教耶路撒冷牧首索福羅尼烏斯（Sophronius）將該城交給哈里發歐瑪爾（Umar），結束了基督徒三個世紀的控制。

大幅扭轉，這座基督之城已收復，大功告成。

然而，成功又帶來一個之前意想不到的問題。大多數騎士遠離親人度過過去幾年艱辛的歲月，現在都急於回家。他們去聖墓教堂祈禱或到約旦河沐浴，透過此方式正式解除當初的誓約，然後就回歐洲去，丟下這個位處穆斯林人海中的基督徒前哨基地。如果要保住十字軍這番奇蹟般的勝利，就得要成立一個強而穩定的政府，還要維持跟歐洲聯繫的安全路線。他們需要的是一個政治家，一個能創造出永續王國的人，而且只能靠少數騎士達成。他們現成的人選就是布永的戈弗雷。

大多數返鄉的十字軍抵達歐洲後都被當成英雄。這個理念的英勇和浪漫——歷經千辛萬苦為信仰去收復基督的城市——將會啟發後世的歐洲人。這幾個十字軍國家統稱為Outremer（海外之地）[3]，乃法語「遠方」或「海外」之意，成了充滿異國情調，可以贏得響亮名聲的地方。第一次十字軍東征領袖們的功績後來都在詩歌中被渲染美化了，他們搖身一變成了比真實更加誇大的人物。奪取耶路撒冷後不到一個世代，就出現如「安條克之歌」這類史詩，其中有美化安條克圍城的描述，詩中的基督徒騎士一劍就把對手劈成了兩半，這類詩歌在法蘭西四處傳唱。

最傳奇的莫過於布永的戈弗雷的故事，這位理想騎士擁有的謙卑讓他無法接受王冠，他的謙遜流露出的精神遠比國王來得偉大。他實現了騎士精神，是朝聖者的護佑者以及聖地的捍衛者。在整個中世紀裡，他與查理大帝、亞瑟王被視為三大基督徒英雄，從但丁到塞萬提斯的作品中，都以英雄形式出現。但遺憾的是，現實情況卻很不一樣，儘管他在攻下耶路撒冷的過程中無疑表現得勇敢又精明，但戈弗雷實際上是個天真、無所作為的領袖，他個人的不足往往加劇他的麻煩問題。

所有十字軍國家所面臨的最大問題就是長期的人力短缺。有智慧的領袖就會小心翼翼整合自己的力量，但是戈弗雷卻疏遠了少數幾位仍留在東方的貴族，並太過信任那些無法勝任的幕僚。從一開始就有種種警示，雷蒙其實才是耶路撒冷唯一的大領主，但戈弗雷卻在攻下耶路撒冷之後仍不斷小看雷蒙。當雷蒙在黎凡特[4]成功包圍了兩座城鎮，力圖藉此來提升基督徒的地位時，戈弗雷卻拒絕承認他們的投降，以免因

3 作者注：雖然 Outremer 一詞原指所有的十字軍國家，但久而久之就變成主要用來指耶路撒冷王國。

4 編按：黎凡特（Levant）是個歷史悠久但定義模糊的中東地名。廣義的黎凡特在地中海東岸、阿拉伯沙漠以北、美索不達米亞流域以西與土耳其托魯斯山脈（Toros）以南。黎凡特原意為「義大利以東的地中海土地」。歷史上，黎凡特是西歐與鄂圖曼帝國之間的貿易要道。今天位於該地區的國家為：敘利亞、黎巴嫩、約旦、以色列、巴勒斯坦。

而進一步增加雷蒙的聲望。這種讓人吃力不討好的態度使得留下來的諸侯跟戈弗雷日漸疏遠，他們全都回歐洲去了，其中只有坦克雷德例外，他打算要在巴勒斯坦創立一個自己的小國家。[5]

到了一〇九九年底，戈弗雷就只剩下三百名騎士以及大約兩千名步兵來鞏固他的領土以及抵抗來襲。但值得稱許的是，他也有些進展，迫使附近一些穆斯林村莊成為納貢者。當同年十二月下旬，比薩大主教戴姆伯特（Daimbert）來訪時，所有進一步的進展屆時都會停止。

戴姆伯特

烏爾班二世去世前所採取的措施之一，就是任命戴姆伯特接替勒皮的阿德埃馬，但這是再糟糕不過的人選。烏爾班把這位義大利人的驚人活力錯認為能幹，於是就把戴姆伯特派到西班牙去協助阿方索四世（Alfonso IV），希望從穆斯林手中收復卡斯提爾（Castile）的失地，並重新將它基督教化。這個任務很成功，但戴姆伯特卻得到了傲慢、貪婪的神職人員名聲，而貪腐之氣也從未離開過他。烏爾班可能是病入膏肓或太過與世隔絕，不但沒有改正這個錯誤，還變本加厲指派戴姆伯特擔任教宗派赴十字軍國家的代表。

戴姆伯特前往耶路撒冷的路上並未能激起將士的信心。他和一支訓練不足的比薩水手們所組成的船隊一同前往，一路上以襲擊路過的希臘島嶼為樂，把拜占庭皇帝惹毛了而派出艦隊來追擊他。[6]戴姆伯特千鈞一髮逃過被俘虜的命運，只增加了他「天助我也」的自我感覺。戴姆伯特就跟許多十字軍一樣，認為耶路撒冷應該由教會來管轄，而不是由世俗力量管理。他的主要目標是要在耶路撒冷建立起牢固的神職人員控制體制，並確保戈弗雷要有分寸。

這位教宗代表所到的第一站是安條克，見到了意外親切的博希蒙德。如今這位諾曼人自封為「安條克大公」，十二萬分樂意給予戴姆伯特支持，宣布說不僅會派人確

5 作者注：坦克雷德非常成功，他只帶著二十五名騎士，就設法取得了太巴列（Tiberias）、拿撒勒和他泊山（Tabor），使他實際上成為加利利（Galilee）一帶的主人。

6 作者注：該艦隊由塔第吉歐斯指揮，也就是第一次十字軍東征前往安條克時為十字軍引路卻吃力不討好的拜占庭將軍。他的運氣依然壞透了，多虧了一場突如其來的暴風雨，戴姆伯特的船隊才得以逃出塔第吉歐斯的掌心，倒楣的元帥也只好兩手空空回到君士坦丁堡。

保他的旅途安全，而且還會親自陪同他前去。

戴姆伯特很容易受到奉承，但這提議其實並沒有特別大方之處。眾人都知道博希蒙德曾在安條克扯了十字軍的後腿，如果再加上他尚未履行在聖墓教堂發的誓言，更有損他的名譽。此外，博希蒙德也聽到傳言，聽說膝下沒有兒女的戈弗雷健康狀況欠佳，即使在戈弗雷身強體健的時候，都口口聲聲說要為教會賣命了，要是他病了，還有可能去抗拒頑固任性的戴姆伯特嗎？就算戈弗雷在世時還有些骨氣，但等到他一死，戴姆伯特就順理成章成為指定耶路撒冷王國繼承人的人選。要是戴姆伯特將要成為耶路撒冷的權力掮客（power-broker），那麼博希蒙德也要來耶路撒冷分一杯羹。

安條克大公並非唯一得到這份結論的十字軍。在戴姆伯特離開安條克之前，戈弗雷的弟弟埃德薩伯爵鮑德溫也帶著護衛隊加入他們的隊伍。如今戴姆伯特進入耶路撒冷時，身後就緊跟著兩位最了不得的十字軍領主，幾乎已經肯定戴姆伯特會控制住戈弗雷了。

他們在耶路撒冷受到的待遇，比戴姆伯特所預期的更好。耶路撒冷牧首的職位依然空懸，於是戴姆伯特理所當然自認為是最適合的人選。多虧戴姆伯特用了些賄賂手段和私下說項，才讓自己順利當選。而柔順的戈弗雷也以下屬身分公然跪在他的面前，向他致敬。

戴姆伯特知道打鐵要趁熱，於是在戈弗雷的基礎還沒穩固之前，他就立刻要求戈弗雷交出耶路撒冷和堡壘。這無異是要戈弗雷自我放逐，要是他同意了，就意味著將十字軍流血拚死所得來的一切，交給一位沒有什麼軍事經驗的神職人員。這位聖墓捍衛者在未經牧首許可之前，是不能拔劍的，於是戈弗雷再度乖乖聽話照做。

已經摸清楚戴姆伯特的為人，而且不打算讓他來管理的騎士們都感到震驚萬分，他們想讓戈弗雷改變主意卻只是徒然無功。騎士們能做的只有拖住他。一一〇〇年的復活節，戈弗雷正式將聖城交給戴姆伯特，但卻告訴後者，自己會繼續保有控制權，直到他征服了另一座足以取代聖城的合適城市為止。

但當然，根本就沒有可以替代耶路撒冷的城市。在基督徒心目中，耶路撒冷就是世界的中心。但若從軍事角度而言，港口城市阿卡（Acre）多少接近些，它在今天以色列的西北部，位處地中海戰略要地。加強防禦工事後的阿卡城銜接了幾個主要的十字軍國家，用它來取代耶路撒冷，可以做為整體戰略的中央指揮所。戈弗雷因此立刻著手包圍阿卡城。

整個耶路撒冷王國的兵力幾乎都動員起來了，然後在相稱的盛況中出了耶路撒冷的城門。博希蒙德和鮑德溫離開自己的國家已有一段時日[7]，而當初吸引他們來到耶路撒冷的傳言也開始有了結果。幾個月來戈弗雷的身體愈來愈差，這趟旅程超過了身體所能負荷的程度。他後來被抬回了耶路撒冷，但因為戴姆伯特急於公開表現他有權統領軍隊，而且也想分得戰利品，就和軍隊繼續往阿卡前進。

這位牧首應當獲得加冕的時刻卻轉變成一個災難性的錯誤。戴姆伯特判斷的沒錯，病倒之後的戈弗雷不會做出任何重大的決定，但他卻低估了戈弗雷病得有多嚴重。一一〇〇年七月十八日，當戴姆伯特正朝著光榮的未來邁進時，戈弗雷卻死了。

雖然戈弗雷身為領導者有諸多的缺點，但人們卻真心地為他哀悼。整整五天裡，百姓因為悲痛而讓耶路撒冷的所有事情都停頓了下來。戈弗雷在統治上的不足也許會減損人們的激情，但他仍然是奪回耶路撒冷的勝利年代的美好象徵。[8]不過，人們對他的這份尊敬之情並未延續到他指定的繼承人身上。

戈弗雷的遺願是把耶路撒冷的控制權交給戴姆伯特，但眾人卻刻意沒把這當成一回事，而且還小心地保密他去世的消息，不讓遠在阿卡的軍隊知道。部隊受委派占領堡壘，做好防禦工作，信差則匆匆趕到戈弗雷的弟弟鮑德溫那邊，催促他回耶路撒冷接下哥哥的位子。

不過當戴姆伯特聽到這計畫的風聲時，一如預期地表達憤怒與不滿，但此時耶路撒冷的臨時主人們並不像戈弗雷那樣順服。戴姆伯特一場怒氣滿盈的講道並沒辦法趕走駐軍，或讓他們相信自己的陰謀有多邪惡。在絕望之際，戴姆伯特送信去給安條克的博希蒙德，開出了條件，希望他能在鮑德溫之前趕到耶路撒冷，事成就立他為耶路撒冷國王。這封信本來是為了引誘博希蒙德上鉤，但戴姆伯特卻忍俊不住自稱為「所有母教堂之首暨諸國之主」，鄭重提醒了博希蒙德自己的地位，未來的耶路撒冷國王只能聽憑牧首高興當上國王。

除了分寸拿捏得不好之外，這封信也白費工夫。原來當牧首的特使來到安條克時，卻發現博希蒙德不在安條克。早在幾星期前，他只帶了三百人向北進軍，去到上幼發拉底展開戰事，卻因大意而中了埋伏。博希蒙德意識到大勢已去，他剪下一綹的金髮，交託給一名士兵，指示對方去向鮑德溫求救。這名士兵設法溜過了土耳其人的包圍陣線抵達埃德薩，但鮑德溫卻來不及趕去救援安條克大公。戴姆伯特的保護者博

7 編按：指博希蒙德的安條克公國跟鮑德溫的埃德薩伯國。
8 作者注：戈弗雷的劍與馬刺至今仍掛在聖墓教堂的牆壁上。

希蒙德此時蹲在土耳其人的苦牢裡，等著人民籌到一筆適當的贖金。[9]

博希蒙德心裡也有數，牧首被打敗了。讓他更懊惱的是，鮑德溫在這期間還順便當起了安條克的攝政，等到鮑德溫在耶路撒冷現身時，毫無疑問已成為十字軍諸國中最強大的領主。一一〇〇年聖誕節那天，在伯利恆的聖誕教堂裡，滿心不情願的戴姆伯特加冕鮑德溫成為耶路撒冷第一位十字軍國王（鮑德溫一世）。過沒多久，戴姆伯特就隨意地被解除了牧首職務。[10]

新國王鮑德溫一世比前任優秀得多，有耐性又高瞻遠矚，是位英勇的將軍又是很有天分的政治家。就像歷史上許多偉人一樣，他也很懂得掌握時機。

從過去中得來的必然信念，認為該發生的就是會發生，成了從歷史學得教訓的最大敵人，第一次十字軍東征就是最好的例子。在歐洲基督徒眼中，十字軍克服萬難取得的驚人成功是一種天命，十字軍擁有上天的引導，他們堅定不移的信心橫掃眼前的一切障礙。大衛永遠都能打倒巨人歌利亞。

但事實上，鮑德溫很清楚法蘭克人在這裡只是極少數，被包圍在浩瀚的敵軍人海中，要對抗成千上萬的敵軍，而他們往往只能召集到數百名騎士。這番看似無法達到的成功讓十字軍認為自己是優越的戰士，但若要抵抗肯定隨之而來的穆斯林聖戰浪潮，上述的信念只不過是很單薄的擋箭牌而已。

他們唯一的希望是從西方招募新兵，但幸虧對耶路撒冷王國而言，第一次十字軍東征的成功做到了這點。戈弗雷在位的時間太短，所以未能見到結果，但鮑德溫一世卻很欣慰地知道新的增援已經在前來的路上。

一一〇一年的十字軍東征

大多數新加入的十字軍要不是錯過了之前的大進軍，就是謹慎地先觀望前人會不會成功。兩個海上共和國熱那亞和比薩都答應要加入第一次十字軍東征，但由於準備工夫包括打造艦隊，因此遲至一一〇一年才加入。有幾位當初的掉隊者，也加入了十字軍，其中最著名的人物是倒楣鬼布洛瓦的史蒂芬，他人還沒回到老家，懦夫的名聲

9 作者注：他的宿敵拜占庭皇帝阿歷克塞願意幫忙支付贖金，條件是得要把博希蒙德送到君士坦丁堡。博希蒙德很明智地婉拒了。

10 作者注：戴姆伯特頑固地拒絕放棄，他前往羅馬說服軟弱的教宗巴斯加二世（Paschal II）讓他復職。結果戴姆伯特卻在返回聖地途中去世，巴勒斯坦因此不用再吃他給的苦頭了。

倒是先傳了回去。這回他被老婆和教宗命令要回東方實踐他的十字軍誓言。

乘船抵達的新人為鮑德溫帶來了足夠的兵力，確保耶路撒冷在可見的未來能夠存活下去。不過，大多數新兵卻選擇經由陸路前來。

就某些方面而言，這似乎又重演了第一次十字軍東征。這支軍隊由米蘭大主教和布洛瓦的史蒂芬率領，後者跟皇帝阿歷克塞的交情很好，並設法安全穩當地路過了帝國的領土。等到這支軍隊抵達位於今天土耳其西北部的尼科米底亞時，遇到了土魯斯的雷蒙，他們在此做出決定，要稍微繞道去解救博希蒙德，因為安條克大公被土耳其人俘虜這件事，被基督教世界視為奇恥大辱。

史蒂芬和雷蒙都強烈反對這個計畫，想來兩人大概都是根據經驗和個人理由而反對，但這支軍隊卻不為所動，繼續朝著安納托利亞中心地帶挺進。土耳其蘇丹基利傑·阿爾斯蘭曾吃過第一次十字軍的大虧，他那時沒把十字軍當一回事，所以沒跟鄰國聯手抗敵。不過這回阿爾斯蘭下定決心，絕不讓那些小爭吵削弱了他的回擊。他與鄰近的土耳其埃米爾們結盟，小心翼翼地把過度自信的十字軍引到他選定的地方。幾天後，阿爾斯蘭終於報了等了四年的仇，這支十字軍全軍覆沒，慘遭殺戮。

只有少數幾個活口逃出生天，其中包括史蒂芬、雷蒙以及米蘭大主教。要是他們有嘗試過警告後到的十字軍的話，顯然訊息並未傳達，因為後來一波波的十字軍全部都在抵達安條克之前就被摧毀了。

要是他們安然無恙抵達聖地，鮑德溫就會有兵力開疆闢土，將王國的邊界推向更具有防禦力的天然疆界。然而如今不會再發動新的征服了，鮑德溫很明智地選擇集中精力去鞏固根據地，這任務雖然乏味，但卻很重要。

目前的當務之急是固守海岸，地中海沿岸那些富裕港口為土耳其人和埃及人提供了前往耶路撒冷領土的通路，這對十字軍來說是很危險的，因此得要逐步地削減它們。其中最重要的港口是阿什克隆，埃及部隊可經由此港隨意襲擾周圍的鄉間。如果鮑德溫可以奪取阿什克隆，那麼埃及人就得走陸路，途經環境嚴酷無情的西奈沙漠後才能抵達基督徒的地盤。

在大多數情況下，耶路撒冷王國的北面有安條克與埃德薩兩座城市做為屏障，這意味著會造成類似威脅的其他城市僅有阿勒坡和大馬士革，因為這兩座城市是土耳其人出擊時的主要行動基地。

在鮑德溫能取得任何進展之前，得先要說服他的附庸們跟他合作，而這簡直就是不可能的任務。坦克雷德尤其難搞，這位自封為「加利利大公」的傢伙已經由鮑德溫的指定，成為安條克的攝政[11]，但他對任何鮑德溫國王要求的實質協助，都一律拒絕。坦克雷德忙著為安條克開疆闢土，不願讓他的兵力去冒這個風險，因為他認為十字軍的遠大事業沒有什麼成功的把握。

坦克雷德這條路顯然是行不通了，於是鮑德溫就乾脆採用權宜之計，他向土耳其人支付了博希蒙德的贖金，用以取代坦克雷德。這位昔日的諾曼大公已經在土耳其人的牢裡蹲了三年，愈顯挫折，因為除了那些無能的十字軍和米蘭大主教之外，似乎沒有人有興趣將他解救出來。不過，要是鮑德溫期待能從博希蒙德那裡得到感謝或者合作的機會的話，他很快就會大失所望。

博希蒙德的戰爭

博希蒙德雖然曾為基督教大業做了許多工作，但如今卻也花了同樣的工夫去破壞它。首先，他說服埃德薩伯爵[12]與他會師，貿然對鄰近一位埃米爾發動攻擊，他們的聯軍慘遭屠殺，他的同僚被俘，使得安條克和埃德薩都衰敗下來並處於險境中。然而博希蒙德非但沒有試圖彌補損害，還乾脆就丟下安條克，讓姪兒坦克雷德當攝政[13]，自己回歐洲去招募一支新的十字軍。

回到歐洲的博希蒙德欣然地發現，他成為了名人。十字軍的故事，尤其是他的事蹟，已經化為傳說，而他也忙於穿梭在歐洲的宮廷之間。在義大利，他所到之處都有大批群眾迎接他，當他進入法蘭西後，國王腓力一世就想把女兒許配給他。他是如此深得民心，以致英格蘭國王亨利一世拒絕讓他踏上英格蘭，唯恐會有太多英格蘭貴族追隨他。

這可不是亨利一世的瞎操心，博希蒙德向來就是個很有吸引力的人物，現在他的個人魅力更增添了輝煌的名聲，使得他的一言一行都有現成的聽眾。博希蒙德本來打算為安條克尋求援助，但潮水般湧來的新兵讓他認為應該嘗試更大膽一點的事情。他進犯阿勒坡的失敗讓他很清楚地明白，夢想將安條克打造成強大的王國是不可能的，但如果不能創建一個東方的大國，那就去奪取現有的大國控制權！目標也就是拜占庭。

11 編按：因為這時安條克公國的原統治者博希蒙德還在土耳其人的牢獄中。
12 編按：這裡指的應該是鮑德溫二世，鮑德溫一世的表弟，鮑德溫一世在一一〇〇年接任耶路撒冷王國國王後，把埃德薩伯爵的位子傳給了表弟。
13 編按：坦克雷德在博希蒙德被土耳其人俘虜期間，曾第一次擔任安條克的攝政，這回則是第二次。

要找攻擊拜占庭的理由並不難。在經過多次敘述、複述他的冒險事蹟時，壞人的角色慢慢從占領聖地的穆斯林轉移到了拜占庭人。像博希蒙德這樣地位的英雄，需要有個適當的反派角色來相互抗衡，而卑鄙的阿歷克塞曾經放任高貴的十字軍死在安條克，正好可以派上用場。宗教內的異端總要比異教徒更容易招人怨恨，把拜占庭當作代罪羔羊，將過去到現在所有不幸的事都怪到他們頭上，是很方便的事。

不過三年時間，博希蒙德就召集了一支三萬五千多人的軍隊，幾乎是第一次十字軍東征時的全體人數。博希蒙德沒有提起任何救援十字軍國家的口號，渡海到達爾馬提亞海岸，攻擊位於今天阿爾巴尼亞的都拉斯（Durazzo），這是東羅馬帝國最西邊的城市。

然而儘管博希蒙德有勇，但論智謀卻從來都不是阿歷克塞的對手。這位皇帝從來都不信任十字軍，認為他們很貪婪，總有一天會轉而對付君士坦丁堡。此時博希蒙德終於露出了真面目，阿歷克塞也不感到驚訝。總之，阿歷克塞為了眼前的這刻已經謀劃了一段時間。當諾曼人的軍隊踏上海岸時，皇帝根本不試圖攔阻，反而買通了威尼斯海軍，讓他們去攻擊博希蒙德的艦隊，將這批十字軍困在敵境裡。然後皇帝很小心地避免激戰，靜待敵人面對糧食補給的困難和軍中常見的衛生問題，這終究會削弱他們的戰力。

阿歷克塞的策略用得非常完美，才幾個月時間，瘟疫以及低落的士氣就迫使博希蒙德喪盡顏面的請求休戰，這讓他一輩子的努力都前功盡棄。安條克雖然仍歸他管理，但他只是皇帝之下有名無實的諸侯，城裡最重要的職位將由君士坦丁堡來決定人選，博希蒙德則得公開向阿歷克塞宣誓效忠。在這典禮中，他正式把所有在東方征服的領土都交給了皇帝，並誓言效忠。

在經過一輩子的奮鬥，從一位沒有土地的私生子崛起成為西歐最備受景仰的人物，這最後的失敗實在難堪到讓他無法接受。安條克曾經是他偉大勝利的一幕，但如今失敗的他實在沒臉回到安條克。結果博希蒙德沒回安條克，反而航向西西里，三年後在痛苦中過世，沒有再回到過東方。

爭奪控制權

博希蒙德的例子說明了那些十字軍大領主們並不可靠。他很有本事又足智多謀，但實際上卻削弱了基督徒在東方的地位。那些天賦不如博希蒙德但卻跟他同樣具有頑固獨立性的人，對鮑德溫國王來說也一點用處都沒有。土魯斯的雷蒙仍然很有勢力，可是他從最初的十字軍東征開始就一直流離失所，他花時間試圖征服的黎波里[14]，該港口控制了從耶路撒冷到北部十字軍諸國之間狹長的巴勒斯坦海岸地帶，對於鞏固十字軍國家的安全至關重要。

的黎波里所以能躲過第一次十字軍的征服，是因為防禦工事以及當地埃米爾的圓滑，他為十字軍提供補給，並對他們在自己領土上的掠奪睜隻眼、閉隻眼。然而如今耶路撒冷王國已建立，對十字軍而言，就再也不能對的黎波里所具有的破壞性威脅視而不見了。

第一次十字軍東征遭遇的艱難並未削減雷蒙充沛的精力，當他的士兵圍堵的黎波里城牆之後，他就動工興建一座大城堡，打算用來切斷該城的對外通路並保護他未來的國都。儘管有過去的失敗紀錄，他可是一點也不缺乏自信，圍城一開始，他就自封為「的黎波里伯爵」。

國王鮑德溫儘管對雷蒙的行動有些戒慎恐懼，因為這會創造出另一個管不住的勢力來削弱他的權威，但仍然盡力支持這番冒險大業。耶路撒冷的安全太重要了，不能因為他個人的疑慮而無視耶路撒冷的安危。但還好國王走運，雷蒙在東方這段期間厄運一直如影隨形，如今也繼續找他麻煩。的黎波里的防守者在一次突圍中設法在雷蒙的堡壘中放火，起火的屋頂垮下來壓傷了雷蒙，六個月之後去世。

少了堪稱英勇但卻無能的雷蒙之後，對鮑德溫來說反而是一大收穫。鮑德溫國王親自接手指揮圍城，並在一一〇九年七月十二日攻占此城，建立了的黎波里伯國，這是十字軍最後建立的國度。

這整件事凸顯了鮑德溫的權威與王室權力，他不僅成功結束了戰爭並大大加強十字軍在東方的存在，而且還確保讓的黎波里成為附庸而非由對手控制。鮑德溫將的黎波里交給了雷蒙的長子伯特蘭（Bertrand），他剛從西方被召來此處。由於伯特蘭是新來的，自然得依靠鮑德溫的支持，因此也就不會惹出什麼麻煩。

如今這位國王大可名正言順地被譽為東方卓越超群的指揮官，但他並未就此打住，反而趁勝追擊向北方挺進，去征服其餘的海岸地區。在挪威國王「十字軍西格德」（Sigurd the Crusader）派來的船隊協助下，鮑德溫在一一一〇年攻占了賽達

14 作者注：十字軍在的黎波里（Tripoli）首度嘗到蔗糖，當時歐洲並無此物，因此他們認為這是無與倫比的新東西。

（Sidon）和貝魯特，奪下了受伊斯蘭控制的大部分黎巴嫩地區。接著鮑德溫轉向南方，一路掃蕩海岸地帶。十年後，整個巴勒斯坦沿海地區幾乎都是他的土地，只有泰爾和阿什克隆還沒到手。

這些吃力又不討好的工作耗盡了鮑德溫的精力，如今他已將近六十歲，是當初十字軍領袖中唯一活下來的人。過去幾年尤其可見人事變化之大。博希蒙德的姪兒坦克雷德於一一一二年得了急病離世，同年雷蒙的長子伯特蘭也死了。他們去世之後，接著在一一一八年，烏爾班的繼任者教宗巴斯加二世，以及在第一次十字軍東征時期出色的陪襯人物阿歷克塞皇帝也都駕崩了。

顯然已垂垂老矣的鮑德溫率兵進入埃及境內做最後一次出擊，要去挫挫法蒂瑪王朝日漸擴張的勢力。當鮑德溫來到尼羅河時，驚訝地發現河中有大量的魚，多到他的騎士們用矛尖就可捕獲。當晚鮑德溫的肚子疼得厲害，可能是因為吃撐了，但休息之後並未好轉。等到鮑德溫決定回師時已經太遲了，一一一八年四月二日，鮑德溫在埃及小鎮阿里什（al-Arish）溘然長逝。

損失了鮑德溫對十字軍王國的所有人都是個重大打擊。他將耶路撒冷王國從一個毫無組織、一片混亂的地方轉型成為又強大又穩固的國家。他既有才華又肯苦幹，憑此建立起中央集權的君主制，並確保耶路撒冷與海洋之間的交通路線安全。更令人刮目相看的是，他還完成了幾乎不可能的任務，迫使那些彼此爭吵的小領主們合作。與其他所有人相比，鮑德溫更是一位讓基督徒得以在巴勒斯坦繼續存在的締造者，他一不在了就立刻讓人若有所失。

第八章　血染之地

這種仇恨與蔑視造成了我們的損失……。

——泰爾的威廉[1]

鮑德溫去世，使得耶路撒冷王國不知何去何從。他沒有兒女，血緣關係最近的男性繼承人是身在歐洲的哥哥，布洛涅的尤斯塔斯（Eustace of Boulogne），但他哥哥不願離開安逸的老家。經過多番審議之後，十字軍國家的領主們集合起來選出國王的表

1 譯者注：泰爾的威廉（William of Tyre），中世紀高級教士兼編年史作家，泰爾大主教。

弟鮑德溫二世為王，他是當初那一代十字軍倖存的最後一位貴族成員。

新國王在一一一八年復活節登基，堪稱與舊政權形成對比。鮑德溫一世喜歡交際又充滿個人魅力，鮑德溫二世卻很保護自己的隱私。儘管他缺乏與前任國王的共通點，但卻很虔誠，也決心要管理好這個王國。

但他馬上就遇到了考驗。敵人無法團結一直以來都是十字軍國家的優勢，埃及的什葉派與敘利亞土耳其人的遜尼派向來更關心於彼此攻擊，以淨化伊斯蘭教，而沒有把他們的共同敵人基督徒放在眼裡。然而鮑德溫一世的成功卻讓他們盡棄前嫌，來面對這個更大的威脅。在鮑德溫二世登基幾星期之後，就接到報告說什葉派的法蒂瑪軍隊與遜尼派的土耳其軍隊正從南方殺來。這種噩夢足以讓察覺到危機的十字軍在半夜驚醒，嚇出一身的冷汗。

鮑德溫二世召集了王國所有的兵力出去迎戰。連續三個月兩軍只是大眼瞪小眼，誰也不願先採取行動。對於穆斯林而言，這些西方騎士依然擁有無敵的光環，而法蘭克人則對這位新國王的實力沒有什麼把握，因此誠如當代某位記錄者簡潔的形容：寧可活著也不要送死。

最終法蘭克人用聲勢取勝了。伊斯蘭的領袖們不願冒風險打仗或無限期的保持聯盟狀態，於是就撤兵了，王國的威脅也就化解了。雖然新王登基就小勝一場，但不管加諸了鮑德溫二世什麼樣的光采，隔年就很快化為泡影。法蘭克人的無敵名聲有利也有弊，因此造成一些來到這裡的西方人，會仗著法蘭克人的聲勢，甘冒些很反常的風險。例如整個基督徒北部區域的安危就完全繫於安條克的新大公羅傑[2]身上，他卻認為公國的東界需要加強防衛，於是就對阿勒坡的埃米爾發動了一場全面進攻。

這並非阿勒坡首次面臨來自安條克的入侵，因此埃米爾早有準備，已經跟其他埃米爾結盟，甚至包括遠在南方將近兩百英里外的大馬士革埃米爾，並召集了四萬多人的軍隊。鮑德溫二世派使者抓狂般地趕去，懇求羅傑延遲進攻，務必等他到來。但羅傑急欲與敵軍交手，沒有理他，逕自率領七百名騎士與四千名步兵進入今天敘利亞西部的荒涼地帶。

多虧了密探，阿勒坡的埃米爾得以清楚掌握羅傑的一舉一動。他等到這些基督徒抵達缺水的平原，然後在一一一九年六月二十七日發動試探性的攻擊，雙方拚死博鬥

2 編按：這裡指的是薩萊諾的羅傑（Roger of Salerno），他曾在博希蒙德一世的兒子博希蒙德二世成年前，擔任安條克公國的攝政（1112-1119）。

一番穆斯林才率軍撤退。此時羅傑才終於意識到處境的危險，穆斯林的密探不僅偵查他的行動，還故意誤導他，讓他誤以為埃米爾的軍隊還離得很遠。直到他派出的探子才證實他最恐懼的事：十字軍已經完全被包圍了。

那天晚上，基督徒軍營裡幾乎不得休息，設法入睡的人飽受噩夢驚擾，還有個夢遊者在營裡跑來跑去，大喊著說他們完蛋了。隔天清晨，乾熱的風沙迎面吹來，十字軍試著突破重圍。五、六名騎士設法溜過了敵軍陣線，他們是僅有的生還者。

殺戮之慘烈，以致從此這處戰場成為眾所周知的 Ager Sanguinis，也就是「血染之地」。幸運者死於作戰，被俘者則用鎖鏈拖回阿勒坡，然後在街上讓群眾拿他們尋開心，折磨至死。這場劫難的規模難以測知。十字軍的人力本來就一直短缺，如今更是在一擊之下失去其中一個強國的所有兵力。更糟糕的是，「十字軍占優勢」的這個神話從此永遠粉碎了。本來敵我雙方都是這樣認為，「法蘭克騎士是優秀的戰士」的信念曾庇佑了十字軍，讓他們沒有在敵眾我寡的情勢下被壓倒。但現在連這副脆弱的擋箭牌也沒了，愈來愈大膽的攻擊肯定會接踵而來。

唯一使得安條克能免於隨即陷落的原因，是阿勒坡的埃米爾未能趁勝追擊。阿勒坡的埃米爾在血染之地獲得空前的成功，在情緒上和政治上都大勝了十字軍，這樣的時刻當然值得稍微炫耀一番。讚譽從四面八方湧來，巴格達的哈里發送來了一襲榮譽的華袍，連同「信仰之星」（Star of the Faith）的頭銜，眾人無不歌頌表揚。阿勒坡的埃米爾為自己連開盛宴，結果卻病倒休息了一陣子，這才結束這波大肆慶祝。他打起精神去襲擾安條克的郊區，但發現時機已過，於是也沒有認真要攻占安條克，也沒有認真攔阻鮑德溫二世帶來的援軍。

對十字軍國家而言，這場劫難帶來的唯一正面結果，是凸顯出了領主們得要團結才能生存下去，這意味要有統一的戰略和指揮，不能再冒風險或擺姿態。從今而後，耶路撒冷國王就是他們清楚公認的封建君主。

這對鮑德溫二世來說也許是可喜可賀的事，但卻並未解決如今整個北部地區所面臨的危險。他竭盡全力向東挺進去迎戰阿勒坡埃米爾的軍隊，但這場仗打下來的結果卻很讓人摸不著頭腦，因為雙方都各自宣稱獲勝。雖然鮑德溫二世因此換得了一些喘息時間，但就算是直截了當的大勝也無法掩蓋十字軍國家的主要問題。鮑德溫二世無法憑空填補上安條克耗盡的駐軍，或創造出新士兵去取代那些失去的士卒。他唯一的希望就是向海外求助，血染之地戰役後的幾個月內，他已派人去向教宗發出緊急呼籲，懇求他發起另一次的十字軍。

軍事修會

時間的告急為十字軍國家催生十字軍史上最受人矚目的一些人物。一一一八年某個時期，有位法蘭西騎士于格・德・帕英（Hugues de Payens）在八名同伴陪同下，到訪耶路撒冷。他們不像其他許多朝聖者，他們打算來此停留，要將生命奉獻給基督，用寶劍來保衛貧苦人。由於他們全都表達出想要成為僧侶的意願，耶路撒冷的牧首就以常見的戒律來規範他們：安貧、服從、守貞。

然而，時代所要求的還更多。于格及其同志都是武人，迫切需要成為戰士，他們是來為基督效力，於是可能在于格的堅持下，牧首又加上了第四條誓言，賦予他們任務，負責保護前往耶路撒冷路上的朝聖者安全。

這是在基督教中，僧侶的紀律首度揉合了戰士的技藝，于格跟他的追隨者如今有了神聖的使命，要利用武力去保護貧苦者並維持朝聖路線的暢通。為了表現出這項使命的重要性，鮑德溫二世提供了自己王宮的部分給于格做為總部，王宮前身是阿克薩清真寺，位於聖殿山上，於是就清出該建築裡的一些廳房供于格使用。[3]于格跟他的騎士正式被授予冗長累贅的官方頭銜「基督與所羅門聖殿的貧苦騎士團」，但通常被稱為「聖殿騎士」（Knights Templar），或「聖殿者」（Templars）。

于格的新團隊身穿飾有紅十字的白色修士斗篷，一眼就認得出來，結果非常受歡迎。一一二八年聖殿騎士團受到了教宗的祝福，因此有大批新人加入。由於他們的使命包括保護朝聖者（不管他們身在何處），因此全歐洲很快到處都可見到聖殿騎士的蹤影。騎士團的個人成員信守誓言，都很清貧，但修會本身卻很快就變得富有，這可能是因為修會提供的一項靈活服務。由於聖殿騎士團成員遍布西歐每個國家和近東，因此也發展出一種便利的匯兌方法，朝聖者可以在本國存款，抵達聖地之後，出示領據就可以提款，只要付一筆低廉的手續費即可。聖殿騎士團實際上成了世界上第一家國際銀行。

很快又有第二個軍事修會加入了行列。早在十一世紀之初，一群朝聖者在耶路撒冷成立了一間醫院，用來照顧旅人。在基督徒奪回耶路撒冷的前一年，所有基督徒都被驅逐出了耶路撒冷，這所醫院也就關閉了。但等到十字軍攻占此城，一群來自位於

3 作者注：阿克薩清真寺的聲名不太好，在十字軍第一次殺進耶路撒冷時，一些過激的十字軍在這裡屠殺了受到坦克雷德保護的穆斯林。

古城區中心拉丁人聖母大修道院的僧侶，決定另外成立一所醫院，奉獻給新約福音書之一的作者聖約翰。他們的正式名稱為「耶路撒冷聖約翰醫院騎士團」，為了方便跟聖殿騎士團的弟兄們區別開來，他們穿的是左袖上縫有白十字的黑袍。

這些僧侶通常被稱為「醫院騎士」（Knights Hospitaller），或簡稱「醫院之人」（Hospitallers），他們很認真執行基督的指示，善待社會上受忽略的階層。病人，尤其是貧苦人，他們稱之為「神聖的貧苦者」，都受到特別關注。從來沒睡過像樣床鋪的男女有了豪華住宿處，穿上乾淨衣服，可以吃有酒肉的豐盛飲食，全部開銷都由醫院騎士團負擔。隨著朝聖者的增加，醫院也擴大了。到了一一一三年，已經有兩千多個床位，而這個團體也被正式承認為宗教修會。十二世紀期間，朝聖者對於保護以及照顧的需求都增加了，因此醫院騎士雖然從未放棄當初照顧貧病者的使命，卻逐漸轉型成了軍事修會。

這兩個軍事修會在十字軍國家的生存史上都扮演了關鍵角色，他們賦予鮑德溫二世及其繼任者最迫切需要的國際強悍戰士修會，一心一意為捍衛海外之地而奉獻。

威尼斯的協助

一一二二年，新一波十字軍的來到更即時協助了耶路撒冷王國。鮑德溫二世的緊急呼籲並未被忽視，但教宗卡利特斯克斯二世（Calixtus II）因為捲入了與神聖羅馬帝國的政爭[4]，因而沒空去為號召十字軍而傳道，但他卻很幫忙，把這項請求轉給了威尼斯總督。

第一次十字軍東征時，義大利幾個強大的海上共和國如比薩、熱那亞和威尼斯的回應有點令人尷尬；熱那亞和比薩派船出發時都拖拖拉拉，而威尼斯乾脆就婉拒參加。要不是因為博希蒙德的家族源自法蘭西，教宗的老家義大利根本就不會派出代表。這回威尼斯總督多梅尼科．米凱萊決心要彌補上次威尼斯不得體地沒有參加，於是便以這世上最古老又最富有的共和國才做得出的方式來彌補。他用公費裝備了一百二十艘戰船，還召集了一支一萬五千多人的軍隊，在一一二二年八月八日揚帆出海。

4 作者注：敘任權的鬥爭（關於世俗領袖任命或「敘任」教會職位慣例的爭議），已經轉為教宗國與神聖羅馬帝國之間的較勁。到了一一二二年的沃姆斯宗教協定（Concordat of Worms）才達成協議。

結果總督米凱萊並未直接航向巴勒斯坦，反倒決定先稍微繞道一下。他很漂亮地藉由協助十字軍國家而恢復了威尼斯的基督徒聲譽，但按順序劫掠一下，帶點東西回來豈不是更好？畢竟浪費了這麼棒的艦隊所提供的大好機會豈不可惜？拜占庭不久前才嚴格限制威尼斯在帝國境內的貿易特權，而帝國境內的科孚島（Corfu）就位在今天希臘西北部的海岸，多少都算是威尼斯人的經過路線。[5]他們可以在為天主效勞的途中，順道懲罰一下拜占庭並讓自己發點橫財。

然而科孚島卻令人氣餒地難以攻占。徒勞無功攻擊城牆幾個月後，威尼斯人被迫龜縮在多岩海岸的營地裡度過很不舒服的冬天。春天緩解了一點情況，但他們卻被迫放棄圍城，因為消息傳來，巴勒斯坦又有了新的災難。

就在總督米凱萊忙著報仇之際，東方的局勢愈來愈險惡。威尼斯艦隊才剛駛出潟湖，埃德薩伯爵[6]就在一小群騎士陪同下南下向阿勒坡挺進，自以為是地要去擴張他的邊疆。但在一場狂風暴雨中，這些基督徒碰上了埃米爾的軍隊，他們的馬匹在滑溜泥濘中發揮不了作用，於是很容易就被俘虜了。當國王鮑德溫二世試圖發兵來遏止這場傷害時，他也大吃一驚並成了階下囚。

耶路撒冷國王被俘的消息為所有十字軍國家敲響了警鐘，一些當地亞美尼亞基督徒立刻組織起來，嘗試一項大膽的營救計畫，因為他們不願意再度落入伊斯蘭的統治。他們一共有五十人，喬裝成僧侶，混入了鮑德溫被關押的城堡，經過短暫打鬥之後設法壓制住了駐軍。

然而這樣還未能確保國王已獲得自由。他們深陷土耳其人的境內，而且無疑很快就會有一支軍隊前來解救該城堡。由於國王太顯目，無法喬裝匿名，於是埃德薩伯爵就肩負起重任，負責溜回國召集一支援軍，鮑德溫二世則留守城堡等候救援來到。

伯爵險些沒能逃成。他只帶了兩名同伴，日伏夜行，逃過被俘命運十幾次，但卻差點就敗給了幼發拉底河。伯爵從來沒學會游泳，只靠著兩個充氣的酒囊當救生圈才過了河，兩名更識水性的同伴設法拖拽著他浮水過河，把淹得半死的他拉上了對岸。

伯爵湊出一支援軍後，等到出發時卻為時已晚，鮑德溫二世已盡其所能撐到最後，但一支土耳其大軍卻設法攻破了一段城牆。土耳其人為了懲罰他們的抵抗，將除了鮑德溫二世以外的抵禦者，一律從城牆上拋了下去，然後把國王移送到守衛更森嚴

5 作者注：威尼斯人不久前才幫了拜占庭大忙，幫帝國打敗了諾曼人。在這場仗中，維尼斯人征服了科孚島，並盡責地交給拜占庭，因此他們指望也能得到相應的報酬。

6 編按：指喬治林一世（Joscelin I），在鮑德溫二世接任耶路撒冷國王後，接任埃德薩伯爵（1118-1131）。

的監獄，這下他插翅也難飛了。

耶路撒冷國王被俘的消息給了威尼斯總督很方便的藉口，趁機取消這場遠比預期困難得多的圍城，然後趕往巴勒斯坦。威尼斯總督的到來解除了籠罩在十字軍國家的厄運烏雲。因為國王不在，法蒂瑪人又來侵略耶路撒冷王國，幸虧留守的基督徒軍隊以其精誠團結擊退了入侵者。更棒的是，威尼斯艦隊及時追上法蒂瑪人的海軍，並將之徹底摧毀。

威尼斯總督米凱萊趁勝航向位於今天黎巴嫩海岸穆斯林治下的泰爾，一年多後，於一一二四年夏天迫使泰爾城投降。巴勒斯坦北部最後一個重要港口又再度回到基督徒手中。總督米凱萊可以凱旋航回威尼斯了。

多虧了米凱萊總督，耶路撒冷王國實力大為加強了。那年稍後，甚至連國王也放回來了。阿勒坡的埃米爾被一支流箭射死，繼任的埃米爾亟欲與十字軍保持良好關係，於是放走了鮑德溫二世，用來交換一些俘虜。鮑德溫二世回到國都後，才很尷尬地知道原來在他不在的時候，局勢反而改善了。

不僅十字軍國家站得更穩，阿勒坡的埃米爾國也陷入了亂局。但鮑德溫二世卻一直沒辦法像前任國王那樣管住他的附庸，由於缺乏強硬手段，因此那些從一開始就困擾著基督教大業的小對立又死灰復燃。安條克的新大公不趁著阿勒坡處於衰弱時進攻，反而莫名其妙決定去入侵東北方的埃德薩伯國。這場襲擊不但造成兩敗俱傷，還給了阿勒坡時間去復元，再度糟蹋了一個大好的黃金機會。

就某些方面而言，此舉也算是鮑德溫二世的蓋棺定論。他是個很活躍的領袖，立意良好，而且也能夠勝任王位。如果他處在另一個時空，或許還會被視為好國王，但他缺乏個人魅力，又一直很倒楣，在位期間的勝利老是發生在他不在的時候，不過這也不是他的錯。一一三一年鮑德溫二世駕崩時，十字軍國家已積弱不振且面臨前所未有的最大威脅。

鮑德溫二世駕崩前三年，阿勒坡出現了一位新埃米爾伊馬德丁・贊吉（Imad ad-Din Zengi），此人野心勃勃又無情，擁有高超的軍事頭腦，而且非常孰悉十字軍。他是阿勒坡總督的兒子，但卻在位於摩蘇爾的克波葛的宮廷中成長，曾親見他的恩主心灰意冷地從安條克歸來，因此親身了解到西方騎士有多威猛，他永遠忘不了這個教訓。在狡猾與大膽並用之下，贊吉掌控了摩蘇爾與阿勒坡，在埃德薩的門口打造了一個強大國家，他一再重申其目標是要將十字軍趕到海裡去。

這個穆斯林強國在此時興起，對耶路撒冷王國而言尤其不利。鮑德溫二世沒有子嗣，為了讓家族保住王位，他把長女梅利桑德（Melisende）嫁給了安茹的有錢權貴富爾克（Fulk）。

大家都歡喜萬分迎接這個消息，唯有梅利桑德例外。她一想到自己要嫁給這樣一位身材五短、喜怒無常的中年領主，她就很不是滋味。此外還有別的不看好的理由。這位野心勃勃的富爾克非常清楚對方有多迫切需要他，因此堅持上了年紀的鮑德溫二世同意讓他們夫妻倆一起統治王國。鮑德溫二世一旦讓了步，就舉行了婚禮。雖然兩情並不相悅，但婚後還是生了一個兒子，未來的鮑德溫三世。

要是鮑德溫二世再長命一點，這樣的發展會是令人欣然接受的。富爾克和梅利桑德都是有缺陷的統治人選，很多北部的貴族都不喜歡這位安茹伯爵，視他為外來的闖入者，而梅利桑德則因為身為女性，不可能獨自統治。不過他們倆的兒子則既有血統，加上有父親當後盾，因此又有資源，得以被大家接受。但可惜對於所有人而言，鮑德溫二世一如以往的總是挑錯時機，偏偏在他孫子兩歲時就駕崩了。

就在最需要團結起來對抗日漸擴大的威脅時，耶路撒冷的王位卻正在分裂。老國王才剛過世三個星期，富爾克、梅利桑德與鮑德溫三世就尷尬地一起加冕成為共治國王。這可不是個吉利的開始。

第九章 風雨欲來

在那同一年裡……凶狠的贊吉是東土耳其人中勢力最大者。

——泰爾的威廉[1]

國王富爾克縱然有種種不好之處，但起碼還算勝任。他的當務之急是安條克的治理問題，自從安條克大公博希蒙德二世在一年前跟土耳其人打仗遇害之後，安條克就一直群龍無首。身為耶路撒冷國王，富爾克自然有資格成為這個北部國家的攝政，但

1 作者注：出自William of Tyre, History of Deeds Done Beyond the Sea, trans by James Brundage, *The Crusades: A Documentary History*, (Milwaukee, WI: Marquette University Press, 1962), 79-82。

他很明智地拖住此事。安條克對於十字軍國家的安全實在太過重要了，不宜由耶路撒冷來統治，而需要有心無旁騖的單一統治者。恰巧博希蒙德二世身後留下了一位九歲的女兒，於是富爾克就命她嫁給一位三十五歲左右，新來的貴族普瓦捷的雷蒙（Raymond of Poitiers），此君很快就會把海外之地搞得一塌糊塗。[2]

穩住了北方之後，富爾克接著就轉向南邊海岸的最後一個大威脅。阿什克隆堡壘仍然由法蒂瑪人控制，由於位於海岸的地利之故，他們得以隨意讓部隊登陸襲擊，這造成貿易活動一直被打斷，這漏洞實在留得太久了。

但可惜富爾克缺乏猛攻該堡壘不可或缺的兵力，而圍城又根本不可能。耶路撒冷王國雖然有很長的海岸線，但卻缺乏艦隊，因此無力阻止敵人補給或抵達阿什克隆的敵軍。但富爾克卻是個很有耐性的人。要是他做不到封鎖海路，那就退而求其次。於是富爾克就在通往阿什克隆的陸路上興建了好幾座城堡，讓阿什克隆實務上無法透過陸路進出。法蒂瑪人大可以盡情藉海路讓部隊進入城裡，但有這一圈外圍堡壘圍住他們，敵人就會被困在那裡。

為確保萬無一失，富爾克把大部分城堡都交給了醫院騎士團防守，而讓自己的軍隊可以去做別的事情。阿什克隆此時遭到孤立，只能仰賴埃及的補給才能繼續生存。

它就像葡萄藤上逐漸死去的果實，遲早會掉落下來。

幸好富爾克想出這種方法來收拾掉阿什克隆，因為別處正急需他的軍隊。從阿勒坡傳來了令人不安的消息，勢力強大的總督贊吉，其手下的神職人員正大力鼓吹一場新的聖戰，要把十字軍趕到海裡去，呼籲所有堅貞的穆斯林都要盡釋前嫌，去對這些異教徒開戰。不管是運用詭計、暗殺或上戰場，總之要不擇手段取得勝利。所有穆斯林都要團結統一，直到迫使最後一名基督徒闖入者屈服為止。

對於贊吉而言，其實這些大部分不過是政治上的做做樣子而已。征服阿勒坡和摩蘇爾之後，已經使他成為近東勢力最強大的穆斯林君主了，但他仍有近在眼前的對手，尤其是大馬士革的埃米爾。要是贊吉能把該城納入自己的領域，他就會遠比昔日的克波葛勢力更加強大。因此他打算把自己塑造成捍衛伊斯蘭信仰的戰士，這也是在玩霸權的遊戲。只有當穆斯林世界都團結在他手下時，他才能轉而去從事殲滅基督徒的大任。

2 編按：富爾克實際上兼任過安條克的攝政（1131-1136），同時由博希蒙德二世的女兒康斯坦絲（Constance）擔任女大公。康斯坦絲在九歲時嫁給了普瓦捷的雷蒙（1136），富爾克這才卸下攝政職位，由他們夫妻倆共治安條克。

而對十字軍來說，幸運的是大馬士革比贊吉所預期的難以攻占，屢次圍城都未能到手，而它的屹立不倒則有損贊吉的聲譽。然而到了一一三七年，結局在望，大馬士革顯然逐漸衰弱下來，而贊吉又正在另組一支龐大軍隊。就在此時一支拜占庭軍隊及時攻打了阿勒坡，因此拖延了原本無可避免的結局，走投無路的埃米爾派人送信去給富爾克求助。

這項請求以及富爾克的回應，顯示出所有的十字軍國家裡都發生了一種重大變化。到此時，第一代的十字軍都老早死光了，他們的子孫成長於黎凡特地區，已經完全變得不同。十字軍國家的城市全都混雜著各種不同種族和宗教，西方人在這裡永遠都是截然不同的小眾。歐洲的風俗習慣逐漸混合了當地傳統或者慢慢消失。這些男女太清楚意識到自己占據了一塊不明確的地方。有位編年史家記載說：「我們已經忘掉了自己的出生地方……。」當他們去到歐洲時，儘管擁有無可挑剔的血統和頭銜，但卻發現對西方而言他們太東方化，但對東方而言，他們又太西方化。

在海外之地成長的人，無可奈何被包圍在多數壓倒少數的環境裡，發現了拜占庭人老早就知道的事。伊斯蘭是永遠的鄰居，讓他們保持不團結才是上策，一旦他們團結起來時，那就沒望了。因此當大馬士革的埃米爾向他求助時，富爾克許多幕僚都勸他接受。

光是做出此舉的這類想法，就足以讓那些剛從歐洲來的人滿心厭惡了。新移民與土生土長的住民間在外交看法上的鴻溝再大不過。發動第一次十字軍東征，就是為了要從竊取聖地的伊斯蘭勢力手中奪回它，而不是要跟穆斯林打交道。眼前這些都是反基督教的勢力，他們的軍隊如今占有從小亞細亞到西班牙的基督徒領土，他們是得要拚盡全力博鬥，直到被打敗為止的敵人。因此一位十字軍的國王竟發兵幫助大馬士革的穆斯林城主，這簡直就無法想像，更何況大馬士革還是聖保羅成為基督徒的地方。

富爾克對於自己國家的實力並未心存幻想，而是很明智地率兵去協助大馬士革。由於富爾克行動迅速，加上美索不達米亞的叛變需要贊吉的關注，因此這場戰事很成功。但是在十字軍王國裡，本地人與剛從歐洲來到的人之間的裂痕卻擴大了，而前者卻正要靠這些新來者來補充人力。此外在伊斯蘭世界，穆斯林的分裂卻日漸弭平。

贊吉的進攻

到了一一三七年，贊吉已占有優勢，所剩的障礙不多。內部的各種騷亂都已走到盡頭，反叛的總督都被徹底擊敗，並安插聽話的人取代他們。就連大馬士革在發生一場宮廷政變之後，也暫時換上了對阿勒坡較為友善的政權，因此成功化解大馬士革的紛爭。現在十字軍已沒有了可投靠的盟友，或可利用買通手段讓他們興風作浪的行政官員。贊吉的大進軍局勢已定，可以把這些異教徒趕出中東了。

贊吉的目的地是位於敘利亞北部的十字軍城寨巴吝（Baarin）。要是他能從基督徒手中奪下此地的話，不但能阻止基督徒進一步擴張，而且可破壞南北十字軍國家之間的聯繫。國王富爾克別無選擇，只能捍衛它。結果兩軍在炙熱的七月午後來了一場浴血奮戰，耶路撒冷幾乎全軍覆沒，國王富爾克差點難逃被俘命運。後來是城寨無條件投降，加上傳言說有支十字軍的援軍正在趕來，這才讓贊吉放走那些倖存者。

這些撤退的駐軍很幸運，因為贊吉並非向來都這麼大發慈悲。那年較早時，位於今天黎巴嫩的一座城堡駐軍也曾投降過，條件是要尊重他們的生命。結果贊吉對著古蘭經起誓會讓他們活下去之後，就先接受了他們的武器，然後活剝隊長的皮，吊死其他的人。

不管離去的十字軍對於能保住性命有多感激，事實卻是掩蓋不住，這場災難其實已經終結了耶路撒冷王國的攻擊能力。富爾克在位餘年都專注於重建被打垮的戰力，但已經沒了從前的活力。北方的貴族又重起慣有的爭端，儘管富爾克還不到五十歲，卻已經無力去讓他們重新歸隊了。

接下來幾年富爾克都花在補足他不斷異常衰退的體力。一一四三年，他的妻子建議去野餐，享受阿卡附近宜人的鄉間。但就在他們騎著馬時，國王的隨從驚擾了一隻兔子，富爾克因此驅馬追兔，馬卻突然失蹄跌倒，把騎著的人以及行囊都拋摔出去。國王摔到地面上後，沉重的馬鞍當頭砸下，力道重得以致「腦漿從耳、鼻孔中噴了出來」。富爾克一直沒清醒過來，三天後就駕崩了。

富爾克的死使得王國傳到了他妻子梅利桑德和他們十三歲的兒子鮑德溫三世手中，儘管女王既聰明又能幹，但王權已危險地被削弱了。耶路撒冷在十字軍國家中的優勢逐漸消失，富爾克在位的最後幾年裡，王國毫無疑問已名存實亡，如今讓一個女人和未成年的孩子掌權，恐怕根本沒有什麼機會會讓那些北方的領主們聽命於統治。

在遠方的阿勒坡，贊吉正等著利用這樣的時機，他一直保持消息靈通，留意著十字軍國家內的分裂情況，很清楚知道十字軍從未如此脆弱過。於是他頒布了一項正式的聖戰號召，埃米爾們都被迫要貢獻男丁，而這支大軍也開始向東北挺進。

贊吉的目標挑選得很好，十字軍國家之中最脆弱的一直是埃德薩，因為這個位於基督徒治下的最東邊前哨，三面遭受穆斯林敵國包圍。對於贊吉前景更好的是，埃德薩領主喬治林二世（Joscelin II）是個虛榮又固執任性的人，不久前才跟他唯一的基督徒鄰居安條克大公普瓦捷的雷蒙發生了一場激烈的爭執。由於安條克顯然是兩國中較強的一個，於是雷蒙就強迫喬治林承認自己是他的附庸。喬治林二世一直不能原諒這番侮辱，於是這兩人後續就竭盡所能地搞砸對方的事情。安條克需要一位牧首時，喬治林就一定去支持對手人選；當雷蒙要進軍去打一位埃米爾而命他的附庸同行時，喬治林反而去跟那位埃米爾達成休戰協議。

結果證明這筆結盟是災難性的。一一四四年秋末，喬治林帶著大部分部隊離開埃德薩去支持他的穆斯林新盟友，還沒走多遠，一名氣喘吁吁的信差就趕了來，通知他說有一支龐大的伊斯蘭軍隊已兵臨城下。贊吉挑了絕佳時刻入侵。

喬治林沒有冒著讓軍隊被殲滅的風險，而是指示大主教守住埃德薩，他則慌忙派人去安條克求救。但難以置信的是，雷蒙竟然拒絕出手幫忙。雷蒙心想幹麼要幫忙一個從來連做做樣子表示敬意都不肯的附庸呢？就他所知，他的這位盟友只不過在搶著要收割他播種的成果而已。這樣的心懷芥蒂決定了埃德薩的命運。喬治林接著去向身在耶路撒冷的女王梅利桑德求救，但她遠水救不了近火。等到援軍終於出發時，埃德薩的防禦力量已經削弱下來。

大主教盡力加強了駐軍，但防守城牆的士兵實在人手太少又經驗不足，無法久撐。就在贊吉的石弩重擊城牆之際，他的工兵也在城牆腳下挖掘隧道。不知怎麼的，大主教卻設法撐了一個月，但在聖誕夜有段城牆卻垮了，於是穆斯林軍隊一擁而入。

至此已無人心存抵抗，只想逃命。堵塞的街道成了死亡陷阱，因為數千人在推擠中遭踐踏或窒息而死。還有數千人被贊吉部隊砍殺而死，他們在整座城裡分頭散開，砍倒每個逃得不夠快的人。第一批遇害者之中有位就是大主教，他竭力想恢復秩序卻徒勞無功。最後，贊吉喊停而終止了殺戮。還在呻吟的傷者就地處決，所有倖存的城民則趕到一處。埃德薩，這第一個建立的十字軍國家，已經是他的了。

事後看來，贊吉取得成功一點也不意外。他在指揮上遠比他的敵人足智多謀又經驗豐富，而且是位更優秀的將軍。另一方面看來，十字軍既愚蠢又分裂，而且積弱不振。贊吉算好了攻擊時機以便造成最大的破壞。埃德薩其實宛如未設防，領主跟鄰國關係惡劣，而耶路撒冷又握在一個小孩跟他的母親手中。唯一令人意外的是，埃德薩竟然設法撐了四個星期。

對於埃德薩的陷落，歡喜的人也有，不相信的人也有。對於穆斯林而言，這簡直就是場奇蹟的勝利。曾經籠罩十字軍的無敵光環早就褪去，但十字軍存在於中東，總還是留有一種無敵之感。不過現在贊吉已經拆穿了這則謊言。「海外之地」根本就不是永久長存之地。在法蘭克鄰居圍繞中成長的穆斯林一代，如今可以夢想這樣的時代，在這時代中，每位法蘭克人都會被趕進大海裡。

而對於基督徒而言，埃德薩的淪陷是個意想不到的大災難，其規模難明。就連雷蒙也意識到自己的行徑闖了多大的禍。不管安條克的大公們跟埃德薩伯爵有怎樣的爭執，埃德薩的存在就意味著當安條克面對伊斯蘭軍隊的襲擊和入侵時，還有個緩衝的後盾。如今連這個也沒有了，安條克就暴露在無情的進攻中。

十字軍國家的命運此時握在贊吉的手中，他也令人心驚膽跳地清楚表明他的意圖，他對待埃德薩的方式是對每位十字軍所發出的信號。災難過後幾天裡，剩下的百姓都被這位新征服者趕到一處，本地人准許離去，但「法蘭克人」留下來。男人以及男丁都被迫跪下，殘忍處決掉，婦孺則被賣為奴隸。在贊吉的世界裡不容西方人有一席之地。

萬一有人沒摸清贊吉的偉大勝利意涵，贊吉還將以前的「總督」頭銜換上了「國王」和「征服者」。聖戰的呼聲已響起，到了該把基督教王國從地圖上抹去的時候了。

第十章　克萊沃爾之火

看哪！弟兄們……現在就是得救的日子。

——克萊沃爾的聖伯納德[1]

一一四五年頭幾個月裡，從聖地回來的朝聖者帶來了令人不安、關於海外之地的死亡與毀滅傳言。消息如此令人震驚——基督徒在街上遭殺戮，主婦被拖走送去做奴

1 作者注：出自Letter of St. Bernard of Clairvaux (A.D. 1146) preaching the Second Crusade. Trans. James Harvey Robinson, Readings in European History, vol. 1 (Boston, 1904), pp. 330-32。

隸，整個海外之地覆滅——以致百姓都不願意相信。不過到了仲夏，零星出現的難民已變成了洶湧的難民潮，證實了最壞的疑慮的確是真的。但即使是最鐵石心腸的觀察者，多年來也已習慣東方傳來的惡化消息，也不得不承認這場危機。

顯然需要另一場新的十字軍東征，但教宗尤金三世（Eugenius III）卻根本不是個能撼動世界的人。他是個虔敬、溫文的義大利人，坐上聖彼得的寶座才幾個月而已，他之所以會被選上，是因為沒有更夠資格的人願意擔當此任。羅馬又陷入了周期性的政治混亂中，而這位和善的教宗根本就壓不住。他第一次以教宗身分出城就是一場災難，他的護衛隊才剛從視野中消失，城門就全都鎖上了。在眾人一陣懷舊中，宣布恢復羅馬共和國，成立了元老院，完成共和國憲法，還選出一位元老擔任臨時領袖。尤金三世這時就流離失所了，淪落到在歐洲各宮廷之間周遊，尋求支持，以便驅走羅馬的新主人們。他根本就不是能夠團結基督教世界的領導人。

然而尤金三世仍知其不可而為之，還是在一一四五年十二月頒布了十字軍教令[2]，呼籲發起新的十字軍東征，但反應卻如石沉大海。雖然歐洲這一代人是聽著第一次十字軍東征英雄偉大故事長大的，但卻似乎對於加入新的十字軍東征興趣不大。三個月後，尤金三世又再度嘗試，重新頒布教令，但這次很小心制定規則，希望能勸誘貴族加入。他規定債權人禁止向任何為了參加十字軍而貸款的人收取利息，而債務也暫緩執行。

教宗自己流亡於法蘭西，這點可能有損他的道德權威。要是上帝拿走了對這位教宗的恩寵，那又何必聽他的話呢？又另一個讓人不想參加的原因，連同埃德薩陷落的消息一起傳到歐洲。[3]據傳東方有位了不起的基督徒國王「祭司王約翰」（Prester John）成功展開了對伊斯蘭的反攻。祭司王已經征服了古老的波斯首都，現在正西向朝著耶路撒冷挺進。雖然祭司王是聶斯脫里教徒（Nestorian，基督教分裂出來的一派）[4]，但他一定會前來解救十字軍國家。

總而言之，看來是沒有什麼大人物準備報名參加十字軍。神聖羅馬帝國君主康拉

2 作者注：教令名稱為Quantum praedecessores，用的是拉丁文做為開首，意指：「曾有多少先人（為東方教會而努力……）。」

3 作者注：耶路撒冷女王梅利桑德派出主教「賈巴拉的于格」（Hugh of Jabala）把埃德薩陷落的消息帶去給教宗，他加油添醋編出「祭司王約翰」的故事來緩和這場災難，這是中世紀流傳最久的「祭司王約翰」傳說，首次在記載中出現。

4 編按：在中國稱為景教。

德三世斷然回絕邀請，而法蘭西虔誠的路易七世（Louis VII）則頗心動，但卻受到深具影響力的幕僚，聖德尼大修道院院長蘇哲（Suger）強烈反對。[5]

對於教宗來說，幸虧歐洲還有這樣一位人物，德高望重，非常有個性，使得十字軍東征沒有落空。克萊沃爾的聖伯納德（Bernard of Clairvaux）即使還是個年輕人時，就已經表現出非凡的個人魅力。他生於特權階級中的法蘭西貴族之家，受過一流教育，並贏得老師與同學的一致好評。二十三歲時，他決定要將此生奉獻給教會，而且深具說服力，以致三十名親友都被說動而跟著他加入了熙篤會（Cistercians）的修道院。他的崛起快如流星，才不過兩年就已經升任為克萊沃爾大修道院的院長，沒多久，政教兩界的要人就都很重視他說的話。

在他熱忱又毫不妥協的領導下，熙篤會成了西歐最得人心的修道院修會，聖伯納德本人也主宰了歐洲大陸的事務，他幾乎一手結束一場教會分裂，而他公開支持聖殿騎士團也使得後者贏得正式承認，成為修道院修會。為表敬意，教宗尤金三世甚至取名「伯納多」（Bernardo）以尊崇他。

但教宗對聖伯納德的敬意卻不是互相的。聖伯納德認為尤金無可救藥的頭腦簡單辦不了什麼事，雖然尤金是基督教會的正式領導人，但聖伯納德大多數時候都不把他當作一回事。雖說如此，聖伯納德和教宗都很關心東方，因此當尤金懇求他幫忙鼓吹支持十字軍東征時，他馬上就同意了。

地點選在位處法蘭西中部宜人山頂的弗澤萊（Vézelay），那裡有座堂皇的大修道院，可以接待大批群眾。然而消息一傳開說是聖伯納德會來講道，很快就讓準備工作不足以應付現場狀況。大批訪客湧到大修道院，渴望聽到這位偉人講話。其中最令人矚目的是法蘭西國王路易七世，他一直都未曾真的被勸服放棄加入十字軍，而且他還跟聖伯納德聯名發出邀請，希望能說服手下貴族加入他的行列。

任何年紀老到還記得第一次十字軍東征的人，若依稀有似曾相識感覺的話，都情有可原。就像一〇九五年時一樣，人太多了，當地主教座堂容納不下，於是決定在附近原野上搭台，讓聖伯納德上台講道。一一四六年三月三十一日，克萊沃爾的聖伯納德在大講道台中央坐在了國王路易身旁，此刻的象徵性對大家都顯而易見，這是教會與國家為神聖大業而聯手，群眾為之噤聲，克萊沃爾的聖伯納德沒有讓人失望。

---

5 作者注：院長蘇哲被視為哥德式建築的首創者，後來此種建築盛行於中世紀，他的主要貢獻聖德尼教堂於一一四四年落成，同一年裡埃德薩淪陷。

一如在克萊芒時一樣，當時的演講並未具體記載下來，然而，產生的效果卻滿懷敬畏地被記錄下來。群眾入迷地傾聽著，當聖伯納德發出呼籲要求大家加入十字軍時，回應呼聲震耳欲聾，怒吼著：「上帝所願！」這是克萊芒呼聲的回響。路易偕其美麗的妻子「阿基坦的埃莉諾」（Eleanor of Aquitaine）在台上跪了下來，兩人都發了加入十字軍的誓言。男人開始大喊著要布條以便在外衣縫上十字，並一擁上前去取得。眾僧侶為此目的原本準備了大量的布料很快就發完了，於是聖伯納德就扯下自己的外衣撕成布條以提供材料。

鄉間的反應更加熱烈。聖伯納德在法蘭西中部展開了巡迴講道，並授權給很多副手讓他們更進一步去散播。他的訊息與烏爾班所鼓吹的有點不同；第一次十字軍東征「解救耶路撒冷」的動機已不再管用，因為耶路撒冷仍然在基督徒手中，因此聖伯納德要聽眾所負起的重任是去拯救聖地本身。加入十字軍可獲救贖，是個為天主效力而得以赦罪的機會。套句聖伯納德令人難忘的話，這是「不朽的徽章」，唯有如今特殊的一代才有幸能抓住。這次十字軍東征不僅是武裝的朝聖之旅而已，而是名正言順透過刀劍的皈依。

法蘭西的聽眾完全被說服了。聖伯納德在弗澤萊演講過後幾天，寫信向尤金三世回報他的成功，既沾沾自喜又誇大其詞地說：「您下令，我照辦。」他吹噓著：「我說了話，結果十字軍人數馬上增加到無限多，鄉村和城鎮現在都人去樓空……。」

儘管聖伯納德聲勢高漲，但他卻敏銳察覺到此時攸關他的聲譽。他已經帶動了第二次十字軍東征，因此他的責任是要確保這事不會淪為一場鬧劇。他的首要顧慮是，當年十字軍對猶太人的暴行不會重演。

他稱猶太人為「活著的聖經話語」，因為在他們的流離失所之中，他們提醒了基督徒，基督所受的苦難，他並小心強調不可迫害他們。「在基督徒諸侯之下，他們忍受了一場艱難的俘虜。」他說，由此看來就跟基督徒差不多，他們也是在等待著解救。

神聖羅馬帝國

然而迫害卻又再度爆發。一名熙篤會僧侶拉篤弗（Radulf）很快就越境到神聖羅馬帝國去，開始佈道來針對猶太人。此舉有好幾個理由令人不安。教宗尤金三世曾特別禁止在神聖羅馬帝國鼓吹十字軍，因為他需要神聖羅馬帝國皇帝協助他奪回羅馬。憤怒的聖伯納德接二連三去函萊茵蘭命他們停止攻擊猶太人，但這回卻沒人理他。直到聖伯納德親自現身神聖羅馬帝國，公開嚴懲拉篤弗後，這才恢復了秩序。

這位充滿個人魅力的大修道院院長在神聖羅馬帝國亮相，不但制止了對猶太人的迫害，也肯定讓十字軍狂熱橫掃了整個帝國。聖伯納德很清楚教宗不想要在帝國鼓吹十字軍東征，但他卻不打算讓自己的努力就此作罷。如今日耳曼人也回應了這項呼籲，他就要看著此舉正確無誤地完成。

要用法語去說服為數頗眾的日耳曼人，要他們參加一場漫長又險惡的聖地進軍，就如同要在逆境中求勝。任何希望擴張基督教世界的帝國子民，都需要把眼界轉向帝國東邊疆界，那裡有大批異教徒部落等著皈依基督教。這份工作已進行了將近一個世紀，大部分日耳曼人領袖都視此遠比遙遠的伊斯蘭威脅更要緊。儘管有這些重重障礙，而且還需要有一名口譯隨行，但聖伯納德還是一如以往成功做到了。

康拉德三世卻並不樂見這個消息。由於他還需要在羅馬讓教宗加冕，因此嚴格來說，他還只算是日耳曼的國王而已，這事態既有點令人尷尬又在政治上頗具危險，有損他在帝國之內的信譽。康拉德的補救措施是允諾尤金三世收回聖城，交給教宗，用來換取加冕。現在他需要做的最後一件事就是藉由談論一場十字軍東征，轉移他手下諸侯的注意力。

他的第一直覺就是不理會聖伯納德，一一四六年秋天，這位個性如火的神職人員要求跟國王會談時，康拉德反對，說時機不大對。但聖伯納德可不是那麼輕易可打發掉的人。日耳曼的神職人員懇求聖伯納德繼續努力，於是康拉德很不情願地同意在聖誕節接待他。

這位國王完全沒有勝算機會。聖伯納德使盡渾身解數發揮口才，使得許多覲見者都熱淚盈眶。最後他詳細列舉出國王的許多福氣而結束了講道：擁有一個繁榮大國、美麗的妻子、財富與豪華享受。還有，他以熾烈目光盯著康拉德當頭棒喝問他，你需要基督給了你大量福氣才肯為祂做事嗎？聽到這裡，可憐的康拉德崩潰了，抽泣哽咽中只能勉強說出：「我已準備好為祂效力。」

一一四七年的年初，聖伯納德回到克萊沃爾時，很有理由為自己的工作感到滿意。全多虧了他，因此有了兩支龐大的，由國王率領的軍隊，承諾要進軍去捍衛聖地。如果只有貴族諸侯率領的第一次十字軍東征都成功了，那麼聖伯納德的此番努力又會更加有哪些成就呢？

然而一些潛在的麻煩跡象也漸漸出現。就在一群日耳曼貴族向尤金三世請願，要去討伐帝國東方的異教徒來實現他們的誓言時，教宗在同一時間也認可了一支征討北方文德人（Wends）的十字軍。他接著批准了西班牙人得以在西方繼續對抗伊斯蘭勢力。如今第二次十字軍兵分三路，就大有實力分散的風險。

不過在一一四七年初，這些顧慮都還遠得很，而且很容易就可排除掉。大部分投入的部隊都是要前往敘利亞收復埃德薩，訓練精良、領導有方，而且不像他們之前的十字軍，這次他們有地利之便，行軍所到之地都已建立有城堡以及友善勢力，可以得到協助。要是主的恩典與十字軍同在（對於這點，聖伯納德完全有信心），他們就難以失敗。

第十一章 國王十字軍

樹木不是因為樹葉或甚至花朵而為人所認識，而是因為結出的果實。

——阿基坦的埃莉諾

對於那些有眼可見的人，一一四七年春末簡直處處可見神助的跡象。第一批出發的十字軍是來自法蘭西、英格蘭和低地國的歐洲人，他們選擇了沿著法蘭西北部海岸向西航行，但是卻被一場風暴吹到了葡萄牙境內。他們在那裡接待了國王阿方索一世的特使，阿方索迫切想請他們幫忙包圍被穆斯林控制的里斯本。三個月的圍堵過程並未特別艱難，等到終於攻破城牆，掠奪到的戰利品數量非常龐大。大部分出發者都恭喜自己實現了加入十字軍的誓言，並跟阿方索一世一起獲得獲利豐厚的戰果。而那些繼續前往巴勒斯坦的十字軍也滿載財寶而去。不像第一次十字軍一開始就慘敗，第二次十字軍的起頭卻是個吉兆

就連東方的情況也似乎好轉了。就在克萊沃爾的聖伯納德鞭策康拉德三世加入十字軍之際，贊吉的遼闊王國也正在解體中。一一四六年九月十四日，贊吉酒後當著眾人的面辱罵他一名奴隸。當晚，那名惱羞成怒的奴隸偷溜進贊吉的帳篷刺死了他。在隨之而來的混亂中，王國就在贊吉兒子間的爭權惡鬥中分崩離析了。

日耳曼人的軍隊在五月初從巴伐利亞東南部的雷根斯堡（Regensburg）出發時，心情簡直就像過節似的，該城在春花盛放中一片繽紛燦爛，幾乎所有百姓都出來歡送他們。康拉德騎在一匹駿馬上看來更是威風凜凜，隨侍在側的是他那魁梧的紅髮姪兒，未來的皇帝腓特烈一世·巴巴羅薩（Frederick I Barbarossa）。兩人都沒打算要部隊收斂一下激情，他們在通過拜占庭境內時相當喧鬧。[1]他們在九月抵達君士坦丁堡，康拉德在那裡立刻跟拜占庭皇帝曼努埃爾一世·科穆寧（Manuel I Comnenus）見了面。

曼努埃爾最不想做的就是招待一支十字軍。第一次十字軍東征只讓他祖父阿歷克

塞頭痛不已，而在這兩次十字軍之間的歲月裡，拜占庭與西方的關係已相當惡化。事實上，曼努埃爾在位的頭四年中，都在做補救工夫。除了長年累月來自伊斯蘭的壓力之外，帝國最大的威脅是來自西西里，不久前博希蒙德的堂弟羅傑二世（Roger II）已加冕為王。曼努埃爾很小心地建立起廣泛的反西西里聯盟，但是克萊沃爾的聖伯納德卻出現了，憑著嘴上的工夫號召了十字軍，搞砸了曼努埃爾的計畫。如今曼努埃爾非但不能眼看著西西里王國完蛋，反而還要招待他原本希望募集來對付西西里的軍隊，送他們去打穆斯林。

十字軍是很惡劣的客人。康拉德的士兵慣常襲擊拜占庭城民，搶劫商店，而且還有闖入民居的壞毛病，看到什麼就自己動手拿。而康拉德自己也是不動聲色，沒有道歉，而且還以紆尊降貴的態度一再收下曼努埃爾的禮物。

非常懂得拿捏分寸的皇帝放下了身段，不去理會這些侮辱。他仍然抱有再創反西西里聯盟的期望，而且需要以這位日耳曼人君王為中心。然而，不管這位皇帝如何甜

1 作者注：日耳曼人的行為表現太差，以致帝國境內的城鎮都採取了預防措施，把城門鎖上，只用籃子將食物垂下城牆發放給他們。

言蜜語，顯然康拉德只想繼續跟十字軍前進。皇帝最後又送了幾次禮之後，就送這些日耳曼人渡海前去小亞細亞了。

康拉德曉得法蘭西國王路易七世正在途中，但此時他已經身在小亞細亞，他可不打算坐等法蘭西人出現。康拉德馬上就出發前往安條克，走的是將近五十年前第一次十字軍東征時的同樣路線，他希望這是個好的徵兆。但如今已不是一〇九九年，在這中間隔著的歲月裡，土耳其人跟西方騎士有了豐富的作戰經驗，而前者一直是很上心的學生。康拉德的軍隊才經過尼西亞幾天後，土耳其人就發動了攻擊。土耳其人的輕裝步兵投射武器的速度比較快，笨重的騎士來不及回應，且弓騎兵也箭如雨下地攻擊著十字軍行伍。陷入混亂的十字軍騎兵試著形成一條陣線向外衝鋒，但卻敗在毀滅性的火攻之下。

幾個小時內一切就結束了。那天開始時，康拉德率領了兩萬名手下，結果生還的不到十分之一。康拉德悄然潛行回到位於土耳其西北部的尼西亞，其餘殘兵就在那裡跟他會合。拜占庭軍隊在那收留了頗為難堪的康拉德，等待法蘭西人的會師。這場災難就發生在四十八年前，第一次十字軍東征大勝基利傑·阿爾斯蘭的同一地點，更為如今的慘敗增添了羞辱。

法蘭西人到來

至少這次並沒有等太久。路易七世在日耳曼人出發後一個月就離開了法蘭西。他在君士坦丁堡獲得的接待並未如他應得的這麼冷淡。法蘭西軍營中有許多人公然懷疑究竟是土耳其人還是拜占庭人，對基督教世界的威脅更大，更有許多人敦促法王要為了所有基督徒的利益去征服君士坦丁堡。

雖然路易推辭了，但他居然還跟人討論了這事，這舉動很難博得曼努埃爾的好感。但儘管如此，曼努埃爾還是待之如上賓，拜占庭帝國所能提供的一切奢華都任由這位法蘭西君主享用。這回魅力攻勢發揮了效果。

在雙方互動之下，關係漸漸轉好。法蘭西貴族的表現比日耳曼貴族要來得好，拜占庭人則不斷被國王隨行的女伴逗得很開心。許多貴族都攜眷前來，這些眷屬帶來了大批侍女、吟遊詩人，以及綿延無盡的行李搬運車輛行列。行李包括有衣服、化妝品，預備用於行軍的平時、戰時或天氣變化時。不過，最令人賞心悅目的則是阿基坦的埃莉諾。

埃莉諾是安條克大公，普瓦捷的雷蒙的姪女，雷蒙就是那位導致埃德薩淪陷的頑固豬頭。埃莉諾很有文化素養、聰明、富有得令人難以置信。[2]由於她是阿基坦公爵的唯一繼承人，因此在大眾關注中長大。十五歲時已被視為歐洲條件最好的單身女郎；十七歲時成為法蘭西王后。她現年二十五歲，魅力無法擋，多才多藝，而且對她那位沉悶嚴厲又虔誠的丈夫厭煩透頂。

埃莉諾滿心不情願地離開了君士坦丁堡，她一直不開心於捨棄巴黎的舒適，而換得眼前長征的艱辛，但君士坦丁堡對她來說卻像是沙漠中的文化綠洲。離開了君士坦丁堡，眼前可以期待的只有荒涼大地中的長途跋涉了。她的躊躇可說是先見之明。

法蘭西軍隊在尼西亞跟康拉德會合，康拉德很明智地建議他們沿著海岸前進，以便盡可能待在拜占庭的境內。愛琴海和地中海的海岸很美，沿著海岸行軍所幸都平安無事。但當他們來到以弗所時，麻煩就找上門了。康拉德病倒了，嚴重到要返回君士坦丁堡，而且雖然他們在帝國境內，卻不斷遭受土耳其人攻擊。如今補給也成為問題，難以取得；當十字軍抵達一座城市時，卻發現前一天土耳其人已搶光所有的糧食。

除了來自穆斯林的伏擊與騷擾之外，法蘭西人也受夠了他們的拜占庭盟友。曼努埃爾很聰明地命令他的部隊保護拜占庭的人民，但隨著糧食來源減少，十字軍與當地人的衝突也愈來愈頻繁，十字軍花在對抗基督徒的時間比對抗信仰上的敵人還要多。

更令人憂慮的是皇帝與伊斯蘭敵人的關係。曼努埃爾早就算準了十字軍即使成功，大概也不會把任何攻占的城市交還給帝國。從另一方面而言，他和穆斯林鄰國的關係卻正合他意。塞爾柱土耳其人既衰弱又分裂，加上十字軍壓境，很容易就可說服他們同意條件寬鬆的條約。

而對於十字軍來說，這是很卑鄙的背信棄義，印證了他們以小人之心猜忌拜占庭人是對的。在君士坦丁堡的談笑風生只不過是面具而已，用來遮掩面具下的墮落。大家罵曼努埃爾是一條口蜜腹劍的蛇，別有企圖要削弱十字軍。

這讓路易七世再也忍無可忍了。沿著海岸漫長又艱辛的行軍完全不是他預想的偉大行軍，於是到了下一個港口時，他就宣布接下來要改搭船前往安條克。唯船隻數量不足以運載整批軍隊，但這只是小事。他下令神職人員登上就近可用的船隻後，就帶著隨行廷臣跟著前往。路易只留給軍隊少量的糧食，一些用來在路上添購補給的錢，指示他們行軍到安條克去。從此路易就再也沒有看到這支軍隊，因為船隻才剛消失在水平線，土耳其人就橫掃了倒楣的十字軍，殺光了所有人。

2 作者注：她嫁妝包括的土地，範圍大得跟法蘭西國王的不相上下。

這場災難消息對於海外之地是個很苦澀的打擊。自從西方騎士們出發以來的那幾個月裡，贊吉的小兒子努爾丁（Nūr al-Dīn）在內戰中打贏了他的哥哥們，重建他父親絕大部分的疆域。他很快就證明自己比贊吉更凶猛。當埃德薩的喬治林輕舉妄動短暫收復其首都後，努爾丁就殺光了埃德薩的所有百姓，或發配為奴、流放邊境，這個號稱全世界最古老的基督教王國從此再也沒有復國。[3]

安條克的雷蒙

沒有人比安條克的雷蒙[4]更擔憂的了。雖然他並不同情埃德薩的喬治林，但卻清楚意識到現在自己所處的險境。一個新的可怕敵人已經出現，海外之地已經衰弱，大家都寄望於正在前來的大批基督徒軍隊。當眾人望見十字軍船隻接近港口時，安條克的城民都湧到港口去，希望看一眼他們的救命恩人。然而迎面見到的景象卻是個滿臉煩惱的路易七世，帶著他隨行廷臣以及少許殘兵下船。

不管安條克的雷蒙對法蘭西國王和他姪女的抵達有多失望，他都不動聲色，小心遮掩。路易仍有五、六位訓練精良的騎士和全部的財寶。雷蒙知道有錢向來能使鬼推磨，軍隊仍有辦法重建。路易和埃莉諾在安條克受到歡迎，雷蒙大公也很瀟灑地拒談公事，等他們消除了旅途的疲勞之後再說。法王跟王后度過了很愉快的幾天，在安條克附近山上騎馬，盡可能忘掉不久前驚心動魄的經歷。等到恰當的時機已過，雷蒙這才若無其事地提起對附近的阿勒坡發動攻勢的想法。

儘管雷蒙盡了最大努力，但十字軍在安條克的停留就像十字軍本身一樣，開始時總充滿好兆頭，但很快就會變成鬧劇。主要問題在於法王和王后之間的關係惡化，他們只有在公開場合才會盡最大努力保持應有風度，但卻毫不掩飾夫妻倆的冷漠。加上雷蒙大公帥氣出眾，更加幫倒忙，因為埃莉諾顯然寧願陪伴雷蒙，也不願跟他那位嚴厲沉悶的丈夫在一起。沒多久流言就四起，說埃莉諾跟他叔叔有異常的關係。

讓路易更加頭痛的是，大家都需要他的照料。雷蒙在建議路易進攻阿勒坡一事

3 作者注：另一個跟埃德薩競爭最早頭銜的是衣索比亞，衣索比亞在西元三三〇年就正式信奉基督教。根據傳說，埃德薩的阿布加爾五世（Abgar V）曾跟基督有過信件往來，四世紀的史學家優西比烏（Eusebius）保存了這些信函。現代學術界認為，埃德薩在二世紀末，阿布加爾九世（Abgar IX）治下皈依基督教。

4 編按：即安條克大公普瓦捷的雷蒙。

上，愈來愈大膽，甚至出動埃莉諾出面幫他說項的地步。埃德薩的喬治林也在安條克，力促他進軍收復淪陷的埃德薩。此外耶路撒冷的牧首也不斷懇求路易趕往巴勒斯坦去鞏固耶路撒冷的安全。

路易最聰明的做法應該是跟雷蒙聯手出擊努爾丁，但最終路易對他妻子的叔叔的厭惡，戰勝了他的理智，於是他聲稱他曾立誓要在開始十字軍任務前，先去耶路撒冷一趟，隨即宣布將啟程。埃莉諾聞訊後大怒，因為她曾公開力挺雷蒙進攻阿勒坡的計畫，而且她也不習慣被無視。要是路易不改變心意進攻阿勒坡的話，她就要跟路易離婚，理由是他們倆的親戚關係太接近了。

這可不是個等閒的威脅。中世紀歐洲的皇室婚姻只能考慮門當戶對，但幾個世紀下來，幾乎所有人都會跟他們的配偶多少沾親帶故。官方教會法規禁止七等親之內的人結婚，但出於政治利益需要，往往就睜隻眼、閉隻眼，直到新的政治現實讓揭發這種親戚關係變成一種方便為止。由於路易和埃莉諾屬於隔代的三等親，而且是屬於禁止通婚的範圍內，離婚就會對路易造成相當的尷尬，更別提還會失去阿基坦的大片領土。[5]

這最後通牒成了最後的侮辱。結婚之初，路易曾瘋狂愛上他這位小新娘，縱容她所有的異想天開，花費了大量金錢修繕巴黎的王宮，好讓她住得更舒服，滿足她每一個很世俗的衝動，並為他們的寢宮配備最新的奢侈品，就算那些東西很讓他大惑不解。但埃莉諾還是不快樂，不時以亂發脾氣、無理取鬧來回報他的努力，公然損傷他的權威。真是夠了，於是路易把埃莉諾軟禁起來，在違反她的意願下拉著她前往耶路撒冷。

當他們抵達聖城並發現康拉德三世正在等候他們時，這種彆扭並未能改善。康拉德在皇帝曼努埃爾親自照料下已恢復健康，他們之間也滋長出溫暖的友誼。但看在法蘭西人眼裡，康拉德不是天真就是傻子，因為路易的軍隊之所以被殲滅，大部分都要怪拜占庭人。但康拉德的兢兢業業卻是不容爭議的，他在耶路撒冷的幾星期裡，已召集了一支傭傭軍，加上路易的部隊和剛從普羅旺斯來的新一波散兵，組成了耶路撒冷前所未有最龐大的基督徒軍隊。

現在的問題是要如何處置這龐大的兵力。儘管當初十字軍有其成立的表面理由，但收復埃德薩其實並不在考慮中，防守安條克也同樣不在考慮中。此外，路易在他的

5 作者注：埃莉諾的嫁妝是阿基坦公國，位於法蘭西西南部很大片的領土。

妻子傳出與叔叔亂倫的風言風語中，公然將妻子帶出安條克，他自然不會考慮雷蒙的計畫。[6]在雷蒙這頭，既然路易拒絕協助他，以基督徒一貫的不團結表現，雷蒙也當然耍脾氣撒手不管十字軍了。

進軍大馬士革

經過深思熟慮後，眾人決定攻打大馬士革。雖然耶路撒冷當前仍跟大馬士革簽有條約，但很容易克服反對意見。對於剛從歐洲抵達這裡的十字軍來說，這根本不用考慮，因為跟穆斯林簽任何條約顯然都是空洞無效的。此外誠如國王鮑德溫三世向騎士們指出的，大馬士革的埃米爾前不久才把女兒嫁給了努爾丁，看來假以時日大馬士革就會背叛十字軍。先下手為強是謹慎的舉動。

這不僅是個錯得離譜的戰略，而且也愚蠢到家。因為大馬士革是唯一熱切想跟基督徒保持良好關係的穆斯林勢力，大馬士革跟阿勒坡的這樁婚姻並非是雙方關係增進的表示，而是剛好相反。大馬士革的埃米爾跟十字軍不同，他認清了努爾丁對他的安全構成重大威脅，把女兒嫁給努爾丁是孤注一擲，希望兩邊討好保住他的獨立地位。

但當十字軍對他發動攻擊時，這就意味著他們將面臨穆斯林的統一陣線，而且是由威力無窮的努爾丁率領。

一一四八年七月二十四日，大馬士革埃米爾一早醒來，見到十字軍已經在他家門口紮了營，十分錯愕。法蘭西和日耳曼軍隊都在安納托利亞被摧毀的報告已經傳到他那，雖然有謠言說耶路撒冷出現了一支新的軍隊，但他絕未料到這支軍隊會攻打自家的盟友。就在他七手八腳召集自己的軍隊時，也派出信差去向努爾丁求救。

與此同時，十字軍則在找大量木材來搭建軍營。大馬士革環繞在花園與果園中，這些園子提供了作戰器械所需的材料。但是到了第一天結束時，卻似乎連攻城工具也不需要了。康拉德三世逞一己之勇，衝散了大馬士革的軍隊，硬是衝到了城牆下。大馬士革的城民驚慌失措，開始堵住街道，做最壞的打算。

再來一次最後衝刺就可以擊垮士氣低落的防禦者，但他們卻決定延到隔天才進攻。當晚，穆斯林援軍湧入大馬士革，堅定了駐軍的決心。更糟糕的是，十字軍到了早上才意識到原來果園裡到處都是伊斯蘭的游擊戰士。面對不斷增加的傷亡，兩位國

6 編按：指攻擊阿勒坡。

王撤退到附近的平原上，在那裡他們可以重振旗鼓。

十字軍採取的每一個步驟都讓他們的處境更加惡化。在前往附近的平原前，他們忘了先派探子查看，結果發現那裡沒有水源時已經太遲了。這個錯誤實在是太離譜，造成好些騎士們都不肯相信這是無心的過失，於是謠言傳出兩位國王都被穆斯林收買了。然而，這兩位國王非但沒有挽救危局，反而開始爭論起等到攻占大馬士革之後，要怎麼處置這座城市，最終是因為口渴才讓他們吵不下去。七月二十八日，他們抵達大馬士革才不過四天，大家就已經都很清楚自身處境已毫無希望。

大馬士革埃米爾很清楚十字軍的困境，於是就以大手筆賄賂鼓勵他們撤退，還暗示說要是他們離去的話，他就會撤銷跟努爾丁的聯盟。但後來發現賄賂的錢是偽造的，埃米爾還馬上派出弓騎兵趁他們拔營時去騷擾他們，更加深了十字軍的羞辱。

這整場慘敗就是行事愚蠢到家的結果。十字軍國家所組成空前龐大的軍隊未能贏得一場勝利，而且還疏遠了十字軍唯一的穆斯林盟友，甚至無可限量地壯大了他們最大的敵人努爾丁。要是這批十字軍從未離開歐洲，這裡的情況還會好得多。

同樣的話也可以用來描述第二次十字軍東征的領袖們。這場引人矚目的大失敗讓他們名譽掃地。康拉德三世馬上就離開耶路撒冷前往君士坦丁堡，他可以在那舒適的環境裡舔舐自己的傷口。康拉德繼續與皇帝維持著很好的交情，而且這兩人還開始策劃起對抗義大利南部諾曼人的大攻勢。

另一方面，路易七世卻逡巡不去，在東方又多待了十個月。部分原因是不願意承認失敗，但有部分也是因為他真心關注基督徒的耶路撒冷福祉，並很肯定自己一定有些什麼還可以效勞的地方。還有一個原因他沒說破，那就是他的婚姻狀況已糟糕透頂。自從離開安條克之後，埃莉諾就由衛兵看守，夫婦倆已經互不講話，路易對他妻子的行徑的怒火早已雲淡風輕，取而代之的是漸漸恍然大悟，知道回到法蘭西之後，還有許許多多的屈辱正等著他。除了十字軍這場慘敗以及因此造成的財政與兵力的壓力之外，他還會嘗到失去阿基坦的苦頭、公開解除婚姻的丟臉，並要為另覓新配偶而頭痛。但只要他能改變埃莉諾心意的話，這一切就可避免了。然而到了一一四九年，關注這件事的每個人都清楚看出埃莉諾是寧死不屈的了。[7]路易七世做好最壞的打算之後，就上船回法蘭西去了。

---

7 作者注：這樁婚姻最後於一一五二年廢除，那時埃莉諾早已跟安茹的亨利（Henry of Anjou）有了姦情，後者是未來的英格蘭國王亨利二世。

路易雖然因為老婆的問題而感到挫折（他完全忽略自己在這場慘敗中所扮演的角色，因此他的憤怒也就可想而知），但埃莉諾卻非他發脾氣的主要對象。在他心目中，把他害得這麼慘的罪魁禍首是拜占庭皇帝。曼努埃爾已經聲稱是十字軍的盟友，但卻不斷阻撓十字軍前進，同時又很不講義氣地去跟敵人交好。最糟糕的是，路易還認定曼努埃爾背信棄義，通風報信給穆斯林，讓他們知道十字軍的行軍路線，所以要對法蘭西軍隊遭殺戮負起直接責任。路易認為，基督教世界的真正敵人正坐在君士坦丁堡的皇位上。

路易一回到法蘭西，就和義大利的諾曼人聯手攻打拜占庭。諷刺的是，這正好是康拉德與皇帝曼努埃爾結盟後幾個月的事。要不是教宗尤金三世無意引起基督徒內戰，康拉德與路易這兩位前盟友兼信仰擁護者，就會彼此打起來了。這堪稱第二次十字軍徹底成事不足、敗事有餘的最佳寫照。

第十二章　愚政進行曲

有智慧的人必承受尊榮；愚昧的人高升也成為羞辱。

——《箴言》（*Proverbs*），第三章，第三十五節

十字軍的慘敗讓克萊沃爾的聖伯納德整個人垮掉了，這回的十字軍全是靠他的名望建立起來的。一般來說聖伯納德不會自我懷疑，但此刻卻被迫要面對下面的問題：上帝為什麼容許這樣徹底的失敗發生呢？為什麼真心誠意要重振基督教世界的努力會敗得這麼慘？他得出的答案無可避免的是：因為道德敗壞，所以西方不配獲得成功。

在穆斯林世界裡，十字軍東征毫不意外激起了相反的反應。膨脹的信心克服了敘

利亞內部常見的分歧。就許多方面而言，努爾丁就是伊斯蘭版本的聖伯納德，他好好利用了這次勝利來敲響聖戰的戰鼓，只要伊斯蘭團結起來（當然，是在他的仁慈領導下團結），驚人的勝利就會繼續下去。接著是爆發出來的各式各樣伊斯蘭活動，如建立伊斯蘭學校、興建清真寺，而且連什葉派穆斯林也遭到迫害，因為努爾丁也同時身兼偉大的征服者與信仰的淨化者。

起初看來這些基督教國家根本就會自行瓦解了，因為就在努爾丁鞏固對敘利亞的控制之際，耶路撒冷陷入了亂局。名義上的國王鮑德溫三世與身為攝政的太后梅利桑德關係惡劣，導致兒子組了一支軍隊去包圍人在耶路撒冷的母親。好消息是這場內戰只持續了很短時間，因為梅利桑德猝不及防，才過幾星期就投降了。

對基督徒來說更壞的發展卻正在安條克醞釀開來。曾造成國王路易七世與阿基坦的埃莉諾婚姻緊張的安條克大公雷蒙，於一一四九年遭努爾丁殺害，連同遇害的還有安條克大部分的軍隊。這一來就使得第二大的十字軍國家在危急存亡關頭沒有了領袖，得要慎選一位繼承者，但是雷蒙的遺孀康斯坦絲卻無心政治，一心一意只想為愛情而再嫁。

沙蒂永的雷納德

康斯坦絲選的人是沙蒂永的雷納德（Raynald of Châtillon），是個華而不實、虛張聲勢又魯莽到家的法蘭西男爵。雷納德出生在據稱是古羅馬元老後裔的家族，因此向來信心滿滿。可惜他除了投機取巧的天分之外，並無其他本事配得上他的自信。到了二十歲出頭時，他就差不多把繼承的家產都敗光了，於是就加入第二次十字軍，希望能在海外有比較好的出路。當第二次十字軍東征結束後，他留在東方當傭兵，進一步玷汙自己的聲名，也等於默認自己在法蘭西一無所有，沒有值得留戀而要回去的理由。

高貴的康斯坦絲與聲名狼藉的雷納德談戀愛，使得整個海外之地為之譁然，大家都企圖勸阻她，但康斯坦絲充耳不聞，於是他們在一一五三年成婚。[1]雷納德可一點時間也沒浪費，馬上就證實了大家小看他的能力是有道理的。

由於安條克公國的大部分軍隊都已被努爾丁殲滅了，安條克此時是要靠拜占庭的保護來生存，就連前任大公雷蒙，後來也終於意識到跟皇帝保持良好關係有多重要。

1 作者注：康斯坦絲為雷納德而拒絕掉的其他傑出人選中包括拜占庭皇帝的女婿。

但就在安條克海岸外不遠處，坐落著隸屬拜占庭的島嶼賽普勒斯，富裕卻衰弱，而且近得讓雷納德對這誘惑難以抗拒。於是雷納德在一一五六年入侵賽普勒斯，三個星期裡安條克軍隊在島上恣意殺人放火、姦淫擄掠。等到憤怒的皇帝進軍安條克來回應此事時，雷納德卻完全屈服，出現在皇帝帳篷外，匍匐哭著哀求饒他一命。

幸虧他走運，皇帝沒把他當成統治上的威脅，而是視之為討厭的麻煩人物而已，因此倒很願意給他意外寬大的條件。雷納德必須立刻交出安條克，但可以用皇帝附庸的身分繼續治理這座城市。為了凸顯這個新安排，這位喪盡顏面的大公被迫要徒步為皇帝牽馬前導，正式表態新主人已經接管了此城。雖說他或許喪失了公國的獨立性，但卻設法保住了自己。

結果證明這個新舉措實際上改善了安條克的地位。由於安條克再度落入帝國控制中，因此皇帝立刻採取步驟來確保安條克的安全。皇帝在回到君士坦丁堡之前，先進軍阿勒坡，迫使努爾丁同意休戰並尊重基督教國家的邊界。雷納德只需遵守休戰條約以維護安條克的未來就可以了。

但不令人意外地，事實證明野性難收的雷納德就連這點也做不到。安條克鄰近有幾條貿易路線，眼見未受騷擾的商旅車隊緩緩走在路上，就足以讓雷納德忍不住了。

但雷納德在第一次襲擊歸來的路上遇到了埋伏，成為當地一位埃米爾的俘虜，被上鐐銬送到阿勒坡。雷納德在阿勒坡當了十六年的階下囚，因為十字軍各國展現出了難得的理智，所以沒有人有興趣用金錢贖他回來。

阿馬里克一世

雷納德被擄走，局勢突然大轉變。年輕的耶路撒冷國王鮑德溫三世雖然起步艱難不順，但卻成了一位很勤奮的國王，大大鞏固了王國，甚至設法從埃及人手中奪下沿海城市阿什克隆，最後還完成了基督徒對巴勒斯坦的征服。後來鮑德溫三世因病逝世，由他的弟弟阿馬里克（Amalric）繼承，結果弟弟是位比他還要更好的國王。沒有了在安條克惹麻煩的雷納德扯他後腿，阿馬里克有了罕見的好運氣得以統治一個頗為統一的海外之地。但他的伊斯蘭敵人那邊就不是這麼回事了。

努爾丁管不住敘利亞那些任性頑固的埃米爾們，因此延遲了他的大進攻，直到他粉碎了最後一個獨立的穆斯林威脅為止。另一個伊斯蘭大國埃及的法蒂瑪王朝情況就更糟，敵對的維齊爾們競相試圖控制哈里發，開啟了內戰，使得國家陷入亂局之中。

在這四分五裂情況下，想趁火打劫的努爾丁派了一位忠心耿耿的庫德人將軍謝爾庫赫（Shirkuh）去奪取埃及的控制權，走投無路的哈里發於是向耶路撒冷求救。

阿馬里克知道這是千載難逢的機會，埃及人已接近癲狂[2]，他們同意向耶路撒冷納貢四十萬金幣，且無疑接下來還會有額外的讓步。

接下這場戰事堪稱為紀律與良好規劃的典範。阿馬里克率領一支十字軍前往亞歷山大港，輕易就攻陷了該城，十字軍旗幟飄揚在那座著名的燈塔上，宏偉的主教座堂也清理翻新過。自從五百多年前穆斯林入侵以來，這是首次五大基督教城市：羅馬、君士坦丁堡、安條克、耶路撒冷以及亞歷山大港，全都又回到基督徒手中。

阿馬里克繼續向開羅進軍，他在那裡輕鬆花了點錢給予漫無組織的敵軍和城內的駐軍，以保護開羅將來免受努爾丁的攻擊。哈里發感激之餘同意每年向耶路撒冷繳納保護費。經過幾星期的慶祝之後，阿馬里克以英雄身分班師回到黎凡特。在短短兩場戰役裡，他比在他之前的任何十字軍國王完成的都要多。對於十字軍來說，埃及向來宛如芒刺在背，如今實際上卻已成為受基督徒保護的國家。

阿馬里克在東方到處受到招待，回到耶路撒冷不久，拜占庭皇帝就來提親結盟了。幾個月後，阿馬里克成為帝國皇室成員，並簽署了正式條約。

令人陶醉的成功使得阿馬里克認為他應該可以再多做嘗試。當他大有可能直接統治埃及之際，又何必將埃及設定為保護國呢？於是國王召集了諸侯，宣布會率領一支拜占庭與十字軍的聯軍南下開羅。消息一出，整個會議為之譁然，震驚的聖殿騎士團指出埃及當前仍跟他們聯盟，而上一回他們攻擊一位盟友的結果，只反而壯大了努爾丁。他們現在是在冒著重蹈大馬士革覆轍的風險。

跟聖殿騎士團是冤家對頭的醫院騎士團卻不同意此看法，並力促阿馬里克趁皇帝來到之前立刻展開攻勢，要是十字軍等待帝國軍隊，就得要跟他們平分戰利品。敵人最近明明表現得很孱弱，那又何必等援軍來才打仗呢？

到最後，阿馬里克的貪婪打敗了他的謹慎。一一六八年十月，阿馬里克一馬當先率領一支軍容壯盛的大軍浩浩蕩蕩出了耶路撒冷。唯一掃興的是聖殿騎士團拒絕參與，因為誠如他們一針見血的解釋，騎士團的任務是捍衛聖地，而不是藉由攻擊盟友來削弱它。

2 作者注：當阿馬里克的大使要求哈里發跟他握手時（這是前所未有的要求），這位穆罕默德的傳人竟然抓住了異教徒的手，在所有廷臣面前玷汙了自己。

可以預見的是，這場入侵把不甘願成為耶路撒冷附庸的埃及人，直接推入努爾丁的懷抱。十字軍入侵消息一傳到開羅，哈里發馬上派遣信差去找努爾丁提出條件，要是他出手相助，就承認埃及是他的附庸。努爾丁立刻同意了，很諷刺的是，他派了大馬士革軍隊去保護埃及。

阿馬里克先抵達埃及，立刻攻占了一座小城，讓所有居民都命喪刀劍下。接著他又乘艦隊溯尼羅河北上前往開羅，驚慌失措的哈里發願意付他兩百萬金幣只求他離去。這番意圖賄賂只更加堅定了阿馬里克的看法，認為法蒂瑪人很衰弱，因此他就很不屑地回絕了。

然而就在十字軍接近開羅時，一切就開始不對勁。大馬士革的軍隊在努爾丁的將軍謝爾庫赫率領下來到，輕易就進了城。阿馬里克則因為熱浪以及溯尼羅河北上兩方面都困難重重，於是被迫撤退，在臨時搭建的克難營地裡待了很不舒適的幾星期，眼看著此時防禦工事已加強的開羅，足以讓人打消任何攻占埃及的念頭。最後阿馬里克下令撤退，這支喪盡顏面的軍隊悄然地回到了耶路撒冷。國王果然重蹈聖殿騎士團先前警告過他的覆轍，耶路撒冷也失去了一個盟友，而努爾丁卻獲得了一個。

不久前才被人喝采稱為軍事天才的阿馬里克，如今要面對群聚於耶路撒冷的聖殿騎士心照不宣的目光，必然特別讓他惱羞成怒。這對他的自尊心打擊實在太大了，所以他很頑固拒絕放棄。翌年他又捲土重來，這次還有拜占庭相助，但結果更糟。聯軍包圍了尼羅河口的港市杜姆亞特（Damietta），但豪雨成災把存糧全都毀了。隨著軍營裡鬧饑荒，拜占庭人和十字軍也開始互相指責，帝國軍隊在抗議之下突然撤離，阿馬里克別無選擇，只好也撤兵。

一一七四年，阿馬里克發動第三次侵襲，但幾乎立刻患上痢疾。他在回耶路撒冷的路上會師，但卻在抵達耶路撒冷時發燒病倒，痛苦拖了幾天之後他就病逝了，壯志未酬身先死。

阿馬里克並非只是時運不濟而已。他失策地去攻擊埃及，結果不自覺地將哈里發從一個虛弱崩垮的盟友轉變為強大的敵人。努爾丁的將軍謝爾庫赫暗殺了所有對手之後，輕易當上了維齊爾，雖然兩個月後他就死了，但取代他的卻是他那更加野心勃勃的姪兒，「勝利者國王薩拉爾丁」，史上所知的「薩拉丁」（Saladin）。

第十三章 薩拉丁

神為我的家族保留了收復的耶路撒冷，好讓每個成員都衷心感謝而團結一致。

——薩拉丁

薩拉丁以前並沒有讓人看出有什麼特別的軍事天才或政治天分，事實上他所以能晉升，全靠他的年輕和在埃及沒有明顯的盟友。埃及的哈里發深恨將軍謝爾庫赫騎在他的頭上，因此打算扶植一個弱得多的人選。然而在薩拉丁掌權之後，就以驚人速度大展身手，開羅的守備立刻加強了，位處紅海的各港口也都加固以防十字軍入侵。不到一年他就廢除了法蒂瑪王朝的哈里發，所有權力都抓到自己手裡。

當阿馬里克與拜占庭聯軍捲土重來入侵埃及時，薩拉丁輕而易舉就抵擋了他們的攻擊，而且還搗毀好幾處埃及邊界的十字軍據點。他的成功使得努爾丁提心吊膽，因為他不希望見到一個敵對的穆斯林國家壯大起來。由於努爾丁懷疑他的埃及附庸忠誠有問題，因此便下令薩拉丁跟他會師去進攻耶路撒冷王國。薩拉丁雖然以十分禮貌客套的言詞婉拒了，但他的拒絕卻印證了努爾丁的猜疑。努爾丁立刻召集軍隊入侵埃及，但好運卻在薩拉丁這邊。努爾丁還沒能出發就突然因為發燒而死了，留下一群平庸的家族成員為爭奪繼承權而打起內戰。

薩拉丁於是趁火打劫。他就跟在他之前的努爾丁一樣，深信唯有淨化、統一的伊斯蘭才能把基督徒從中東趕出去，耶路撒冷看起來雖然衰弱，此時阿馬里克十三歲的幼子鮑德溫四世繼承王位，但薩拉丁夠精明，他體認到任何軍事上的入侵在政治上都是不成熟的。所有的十字軍國家不是相互聯盟就是處在拜占庭的保護下，進攻任何一座基督徒城市，結果必招來拜占庭帝國的回擊。穆斯林的大業最好先放在清理自家門戶上。

薩拉丁接著便以驚人的速度進行此事。他先用停戰四年打發耶路撒冷，然後迅速入侵敘利亞，粉碎努爾丁兒子們的戰力。消滅其餘埃米爾們則花了比較久的時間，但是等到作戰季節結束時，他已經登基成為埃及與敘利亞的蘇丹了。

就在薩拉丁於敘利亞忙得分身乏術之際，他原先對拜占庭會支援十字軍的顧忌卻自己解決了。一一七六年，皇帝曼努埃爾一世在行經安納托利亞一處狹窄山口時遇到伏擊，他的軍隊據說大到行軍時前後綿延有十英里長，卻損失慘重，皇帝也是千辛萬苦才得以脫身。

雖然曼努埃爾仍有足夠兵力防禦自己的國土，但卻再也無法出擊了。過去想要從土耳其人手中收復安納托利亞的古老帝國大夢從此只好永遠放棄。拜占庭現在只能處於守勢，不再是敘利亞或黎凡特的一支政治勢力。

十字軍國家想要從歐洲取得協助也沒什麼指望。教宗和神聖羅馬帝國皇帝正在義大利北部打仗[1]，而法蘭西與英格蘭的關係也同樣惡劣。歐洲貴族全神貫注忙於他們

1 作者注：將近千年之後再來回顧當年，中世紀義大利的政治局面可說是糾結得難分難解。大致上而言，義大利北部城市一直不斷企圖擺脫神聖羅馬帝國的控制，但皇帝卻沒停過試圖越過阿爾卑斯山控制這些城市。教宗也對他們的自由權感興趣，不時插手攪和，意圖在包圍他們的各種勢力中取得很艱難的平衡。十二世紀期間，皇帝與教宗更為「敘任權鬥爭」而衝突起來，這是涉及世俗君主任命神職人員的權力。一一七六年，神聖羅馬帝國皇帝腓特烈一世第五次包圍義大利北部，意圖強行解決這個議題並廢除教宗亞歷山大三世（Alexander III）。

的鬥爭，既沒時間也沒興趣去理東方的事，海外之地就只有靠自己了。

痲瘋王

耶路撒冷新統治者的身體不太好，鮑德溫四世還小的時候，他的家庭教師就發現了一件可怕的事。這位王子和玩伴想出了一種遊戲，彼此用指甲掐進對方的手臂裡，看誰最能忍得住疼痛，當其他男孩都痛得慘叫時，鮑德溫卻無動於衷。起初這種無動於衷還被認為是堅忍的表現，但很快就弄清楚了，這位小王子根本沒有感覺。鮑德溫四世是痲瘋病病人。

等鮑德溫長大到成熟的十三歲年紀時，他當上了國王，他患有惡疾一事為人所知，這點已注定了鮑德溫四世在位的劣勢。鮑德溫聰明、苦幹又認真，但由於他不可能生育，於是朝廷就分裂成幾派，各派都想控制他並為自己在國王駕崩後的登基而鋪路。而對耶路撒冷王國來說更糟糕的是，不得民心的雷納德又回來了，最後是拜占庭人幫他付了贖金，而且雷納德還莫名其妙地認為這是很重要的閱歷。耶路撒冷王國從未如此衰弱過，消息一直很靈通、清楚知道十字軍困境的薩拉丁就選了這時機從埃及發動侵略。

要是這位蘇丹在備戰時過於隨便的話，那是因為他有很好的理由可以感到自信，因為他的敵人不僅四分五裂，而且還是由一位形同行屍走肉的人率領著。這時的鮑德溫四世已經十六歲了，病情發展到全身肌膚潰爛，使得他無法自己騎上馬，而得要有人協助才行。他也面臨造成所有十字軍國家削弱的問題：人力嚴重短缺。儘管消息傳來說有大約兩萬多名穆斯林大軍正在北上，鮑德溫卻只能召集到幾百名騎士來保衛他的王國。

然而鮑德溫知其不可而為之，照樣勇往直前。他命人持耶路撒冷最神聖的聖物「真十字架」遊行走在軍隊前面。在教堂裡做禮拜祈禱勝利之後，這位全身密裹繃帶的國王就在旁人協助下騎上了馬，朝著海岸出發去迎戰伊斯蘭軍隊。

這種背水一戰的嘗試讓薩拉丁猝不及防，他已認定耶路撒冷國王不敢帶著這麼少的手下來攻擊他，因此就准許軍隊四散去尋覓糧食並掠奪。鮑德溫就在今天以色列中部的蒙吉薩（Montgisard）殺得他們措手不及，率領騎兵衝鋒陷陣殺入穆斯林陣營中。漫無紀律的埃及人遭到殺戮，連薩拉丁本人也是靠著騎駱駝逃跑才避免被俘。

這場驚人的勝利讓人預見可能會發生的事。鮑德溫的決心不僅看清了這點，而且儘管他幾乎連劍都握不住，卻還是照樣親自上陣殺敵。[2]起碼曾經有某個時刻可以相信，十字軍是可以遏制伊斯蘭的勢力。

但鮑德溫本人卻對自己的力量不抱幻想，無論是英勇的精神或激勵人心的領導力都不能掩蓋他垂死的事實。等他回到耶路撒冷後，他就試圖退位。他致函路易七世，請求對方提名一位接班人，認為：「在每天恐懼著阿拉伯人可能兵臨聖城的局勢中，像我這麼孱弱的雙手實在不宜掌權……。」

這項請求根本沒被受理，法蘭西國王也有自己的問題，於是鮑德溫就被迫留在王位上。消逝的每一天都在奪走他的體力，五年內他就無法看見東西、走路或使用雙手了。然而出於責任感，他拒絕屈服於絕望，但他一再嘗試退位，卻始終未果，因為眾人都無法就某位候選人來做為他的繼承人，達成一致的意見。所以還是得由鮑德溫來提名一位繼承人才行。

鮑德溫的妹妹西碧拉（Sibylla）未婚，因此鮑德溫就開始到處物色合適的對象，最後他看中了有點輕率魯莽的冒險家「呂西尼昂的居伊」（Guy of Lusignan）。居伊的過去有點浮沉多變，他曾因為攻擊其封建君主「獅心王理查」（Richard the Lionheart）的代表而被逐出法蘭西。但他能幹、富有，而且最重要的是他是唾手可得的目標。居伊匆忙趕往耶路撒冷，與王室結了親，並被提名為永久攝政。

這樁婚姻照說應該能穩定政局，但居伊卻不敵充滿惡毒氣氛的朝廷，他沒有辦法把那些彼此爭吵的領主們團結在自己的領導下，於是不到一年，鮑德溫又被迫虛弱地重新執政。

鮑德溫此時已經身心俱疲，他的名聲是維繫住這個王國並遏制敵人的唯一法寶，幸虧對這些十字軍國家來說，這名聲還是能威震四方。那年稍後薩拉丁包圍了位於今天約旦的一座城堡，又瞎又跛的鮑德溫命人用轎子把他抬到戰場，於是那位謹慎的蘇丹就選擇了撤兵。接下來那年裡又重演了這一幕，薩拉丁捲土重來，又包圍同一座堡壘，但埃及軍隊一見到痲瘋王出現就立刻消失了。

這是鮑德溫的最後一次勝利。幾個月後，一一八五年春天，英勇的鮑德溫四世駕崩了，王國的統一團結感也隨著他而消逝。[3] 朝廷裡的派系開始公開鬥爭，雙方關係

---

2 作者注：鮑德溫不僅兩手都裹了綳帶，而且已經無法使用右臂，因此他是用左臂來打仗。

3 作者注：諷刺的是，最後讓他致命的卻非痲瘋病。他死前幾個月，身上的潰爛有一處感染發炎，而他虛弱的身體抵抗不了因而喪命。

惡化到以致有一群人甚至去向薩拉丁求援。

哈丁角

此時薩拉丁巴不得插手進來，當十字軍國家四分五裂又衰弱的時候，他正細心地為大戰做好準備工夫。他鼓吹聖戰已有一段時日，建立宗教學校、興建新的清真寺，並嚴格執行伊斯蘭教法，但此時他的宗教熱忱已變為幾近狂熱。一位熟悉他的隨從寫道：「他都不談別的，而且對於任何談別的事情或鼓勵其他活動的人都不太以為然。」[4]

薩拉丁的執迷是因為堅信神特別選中他來清掃巴勒斯坦，之後或許是全世界，所有的非穆斯林。他曾若有所思地對一位朋友說：「……我將航往他們遙遠的國度，趕盡殺絕那裡的法蘭克人，讓這世界上再也沒有一個不信神的人，要不就在這番努力嘗試中死去。」[5]「只有當全世界都皈依了伊斯蘭，聖戰才會結束。

但唯一真正的問題是：何時開始？薩拉丁跟耶路撒冷簽下了很礙事的和平條約，鮑德溫的前任攝政呂西尼昂的居伊已在內戰中勝出，亟欲維持和平。居伊很清楚這張蓋了薩拉丁印鑑的輕薄蟬翼，是唯一可以讓他免受大規模侵襲的保證，因此拚了命避免任何會破壞它的託辭。但沙蒂永的雷納德可就不是這麼回事了。

雷納德在安條克的慘痛經歷以及隨之而來的漫長監禁，似乎都沒能讓這位麻煩的大公留下深刻教訓，要說有改變的話，就是他比以前還更加頑固。而一連串令人震驚的失敗竟被雷納德的同伴視為寶貴的經驗，恐怕再也沒有其他的事情，比這件事更能顯現出十字軍國家的領導人能力，墮落到什麼地步了。

在痲瘋王死後隨之而來的混亂中，雷納德讓自己在安條克復位，並自行宣布脫離耶路撒冷而獨立。居伊所握實權不足，對此束手無策，雖然懇請對方謹慎從事，雷納德卻充耳不聞。雷納德從前就是個沒有勢力的附庸，所以並不打算重複此種經歷。

雷納德愛好的活動之一是襲擊，由於安條克有地利之便，靠近敘利亞到埃及的一條主要貿易路線，因此有大量機會來縱容他的喜好。起初他只騷擾敘利亞的牧羊人，

4 作者注：薩拉丁的個人傳記家巴哈丁（Bahā' al-Dín）在《薩拉丁罕見傑出之史蹟》（*The Rare and Excellent History of Saladin*）記錄了這段對話。

5 作者注：出處同前。

徵用他們的羊群，但是在一一八七年，他得寸進尺去伏擊薩拉丁的一支駱駝大商隊。

國王居伊驚駭萬分，立刻命令雷納德賠償薩拉丁，但損害已造成。突擊是一回事，這條貿易路線也是薩拉丁王國兩大部分國土之間的主要通路，因此就可以藉此詮釋為對蘇丹國的攻擊。雷納德當然不肯把所得償還給任何人，但這已不是重點，薩拉丁已經有了開戰的正當理由。

被殲滅的威脅終於使得爭吵不休的基督徒們團結起來，十字軍國家全部兵力加起來大概有兩萬人，其中包括一千兩百名騎士，他們都留意到了居伊的呼籲。在耶路撒冷最神聖的真十字架庇佑之下，他們進軍到拿撒勒去，沿著一道設防良好的山脊紮營，等著薩拉丁的到來。

蘇丹卻並不打算在十字軍選定的地點打仗，為了誘使他們遠離軍營，於是便去攻擊位於太巴列附近的一座堡壘。太巴列伯爵力勸國王不要上當，但其實這對伯爵來說這是個心如刀割的建議，因為這樣一來堡壘肯定會陷落，而他還留下了妻子防守此堡壘。雷納德在聖殿騎士團撐腰下，怒斥伯爵懦弱，並請求居伊馬上出擊。國王躊躇不定，但到最後騎士精神贏了，沒有一位稱職的基督徒國王會這樣丟下一位婦女任由她自生自滅。

果然這英勇的舉動很快就適得其反，拿撒勒與太巴列之間的十五英里地是沒有水的平原，而且又正值盛夏，炙熱的太陽非常無情，弓箭手的騷擾攻擊又沒完沒了。經過一天艱苦行軍之後，這支軍隊在一座死火山「哈丁角」（Horns of Hattin）旁邊暫停下來。

當晚既沒能讓這些疲乏的基督徒從苦熱中解脫出來，也沒能讓他們一夜好眠。薩拉丁的軍隊在黑暗中包圍住他們，點燃野火讓煙吹向他們的臉，嘲諷著他們，並威脅說之後肯定會砍掉他們的腦袋。

一一八七年七月四日太陽升起時，煙消霧散，士氣已衰又乾渴不堪的十字軍這才意識到等著他們的災難有多大。薩拉丁的軍隊人數起碼比他們多出一倍，而且徹底包圍了他們。箭如雨下之後就展開第一波的猛攻，龐大的穆斯林軍隊湧向基督徒。十字軍竭力奮戰，衝鋒陷陣差點就殺到了薩拉丁眼前，但結局是不用懷疑的了，在混戰之中有幾名騎士設法逃脫，其餘所有人不是被俘就是被殺。

國王居伊、沙蒂永的雷納德，以及其他生還的貴族被帶到了薩拉丁帳篷裡，用遠近馳名的禮節招待了他們，給了國王一杯冰水以表好客，並待之為上賓。不過等到薩拉丁認出了雷納德時，就破壞了這時刻。扼要交談幾句之後，他命令這位六十歲的人站起身來，然後親自砍掉了他的腦袋。[6]恢復神態後，薩拉丁向震驚的居伊解釋說雷納德活該，至於國王和其他貴族則准許買回他們的自由。

但這種寬容卻未惠及其他俘虜。步兵跟那些付不起贖金的小貴族全都被賣到奴隸市場。深受穆斯林痛恨的軍事修會聖殿騎士團與醫院騎士團，則甚至不會有這種考慮，全都被綑綁拖到蘇丹營帳裡，當場下令全部斬首。他們臨終前的最後時刻很可怕，而且是刻意的，必然讓他們恐懼到信心動搖。他們每個人都立過誓，要保護手無寸鐵的朝聖者，此刻卻連自己也保護不了。他們遭到痛打，還被一群叫嚷的伊斯蘭教士與蘇非派僧侶（sufis）逼他們下跪。這些人都在懇求蘇丹准許由他們第一個動手。基督的信仰被打敗了，新月終究戰勝了十字架。

對於薩拉丁來說，這場勝利戲劇性地印證了他呼籲聖戰是對的，處決那些令人不齒的軍事修會更是至高無上的勝利。他抽身退到一座高台上，看著這可怕的景象在眼前展開。他的私人機要則完美捕捉了這一刻：「薩拉丁滿臉欣喜坐在台上；那些不信伊斯蘭者則滿臉絕望。」[7]

這點在數星期後當薩拉丁凱旋而歸，騎著馬經過大馬士革大街時，更進一步表現了出來。薩拉丁深明象徵物的價值，因此很有一手地利用他的這場大勝利。被俘虜的國王被帶著走過街道，薩拉丁則騎在一匹華麗的戰馬上，手持長矛，長矛上倒掛著基督教世界最神聖的遺物：真十字架。

薩拉丁的勝利令人驚嘆，僅在一場戰役中，海外之地每個能作戰的男人差不多都被他消滅掉了。一一八七年七月四日那天早上，耶路撒冷王國還是個黎凡特的主要政治勢力。但到了夕陽落下時，卻已經連自保的能力都失去了。這個國家所統治的每座城鎮都只剩下最起碼的基本駐軍，寥寥散布於小碉堡與城寨中，伊斯蘭的刀劍則在他們頭頂上盤旋。戰役過後幾天裡，他們就主動投降了。

耶路撒冷頑抗了三個月，不過那是由於薩拉丁刻意如此，而非真的有望抵抗。當穆斯林軍隊於九月二十日來到時，耶路撒冷只有十四名騎士防守。牧首本打算談判投降之事，卻驚恐獲悉薩拉丁的計畫是殺光城內的所有基督徒。等到駐軍很激烈地回應說他們會先殺掉城內的所有穆斯林居民後，薩拉丁才改變了心意。談判於是繼續進

6 作者注：薩拉丁指控他破壞誓言，沒有尊重穆斯林與十字軍邊界的和平。雷納德有勇無謀反唇相稽說：「這就是國王的本性。」

7 作者注：出自巴哈丁的《薩拉丁罕見傑出之史蹟》。

行，一一八七年十月二日，耶路撒冷投降。[8]

就像薩拉丁征服的其他城市一樣，有能力買回自由的人可以這樣做，其他人則賣為奴隸。城裡的教堂不是改建為清真寺，就是除聖以供俗用，所有的十字架都被移除，唯一例外是聖墓教堂，准許繼續運作，由四位年長的敘利亞教士照管。

兩年之內，薩拉丁就幾乎完成了他的遠大夢想，毀掉黎凡特地區的基督徒，現在除了的黎波里、安條克和泰爾還保持獨立外，十字軍國家差不多都亡國了。

8 作者注：命運捉弄人，一一八七年交出耶路撒冷投降的牧首叫希拉克略，跟六三七年讓耶路撒冷投降的拜占庭皇帝同名。

第十四章　第三次十字軍東征

藉由邪惡的基督徒之手，耶路撒冷被交給了邪惡的人。

——無名氏基督徒十字軍[1]

耶路撒冷陷落的消息宛如晴天霹靂擊中了歐洲，教宗烏爾班三世在接到消息幾天

1 作者注：出自*De Expugnatione Terrae Sanctae per Saladinum*, [The Capture of the Holy Land by Saladin], ed. Joseph Stevenson, Rolls Series, (London: Longmans, 1875), translated by James Brundage, *The Crusades: A Documentary History*, (Milwaukee, WI: Marquette University Press, 1962), 159-63。

後就去世了，謠傳是過度震驚而死[2]，巴黎與牛津的神學家們也都被人們徵詢，問這是否是世界末日開始的徵兆呢？這消息竟然會令人感到驚訝，這才真叫人驚訝。多年來一直有跡象顯示耶路撒冷王國陷入嚴重困境，但這些都被當成過激的言詞或散播的恐懼而沒被當作一回事。即將大難臨頭的警告似乎不敵人類這種看似無窮盡的能力，也就是一廂情願地認為船到橋頭自然直。

然而如今基督教世界的盲目程度已完全暴露出來。聖城是靠最早一批十字軍的信仰，並付出慘重代價才得以收復，如今卻因為這一代人的貪欲和虛偽而丟失了。西歐諸君王多年來都曾說過虔敬宗教的空話，說需要有新的十字軍，但事實卻是沒有做出過一個最起碼的計畫，如今擺明了他們有多丟臉。

這絕大部分要歸咎於他們都一如以往忙著彼此攻擊。英格蘭國王亨利二世正力圖鎮壓兒子們開啟的內戰，而他的兒子們則正從法蘭西國王腓力二世．奧古斯都（Philip II Augustus）那裡得到積極協助。其他的主要統治者如神聖羅馬帝國皇帝腓特烈一世，則違反教宗意願正在義大利北部東征西討，與此同時又要顧著平息帝國境內的暴亂。他們根本都忙得自顧不暇，哪有空去做其他事，對十字軍東征這個想法只是口惠而不實而已。

損失了耶路撒冷還有基督教最神聖的遺物，使得一切全部改觀。即使最工於心計的君主，這深刻的震撼也驚醒了他，提醒他對信仰的職責。

烏爾班三世的繼任者格列哥里八世只花了九天就正式發布號召十字軍的呼籲，並讓整個歐洲地區休戰七年。亨利二世的兒子們跟父親和好，幾個月內法蘭西人也談和了。亨利二世與腓力二世都宣誓加入十字軍，於一一八九年復活節出發前往耶路撒冷。

腓特烈一世·巴巴羅薩

然而他們加入十字軍的消息雖然大受歡迎，但很快就在腓特烈一世的戲劇性登場之下而黯然失色。這位神聖羅馬帝國皇帝此時是歐洲勢力最強大的人物，而且迫使過多位教宗以及後來成為國王者屈服，次數之多令人驚訝。一一八八年時，他雖然已年近七十歲，卻依然虎背熊腰、魁梧健壯，著名的大鬍子這時已不再那麼紅而偏向白

2 作者注：一般認為烏爾班三世的死因是驚嚇過度，但起碼有一個當代消息來源聲稱，基督徒慘敗的消息是在選出烏爾班的繼任者之後才傳到了羅馬。

色，但是依然聲如洪鐘，脾氣火爆。[3]

這次號召十字軍的呼籲勾起了這位老皇帝的心事。他曾參加過以失敗告終的第二次十字軍東征，親眼目睹十字軍國家所面對的威脅，並在將近二十年裡允諾要對東方的情況加以協助，但他顯然沒做到，這點成了他沉重的心事。在一一八八年美茵茨會議上，這位皇帝宣布他打算進軍聖地。

腓特烈不像歐洲其他君主，他非常清楚這番偉大不朽的努力干係著什麼。迄今離開歐洲的部隊之中，他的軍隊準備得最好，補給充足又訓練精良，而且規模最大。根據當代的紀錄，他的軍隊將近十萬人，幾乎是第一次十字軍東征所有軍隊人數的總和。

這壯觀的兵力、皇帝虔誠的外在表現，是不能被浪費的。腓特烈從第二次十字軍東征得到的經驗，當時日耳曼人軍隊在橫越小亞細亞時被殲滅，讓他深知確保通過安納托利亞高原的安全將十分重要。因此在踏出帝國之前，他先採取預防措施，派遣特使去面見通往巴勒斯坦陸路沿途的各主要統治者，軟硬兼施。腓特烈甚至設法威嚇安納托利亞的土耳其人，承諾讓他的軍隊平安通過。

出發前他最後要做的事，是以騎士精神統治者應有的表現，寫了一封信給薩拉丁，通知對方自己的計畫。他向這位蘇丹保證，上了年紀並未有損於他的作戰能力，並命令薩拉丁在一年內撤出聖地，否則後果自理。

若說這封信嚴格說是一種形式的話，那麼薩拉丁的回信也同樣如此。他敦促皇帝前來，毫不在乎地指出沒有大海可以將穆斯林與其援軍分隔開來。雙方都盡了禮數之後，神聖羅馬帝國皇帝腓特烈就在他的兒子，以及大多數上層貴族陪同下，於一一八九年五月十一日離開了雷根斯堡。

這支軍隊抵達拜占庭國境之後，喜慶的心情很快就大大惡化了。腓特烈事前曾安排好，要求帝國境內一些特別的市集能夠開放，來供應他的部隊所需。但等到軍隊抵達時，卻不見有這些市集，更糟糕的是，當地的拜占庭部隊還公然騷擾十字軍，堵住他們的去路，並試圖伏擊那些走散的人。腓特烈在怒火中去函君士坦丁堡，要求皇帝實現諾言，否則就面對被攻擊的風險。

找出禍源並不難。拜占庭人向來都對大批越過他們邊界的軍隊都抱持懷疑，就算是自稱盟友的人也一樣，而且他們更有理由對日耳曼人懷有戒心。腓特烈在出發前才

3 作者注：為了加快在義大利北部的圍城進度，他命令手下以活生生的俘虜取代石彈發射到造反城市的城牆之內，直到那些百姓投降為止。

跟西西里的諾曼人結為盟友，而後者正是拜占庭最惡名昭彰的敵人。此外更引起戒心的是腓特烈的名號。

拜占庭帝國也許已處於衰落狀態，老皇帝曼努埃爾一世已在九年前駕崩，登上帝位的是懦弱無用的伊薩克二世．安格洛斯（Isaac II Angelus），但這個帝國仍堅決維護它的威望。伊薩克坐上的寶座正是查士丁尼大帝曾坐過的，因此理所當然自視為真正的羅馬皇帝。他，也只有他，控制著十二個世紀前奧古斯都大帝所建立的同一個政體。從他的觀點看來，天上只有一位上帝，地上也只有一個帝國，也就是天命的羅馬帝國，而他則是這個帝國的元首。

然而，腓特烈卻堅稱自己為「羅馬皇帝」。這是古老的虛榮心。日耳曼人君王統治「西羅馬帝國」[4]，這是四百年前教宗與查理大帝弄出的曖昧產物，因此腓特烈理直氣壯自稱為「皇帝」。但是對於拜占庭人而言，僭稱「羅馬」並非只是讓人生氣的小事而已，而是「真正的」羅馬帝國只能有一個，要是腓特烈是羅馬皇帝，那麼伊薩克就不是了。

在過去，解決這個棘手問題的方法是雙方在稱呼對方時以外交手腕的圓滑略掉頭銜。但腓特烈可沒有講究外交的心情，當伊薩克派遣使節來交涉時，他的回應是通知君士坦丁堡，除非稱他為「兄弟皇帝」（brother emperor），否則就不用進一步溝通了。可以預見伊薩克當然拒絕了，還把日耳曼人的使者關到牢裡，被激怒的腓特烈立刻就劫掠了拜占庭帝國的第三大城市腓力普波利斯（Philippopolis）。

動武起到了預期的效果。儘管開始時伊薩克氣燄高張，但他其實是個軟弱的人，而且也沒那實力抵抗日耳曼軍隊。他立刻就釋放了囚禁的使者，送他們大量黃金並賠罪，還自掏腰包送日耳曼軍隊渡過博斯普魯斯海峽。

這種懦弱行徑由來已久，早已在西方印證過拜占庭惡劣透頂的名聲，正如伊薩克後來採取的行動一樣。他的船才剛把十字軍送到安納托利亞那邊，另一頭他的使者就已火速趕往薩拉丁處，通知蘇丹即將來臨的威脅。

等到腓特烈進入小亞細亞之後，這同一模式又重演了。所有約好保證讓他平安通

4 作者注：令人困惑的是，史學家提到腓特烈的帝國時，各有不同名稱。正式來說，它是「西羅馬帝國」的復國，乃教宗利奧三世為查理大帝所創，因此就是「羅馬帝國」。然而由於它的國土是以今天的德國為中心的一帶，因此有時也稱為「日耳曼帝國」。到了十三世紀末，正式名稱已成為「日耳曼民族神聖羅馬帝國」（Sacrum Romanum Imperium Teutonicæ Nationis）。因此最常見的稱法為「神聖羅馬帝國」，以便與四七六年滅亡的西羅馬帝國以及以君士坦丁堡為中心的拜占庭帝國區別開來。

過土耳其人領域的約定全都形同虛設。當地埃米爾竭盡所能阻撓他前進，而土耳其蘇丹庫特布丁（Qutb al-Din）還組了一支大軍。

腓特烈對此既不感到意外，也不覺得特別困擾。他當了很久的皇帝，早已習慣遇到反擊。這些他都會用處理所有事情的方法去對付：有條不紊、手下不留情、所向無敵。不到兩星期他就打垮了土耳其軍隊，攻陷庫特布丁的首都，並取得另一個讓他平安通過的承諾。當地的反抗勢力瓦解，十字軍毫無困難就進入到基督徒的亞美尼亞國土，這個友善的國家就位在安條克公國北部。

這位神聖羅馬帝國皇帝完成了自從第一次十字軍東征以來沒有人能做到的事：他讓手下龐大的軍隊安然無恙橫越了安納托利亞高原。然而命運捉弄人，使得這一切都毫無意義。一一九〇年六月十日，經過一趟疲憊之旅攀越過安納托利亞南部的托羅斯山脈後，這位上了年紀的皇帝率領士兵來到一處平坦的沿海平原。部隊拖著沉重腳步緩緩走向附近一座城市，腓特烈則一馬當先帶著一小支分隊，望見了流向地中海的小河格克蘇河（Göksu）。安納托利亞盛夏高溫悶熱到令人窒息的地步，大概為了逃避這暑熱，腓特烈拍馬加速衝向小河，丟下了隨從獨自來到水邊。接下來發生的事情說法不一，有人說腓特烈的馬失足將他摔進河裡，也有人說是腓特烈下馬喝水時，滑倒摔進河裡。但總之結局都是一樣，等到腓特烈的貼身侍衛趕來，把他拖出水裡時，他已經淹死了。[5]

這次十字軍東征就此驟然結束了。現在得要選出一位新皇帝，而這件事只能在日耳曼境內做。大部分上層貴族都立刻搭船返國，把大部分軍隊也帶走了。腓特烈的兒子「斯瓦比亞的腓特烈六世」（Frederick VI of Swabia），帶著硬塞進一桶防腐醋裡保存的父親遺體，毅然繼續前進，決心履行這位駕崩的皇帝要抵達聖地的誓言。[6]

儘管腓特烈的十字軍已全部散掉了，但卻帶來兩個很正面的影響，讓薩拉丁銳氣大減到願意釋放他在哈丁角俘虜的階下囚，包括耶路撒冷國王居伊以及十字軍國家最受矚目的領袖們。眾人在向薩拉丁發誓不會再拔刀相向之後，他們就平安回到泰爾去了。泰爾是如今黎凡特地區，還握在基督徒手中的其中一座城市。

5 作者注：就像不列顛的亞瑟王一樣，腓特烈的故事很快就產生出傳說，皇帝並未死去而是睡著了，他在巴伐利亞的基夫豪塞爾山（Kyffhäuser）底下坐在寶座上等候著，頭戴金冠，白鬚觸地。等到渡鴉不再圍著此山飛翔時，他就會起身讓日耳曼恢復為如同古時的泱泱大國。

6 作者注：本來的計畫是要讓腓特烈長眠在耶路撒冷，但這桶醋卻未能減緩腐爛過程，因此他的心臟和腸子安葬在使徒聖保羅的出生地塔爾蘇斯（Tarsus），遺體其餘部分則葬在安條克。

第二個帶來的好處持續得比較久。當日耳曼人殘兵抵達黎凡特時，發現剛獲釋的國王居伊正試圖圍攻阿卡城，雖然他們人數少但卻幫得上忙，有幾名日耳曼人立誓要照顧城外那些受傷的朝聖者，這樣一來他們就成立了「條頓騎士團」（Teutonic Knights），這是十字軍三大軍事修會最後成立的一個。

然而，不管是居伊還是少數幾名日耳曼騎士，都拯救不了海外之地。腓特烈的進軍以失敗告終，對於黎凡特的基督徒是個重大打擊。才不過幾個月前，當腓特烈前來的消息傳來，就震懾了他們的穆斯林敵人，而且也讓人相信基督徒會收復耶路撒冷。但然後最後連一場仗也沒打，他們這位基督徒保護者就死了，連帶他那龐大的救兵也沒了。薩拉丁依然像過往一樣強大，只因為消息傳來說另兩位歐洲國王也加入了十字軍，這才遏制他沒有重啟聖戰。

現在一切得靠法蘭西和英格蘭了。

第十五章 獅心王

拿起武器追隨我！……要有信心相信主今天會賜予我們勝利……。

——「獅心王」理查一世[1]

教宗格列哥里八世訂好了一一八九年復活節為十字軍正式出發的日子，但到了這天，不管是英格蘭的亨利二世或法蘭西的腓力二世卻都沒有從他們的首都趕來。這兩

1 作者注：出自 *Excerpta Cypria: Materials for a History of Cyprus*, edited by Claude D. Cobham (Cambridge, 1908)。

人彼此厭惡，就算教宗央求，也無法讓他們暫時拋開歧見，攜手併肩共戰。

兩人不合有個人和政治上的原因。阿基坦的埃莉諾，那位很不簡單的法蘭西王后，曾在第二次十字軍東征時鬧出醜聞，更愛陪伴她叔叔安條克的雷蒙，而不願跟自己的老公法王路易七世在一起。在他們倆回國之後，埃莉諾就離了婚，而在離了婚的八個星期後，她就嫁給了英王亨利二世。

就算以當時的標準來看，這場婚禮也很令人震驚。埃莉諾回到阿基坦領地之後，追求者甚多，亨利是其中一位，而乍看之下，這像是不可能的匹配對象。十九歲的亨利個子矮、粗壯如牛，外表跟三十歲優雅的法蘭西王后完全相反。他的冷酷無情已經招來閒話，說他的家族是惡魔的後裔，而且他和埃莉諾算是三等親，比起路易七世是血緣更近的親人。但他充滿熱情、精力充沛，而且又是英格蘭王位的繼承人，顯然前途無量。

經過旋風式追求之後，他們結婚了，兩年後亨利成為英格蘭國王。這樁婚姻到後來並不美滿，埃莉諾懊悔地說她是因為「上帝的憤怒」才成為英格蘭王后，但她卻成功報復了路易七世。她帶給新丈夫遼闊的土地，從英吉利海峽延伸到庇里牛斯山。現在亨利二世擁有的法蘭西領土是法蘭西國王的十倍。

這整件事對路易七世來說真是丟臉到家了，他兒子腓力二世雖然很久以後才出生，卻不會輕易放過這有辱法蘭西國體的事。而對腓力二世來說幸運的是，埃莉諾的這段新婚姻是個好機會，可以用來破壞英格蘭的王室。

中世紀王后的主要職責就是生個繼承人，埃莉諾在這方面表現得極為出色，至少幫新丈夫生了八個孩子。接著就會指望埃莉諾能優雅地退居幕後養育孩子，為亨利的統治增添母儀天下之光。

然而，埃莉諾才不肯乖乖聽話，把餘生虛耗在當花瓶上！這個想法吸引不了像她這種女人，她成年後的歲月可都是在西歐呼風喚雨中度過，即使是現在，她的財富與領土範圍也可以和英王與法王匹敵。

不過亨利也堅持要她盡量遠離權力，堅決認為一位英格蘭國王不該由老婆來控制。到了一一七三年，夫妻關係惡化到埃莉諾公然鼓動其中一位兒子造反。亨利鎮壓叛亂之後，將他的妻子逮捕下獄，埃莉諾後來就在獄中度過亨利在位的最後十六年。

埃莉諾所受到的粗暴對待讓法蘭西國王有了可運用的把柄。亨利倖存的兒子中，年紀最大的名叫理查，史稱「獅心王」，他跟母親的關係特別親，而且已經在爭奪更多的責任和權力。法王腓力二世可以輕而易舉玩弄理查的恐懼，不懷好意地暗示理查，說亨利有意廢除年輕王子的繼承權，而屬意立他的弟弟約翰為繼承人。

第三次的十字軍號召使得這一切陰謀都暫停下來。腓力二世與亨利二世都敷衍裝出基督徒兄弟之情，承諾聯手進軍去捍衛聖地。然而到了一一八八年的最後幾個月，就在兩位君主在做最後階段準備時，腓力之前的陰謀手段卻產生了意想不到的結果。

理查一直都講明他願意馬上出發去東征，因此就把他父親井井有條的準備，解釋成是在算計他。理查公開要求亨利確認自己才是繼承人，而當身體欠佳的國王保持沉默時，惱羞成怒的理查立刻離開宮廷去向腓力求助。嚴格來說這時法王應該要跟英格蘭和平相處，但這千載難逢的機會實在太誘人了，於是腓力立刻力挺理查。等到一一八九年的復活節時，卻只見到兩位承諾要加入十字軍東征的國王正在互相攻擊。

幸運的是，內戰很快就解決了，亨利打了幾場仗之後就死於潰瘍出血，於是理查在大家一致接受下成為亨利的繼承人。腓力二世也獲得了應得的感謝，然後就被新英王給打發了，這讓他很不高興。

腓力白費了所有心機，非但沒讓英格蘭失去穩定，而且還不知不覺讓它統一在一位強而有力的國王之下。且更重要的是，由於前任國王亨利二世的精心管理，徵收了「薩拉丁什一稅」（Saladin Tithe）的一般稅，因此理查有了很充足的軍費。理查不像他那位謹慎小心的父親，他已經打算要花上這筆錢了。

「獅心王」理查在很多方面可說是集中世紀騎士精神之大成：他受過良好教育、能言善道、風度舉止無懈可擊，而且是很有造詣的詩人。最重要的是，他是個行動派，理查登基時年方三十二歲，高大魁梧，一頭遺傳自維京祖先的金髮。在剛滿十六歲時他就可以上戰場發號施令，也就是因為他在戰場上展現出一鳴驚人的勇氣，才讓他贏得「獅心王」的稱號。但儘管他罔顧自己的安全到了魯莽的地步，但卻很在意手下士卒的福利。理查激起士卒強烈的忠誠感，擁有出色的戰略頭腦，而且很有政治的天賦。當他第一次知道哈丁角的慘敗時，就公開宣誓加入十字軍，還變賣他的私人財物來資助東征大業，而此時他的父親還慢條斯理按部就班地準備。歐洲大部分人都認為理查是基督徒騎士精神的頂尖人物，並渴望看到他採取行動來對抗薩拉丁，這個基督信仰上的頭號大敵。

理查的龐大陰影也籠罩了其他許多人，尤其是腓力二世。這位法蘭西國王簡直就不適合跟他相提並論。腓力比理查年紀略小，又矮又瘦，而且長期體弱多病；理查英勇、機智風趣，腓力卻神經質又憤世嫉俗，帶點常讓朝臣不安的幽默感。腓力擁有的資源只等於理查的一小部分，對貴族的控制力也小得多，在戰場上也沒有什麼能力。

這樣一對根本就不像是會讓東征成功的搭檔，即便是在最好的情況下，腓力和理查也由衷地互看不順眼。他們曾聯手對抗亨利二世，但即使在那個時候他們的關係也很疏離。由於理查繼承了他母親埃莉諾位於法蘭西的領土，嚴格來說腓力是理查的封建君主，因此腓力常煞費苦心地向他的對手指出這點。

儘管如此，這兩人都宣了誓要加入十字軍東征，如今理查的王位已定，再也沒有藉口拖延了。腓力很清楚自己做為軍人有多少能耐，他知道眼前這位大膽進取的英王肯定會搶盡功勞，因此先設法說服不耐煩的理查平分日後十字軍的一切所得，免得到時尷尬。敲定最後這部分細節後，他們終於可以上路了。一一九〇年七月四日，兩位國王由法蘭西出發，前往西西里會合，踏上他們等待已久的東征旅途。

西西里戰事

等到理查抵達西西里的諾曼王國時，心情惡劣透了。他有暈船的毛病，而從法蘭西南部渡海前來時海面又異常洶湧。更糟糕的是，當理查終於登陸西西里島後，卻發現腓力以典型的手法先擺了他一道，腓力先行住進墨西拿（Messina）的王宮，留下有辱身分的簡樸寓所給理查。

在政治上，西西里王國是一團糟，就算英王與法王前來也無助於改善政治風氣。西西里法統上的國王駕崩了，諾曼人坦克雷德奪取了王位。這位新國王充滿活力，但卻奇醜無比，由於不幸長得像猿猴，於是得到了個不好聽的外號「猴王」。坦克雷德對待前任國王遺孀的方式更加劇了他的麻煩。前王后曾經不明智地公開表態支持坦克雷德的敵手，因此坦克雷德就把她關進牢裡。但這下子坦克雷德倒楣了，因為王后剛好是理查的親妹妹。

這個對英格蘭王室尊嚴的打擊卻也是個大好機會，理查很快就抓住了這個機會。除了出於手足之情，理查更迫切需要為十字軍東征募集更多的資金，[2]於是理查派遣使者去見坦克雷德，要求索回妹妹跟她的全部嫁妝。

坦克雷德的問題已經夠多了，不想再進一步惹火英王，於是馬上照辦，退回全部嫁妝還額外多付一筆錢以表敬意。本來事情就應該這樣解決了，但理查才正開始食髓

2 作者注：理查無止境地為十字軍募款，據說他在離開英格蘭前曾打趣說道：「要是我找得到買家，我會把倫敦也賣掉。」

知味，他就跟向來的大批遊客一樣，享受著西西里島宜人的天氣，決定要以此地做為他的基地。理查選了能找到的最大建築，一所希臘修道院，趕走裡頭的僧侶，用修道院來駐紮手下士兵。

對西西里人而言，國王懦弱地向這些闖入的外國人屈服已經夠讓人震驚了，現在再眼見神聖的僧侶被趕走，再也忍無可忍，於是城民帶著可以當武器的東西走上街頭，衝向了理查的別墅。

理查的反擊一點也不留情，他命令手下放火燒掉港口裡所有西西里人的船隻，讓這些暴民無處可逃，然後下令毀掉此城。墨西拿唯一逃過此劫的是位於城市中心的大王宮，驚慌失措的腓力二世設下了障礙躲在大王宮裡。等到反擊過後，理查圍捕了生還者，強迫他們建造一座龐大的木造堡壘，為了確保每個人都記得發生的事，他將之命名為「希臘殺手」（Matagrifon）。

但令人難以置信的是，這種粗暴行為竟然沒有引起坦克雷德一絲的抗議，這位倒楣透頂的西西里國王知道他真正的敵人其實是神聖羅馬帝國[3]，因此下定決心要拉攏理查當盟友，而不管他的行為有多放肆、多讓人生氣。因此坦克雷德非但沒有出動軍隊，反而還送了理查大量黃金並邀他在西西里過完冬天。

後來理查和腓力關係惡化，坦克雷德漁翁得利。他們逗留在西西里的時間中，腓力一直很惹人厭，每次坦克雷德的大使帶著禮物出現在理查面前時，腓力的手下就必然跟著，什麼都要求分一半。腓力大部分的時間花在他的臥室，但見到理查劫掠墨西拿積累了不少戰利品，卻認為理所當然要分他一半，這成了兩人的引爆點。但為了和平相處，理查就給了他三分之一，但從此他們就幾乎沒再講過話。

這種險惡的狀態正是坦克雷德需要的。經過進一步的一輪送禮之後，理查正式承認坦克雷德是西西里國王，理查還為他四歲的兒子跟坦克雷德十幾歲的女兒訂了婚約，藉此達成新聯盟。理查並贈送親家一把寶劍，對外聲稱那是「王者之劍」[4]，做為他們新友誼的象徵。

理查這樣做，不啻是打了一直刻意不承認坦克雷德是國王的腓力一陣耳光，而且最後理查又補了一刀，破壞了跟腓力的婚約。早在理查十二歲時，他就跟理查的姊姊訂了婚，這是為了保持兩國和平的無奈嘗試。但此時理查那位重獲自由的母親埃莉諾

3 作者注：神聖羅馬帝國皇帝有權中索西西里的王位，而且正在組軍要來奪取王位。

4 作者注：也就是亞瑟王的傳奇之劍。

向他捎來消息，說找到一位更合適的王后人選，而且這位新人正在來西西里島的路上。

腓力十分憤怒，但也沒什麼辦法。兩位國王會面釐清一切，但唯一的結果只是正式解除了理查的婚約而已。一等到春日宜於航行前往黎凡特時，腓力就很沒風度地離去了。理查因為要等他的新未婚妻到來，因此兩星期後才出發。

一如以往，腓力的航程很順利，而理查卻不斷碰上風暴。就在理查經過賽普勒斯島時，狂風吹散了他的艦隊，大部分船隻都在多礁岩的海岸撞毀。該島當時由一名造反的拜占庭總督伊薩克・科穆寧所控制，他趁機搶劫沉船，並囚禁遭遇海難的水手。

理查很不高興，重組了艦隊並猛攻賽普勒斯主要港口，打散了少數勇於抵抗的當地人。理查在旋風般攻勢下攻占了整座島嶼，嚇傻的伊薩克・科穆寧只好投降，條件是不要給他上手鐐腳銬。於是理查就下令鐵匠打造一副銀製的手銬，然後把伊薩克扔到牢裡。理查立刻就了解這場意外的征服的價值，賽普勒斯富裕、易於防守，而且有地利之便，靠近巴勒斯坦海岸。簡言之，這是入侵黎凡特最完美的基地。

至於後來的腓力二世，就不像他橫渡東地中海時那般順利了。登陸之後，他發現耶路撒冷王國的殘兵正試圖包圍阿卡城，然而不論他走到哪裡，他的所作所為都不斷提醒他身為軍人的不足。他的到來非但沒有對圍城造成任何影響，而且還不斷聽到別人期待著「獅心王」理查就快到了，這讓他懊惱極了。

理查慣有的豪氣登場更加深了這種惱恨。理查在六月初航入阿卡港港內時，發現一支龐大的艦隊正在給駐軍運送援軍，由於對方猝不及防，讓理查得以擊沉所有船隻，對阿卡的士氣造成沉重打擊。一個月後阿卡城無條件投降，為了交換駐軍的性命，薩拉丁因此交還了真十字架，並支付一筆龐大贖金，以及釋放他手上所有的基督徒俘虜。大家本來就對理查的到來抱有很大的期望，但最終獅心王甚至做到超過眾人的預期。[6]

理查在賽普勒斯的英雄事蹟已經讓腓力覺得很糟了，如今腓力在包圍阿卡城時的無能，也已經加進獅心王的傳奇故事中，這讓腓力實在受不了了。[7]腓力才沒興趣在他人的勝利中扮演龍套，或讓理查的風采在他那黯淡的戰績襯托下顯得更加閃耀。聖地永遠都不適合他，在他一抵達就染上疾病即已凸顯這個事實。他最想要的是回法蘭

5 作者注：伊薩克也意圖誘使理查的新未婚妻到島上，但幸虧她拒絕上當。

6 作者注：最終薩拉丁沒能付出贖金，理查跟著就殺掉他的俘虜，此舉也未損其威望。

7 作者注：即使在病中，理查也搶盡了腓力的鋒頭。包圍阿卡城的初期，英王病倒了，於是他命人用擔架把他抬到前線，以弩弓選射城牆上的衛兵自娛。

西去玩他實際上最拿手的遊戲：玩弄政治陰謀。理查在法蘭西有很多土地可供腓力占取，而且理查還有個想當國王的攝政弟弟。就讓獅心王去玩他的戰爭遊戲好了，腓力將力保英王回國時兵力與財力皆所剩無幾。

腓力聲稱身體欠佳要回國，這還頗可信，但理查懷疑他的動機，因此要求腓力發誓，當理查還在十字軍東征時，不會去動他的領地。腓力很輕易就發了誓，但卻未能讓理查產生信心，不過眼前沒了這位老愛生悶氣的國王，理查的日子會好過得多。總而言之，理查此刻的心思全都放在即將來臨的戰事上。

雅法攻防

行軍直奔耶路撒冷是不可能的了。幸好奪下了阿卡，基督徒部隊總算有了一處灘頭堡，但他們仍然被薩拉丁統治的領土所包圍。通往聖城的幾條路線多半沒有淡水，很容易受到伏擊，而且到處都有敵軍。想必在某地區正埋伏著薩拉丁的軍隊，等著十字軍犯錯，例如經由會被截斷去路的內陸行軍。

但理查太精明了，不會掉到陷阱裡，反而沿著海岸前往雅法，一座最靠近耶路撒冷的港口，這是戰術上非常出色之舉。薩拉丁一如理查所深知那樣，正承受著來自手下埃米爾們的壓力，要他去攻擊基督徒。這位蘇丹在哈丁角的勝利為他贏得了很大的聲望，並精心將自己塑造成聖戰者，以及淨化信仰的得勝者形象。但日子一天天過去沒有跟十字軍對抗，這一來他的形象也就疲弱了下來。

薩拉丁本希望把理查誘到對他不利的地方，但理查進軍雅法卻逼薩拉丁不得不出手。十字軍正威脅到耶路撒冷，薩拉丁得採取行動，否則聲譽就會遭受打擊。

薩拉丁的第一個戰術是去打亂十字軍的隊伍。當軍隊行軍途中，穆斯林的弓騎馬快步經過，箭如雨下射向隊伍，希望誘使比較急躁的騎士拍馬追擊，這樣一來他們就會掉入陷阱。然而理查早就嚴格下令不理會敵人的佯攻。多虧理查的鐵腕領導，結果沒有一個人脫隊，這點連他的敵人也不得不鼓掌稱讚。薩拉丁的傳記作家巴哈丁記載說：「我見到一些法蘭克步兵，身上插了十根箭，仍然以慣有的步伐前進，沒有脫離隊伍……真讓人忍不住欽佩這些人所表現出的優秀耐力……。」[8]

但此時正值酷暑，身穿重甲的十字軍自是苦不堪言。每天中暑或受箭傷的人愈來

8 作者注：出自巴哈丁的《薩拉丁罕見傑出之史蹟》。

愈多，理查自己也被敵軍拋出的矛擦傷了身體一側。但軍隊仍以良好秩序前進，薩拉丁意識到自己唯一的選擇只有傾巢而出，發動突擊。

薩拉丁決定先下手為強，先行選了一處具有地利的地點。十字軍採行的那條道路會經過一處林木茂密的地區，薩拉丁就小心翼翼地在這裡埋伏，等著伏擊。然而理查這頭卻步步為營，等到一面對薩拉丁的大軍，就立刻展開作戰。

這一迎戰就定了勝負，理查以他一貫以來的奪目光采，似乎無處不在。就連不用服從他命令的醫院騎士團（他們在下令前就先衝出了行伍），也變得聽從他的命令。理查隨即下令全軍衝刺，薩拉丁完全被擊潰，傷亡慘重。

這場勝利並未摧毀薩拉丁的軍隊，但卻對他的聲望造成嚴重打擊。這位偉大的伊斯蘭戰士已被基督徒國王打得大敗，也許上帝根本就沒站在他那邊？從此薩拉丁再也不敢冒險跟理查作戰。

然而理查自己也不知該何去何從。儘管打了勝仗，他的敵人仍留在戰場上，也未減少進軍耶路撒冷的困難。路上仍然到處有伏擊，水源供應很缺乏，耶路撒冷又位於兵家險要之處，孤立於海岸保護之外。這時的明智之舉應該是先鞏固好已有的成果，不要冒險去奪取根本守不住的城市。但耶路撒冷一直是每位十字軍的黃金目標，是他們存在於聖地的動力。名聞天下的「獅心王」理查實在難以啟齒宣布說，他不會去拯救耶路撒冷。

理查在理智與情感之間左右為難，決定向薩拉丁提出一項驚人提議來解決問題。他提議薩拉丁的弟弟可以娶理查的妹妹，攜手共治約旦河以西所有領土。這兩大對手可以結親，這樣一來就可建立一個太平王國了。

這個計畫在一開始就令人存疑，幸好在還沒有徵詢理查的妹妹之前，就因為談到她未來的丈夫要皈依基督教，雙方談不攏，事情就搞砸了。而就在談判延宕之際，理查忙著建造城堡來保護雅法和他已經征服的沿海領土。在將士的壓力之下，他半敷衍地於一一九二年夏末向耶路撒冷進軍，但滂沱大雨以及持續不斷的冰雹讓他們根本無法取得進展。

這時，嚴重的意見分歧開始分裂軍隊。聖殿騎士團和醫院騎士團破天荒意見一致，認為進攻耶路撒冷為時過早，因為理查一旦離開雅法，就無法守住此城。比較好的方法是去進攻阿什克隆，這樣一來就可以切斷薩拉丁在敘利亞和埃及的領土。但另一方面，軍中大部分人認為這計畫近乎離經叛道，他們不明白為何不把一切的努力都放在奪取耶路撒冷上。

理查自己也快站不住腳了。他知道騎士團說得對，但也感到解放聖城的誓言拉扯著他。更糟糕的是，他接到消息說腓力二世正積極覬覦他的法蘭西領土，他在巴勒斯坦待得愈久，對他的王國所造成的傷害也就愈大。另一方面來說，要是他現在就回英格蘭去的話，非但前功盡棄而且無疑還會爆發內戰。

在龐大壓力之下，理查宣布他會待到隔年的復活節，「如果」可行的話，就會進攻耶路撒冷。這番模稜兩可的話語原本是打算用來掩飾他不願進攻耶路撒冷，但顯然將士都一面倒支持當下就去解放聖城的想法。情勢立刻就很明顯了，於是他就向公眾壓力低頭，開始進軍耶路撒冷。

這趟長征印證了他最糟糕的設想。薩拉丁已經做好預防措施，在耶路撒冷周圍所有水井都下了毒，十字軍真的身處重蹈哈丁角覆轍之險。理查無意再繼續前進了，於是向軍隊宣布，明智之舉是捨棄耶路撒冷，改而進攻埃及。要是成功的話，薩拉丁的根據地就會被打垮，而耶路撒冷也會陷落，並更容易防守。但要是軍隊還是執意進軍耶路撒冷的話，他會加入，但不會領軍。聖城是個很值得奉獻的目標，他樂意為此獻上自己的生命，但卻不願為這趟注定會失敗的冒險中，那麼多優秀的基督徒兵士送命，以及十字軍王國的毀滅，擔負責任。

此外真相是理查已經氣力放盡，他病得很嚴重，他已經盡力了。現在他身為國王的職責是要顧好自己的國家。

一一九二年九月二日，他與薩拉丁正式締結了休戰，收復沿海地區再度由基督徒控制。薩拉丁還額外同意准許基督徒朝聖者不受限制出入耶路撒冷，由此可看出理查受到的尊敬程度。

大部分的十字軍都曾立過誓，不到訪聖墓教堂絕不罷休，因此就趁休戰機會去實現誓言。然而理查卻沒加入他們。他曾發誓要讓耶路撒冷再度成為基督徒的城市，沒做到之前絕不進城。對他來說，這並非十字軍東征的結束，只不過是暫時休戰而已。他最後一次跟薩拉丁聯繫就是為此。他只是暫時休戰，先回國去處理好他的事情，等到事情辦完之後，就會回來奪取耶路撒冷。據傳薩拉丁回覆說，要是耶路撒冷非得淪陷，他會樂見聖城落到這樣一位值得的勁敵手中。

這是對十字軍諸王中最偉大的一位，恰如其分的讚譽。理查一手就抹去了基督徒在哈丁角大敗之恥，動搖了薩拉丁的無敵光環，並讓巴勒斯坦海岸重回基督徒的控制中。而且事實證明，他最大的敵人是基督徒盟友中的小人，要是十字軍諸國稍微團結一點，或者腓力少跟他作對，他能做到的還不知道有多少。

但後來，他再也沒有重回耶路撒冷。一一九二年十月他登上一艘船，在歸國途中經過奧地利時被一位政敵俘虜。要是他如當初所計畫的待到一一九三年復活節的話，整個黎凡特地區的歷史或許就改寫了。理查返航四個月後，薩拉丁去世，穆斯林世界的薄弱團結也隨他而逝。

第十六章　被火吞噬

不要驚慌氣餒，因為我將讓他們付出代價……。

——克萊里的羅貝爾，第四次十字軍東征時的騎士[1]

雖然第三次十字軍東征大大改善了基督徒在黎凡特地區的地位，但從中世紀標準來看，並不成功。真正重要的是解放耶路撒冷，而偏偏沒有做到這件事。

這是新教宗英諾森三世決心要糾正的失誤。他跟之前九十幾歲的前任教宗不同，

1 作者注：出自 Three Old French Chronicles of the Crusades, ed. Edward N. Stone (Seattle, 1939)。

英諾森年輕、聰明、口才好，年紀還不到四十歲，亟欲趁著穆斯林積弱不振時出擊。「獅心王」理查已經讓全歐洲看到，要粉碎黎凡特的伊斯蘭勢力，關鍵在於埃及。做到這點的話，耶路撒冷就會像熟透的桃子自動掉下來。要做到這一切，需要另組一支十字軍到這個突破口。

英諾森三世竭盡全力，一一九八年一當選上教宗，就大力宣揚十字軍東征，派遣教廷使節到每個西方大王國去統計參與的興趣，但結果幾乎都沒人有興趣。神聖羅馬帝國正處於內戰中，英格蘭和法蘭西兩國又再度打起仗來。加入十字軍東征的熱潮看來已衰退了。

最讓人失望的是「獅心王」理查的反應。他在回英格蘭的路上吃盡苦頭，在歸途上被攔截，成為神聖羅馬帝國皇帝亨利六世的階下囚兩年，期間他的母親，阿基坦的埃莉諾，為他籌了一筆龐大的贖金。[2]在這段時期中，法王腓力二世在理查的弟弟，約翰協助下，竭盡所能地沒收了理查在法蘭西的土地。[3]等到英方就快要支付贖金時，腓力二世竟不惜使出賄賂手段，願意支付亨利六世一半的贖金金額，好拖延幾個月再放人。遭到拒絕後，腓力派人送了個短訊給約翰：「小心，惡魔鬆綁了。」

理查馬上就展開報復，組了一個大聯盟去對付法蘭西國王，橫掃法蘭西北部，蹂躪了鄉間。就在戰事如火如荼進行中時，教宗使節到了，但我們可以理解理查此刻根本沒有心思聽到，要求他再去參加一次十字軍東征。當那位倒楣的神職人員斗膽向理查提出，希望他看在大局的份上跟腓力和談，以便率軍去奪回耶路撒冷時，理查的怒火爆發了。他吼著說，要是法蘭西國王沒有陰險使詐竊取他的領土，他現在人就還會待在巴勒斯坦為耶路撒冷而戰。這場會面的結果是教宗代表落荒而逃，驚恐萬分趕快離開英格蘭軍營，以免理查放話說要閹了他。

等到理查火氣消了之後，他或許會重新考慮，但就算教宗抱著這希望，也在隔年化為泡影。理查在巡視一場圍城戰進度時，被弩弓射中了肩膀，傷口惡化造成壞疽症狀，一個月後他就死了。不管教宗英諾森安排的十字軍東征勢頭如何，失去理查，這一切也就結束了。

但巧的是，結果是「獅心王」理查的一位家族成員挺身而出挽救了大局。理查的

2 作者注：亨利六世頗侮辱地將贖金定為十萬英鎊銀幣，這起碼是英格蘭歲收的兩倍，而且也正是理查所籌募資助十字軍東征的金額。

3 作者注：約翰就以這種壞人形象出現在羅賓漢傳說中，趁好國王理查不在的時候竊奪他的領土。

外甥，二十二歲的香檳伯爵提博[4]受到英諾森派到法蘭西鄉間去鼓吹支持十字軍東征的眾多遊方教士啟發。一一九九年十一月二十八日，他資助了法蘭西最重要騎士們的一場精采比武競賽。在這場盛會中，提博很戲劇化地宣布他將加入十字軍。在場觀眾大多是二十幾歲的年輕貴族，全都受到感染而慷慨激昂。

十字軍狂熱再度席捲法蘭西。想要向「獅心王」理查看齊的這一代騎士們蜂擁至提博旗下，幾個月內提博就有信心召集一個總議事會來制定出明確計畫。

威尼斯人的交易

但從一開始，這個議事會就籠罩在他舅舅的陰影下，雖然戰鬥口號喊的是收復耶路撒冷，但理查卻曾提出以海軍入侵埃及。獅心王的名聲太大了，使得其他計畫都不被當成一回事，但這位「未來的獅心王」卻不像已駕崩的理查那樣擁有一支艦隊。不過幸好他們可以在西歐某處取得一支艦隊，於是就火速派遣使節前往威尼斯共和國達成交易，以便取得一些船隻。[5]

這回十字軍東征的成功與否就取決於威尼斯是否合作，因此當十字軍領袖們被立刻請去跟總督見面時，真是鬆了一口氣，見到年邁的威尼斯領導人拖著腳步走進房間裡時，更讓人放心。他們得要說服眼前這位給予他們協助的男人，他老態龍鍾、完全失明，而且早已過了大多數人都躺進墓中長眠的年紀。

恩里科·丹多洛（Enrico Dandolo）一輩子都在為共和國效力，期間差不多每個重要職位他都做過了。七年前以八十五歲高齡當選上總督，這已算是他非常生涯中的顛峰了。然而那些認為他只是掛著名好看的人卻大吃一驚，在他的高齡與脆弱的老態面具之下，卻有著強悍的雄心以及無毒不丈夫的聰明才智。但如果要達成目的，他也很樂得裝作老糊塗。[6]

當十字軍抵達時，丹多洛的形象是很謙遜的領袖，讚揚眾領導人的高尚以及他們

4 編按：提博（Thibaut）是理查的同母異父妹妹瑪麗，跟香檳伯爵亨利一世的兒子。他們兄妹倆的媽媽就是埃莉諾，前後嫁給法王路易七世（生下瑪麗）跟英王亨利二世（生下理查）。

5 作者注：維爾阿杜安的若弗魯瓦（Geoffrey of Villehardouin）是被選中的使者之一。他寫下了十字軍東征的第一手紀錄，是我們最棒的文獻資料之一。

6 作者注：雖然我們幾乎可以確定丹多洛是在一一〇七年出生（當十字軍來到威尼斯時，他九十二歲），但他的精力卻讓好些現代史學家認為他起碼比聲稱的年齡小二十歲。

任務的重要性。然而在這副虔敬面具之下，卻是精打細算的頭腦。一談到生意時，除非能壓榨到底，否則丹多洛是不會跟對方達成交易。

對於十字軍領袖們而言，最重要的是要保住他們真正目的地的祕密。每個十字軍的參加動力都是為了解放耶路撒冷，因為只有聖城才足以吸引人冒險犯難、放棄他們的日常生活。要是話傳出去說埃及才是真正的目標，那麼報名參加的十字軍恐怕就會少得可憐。

總督同意幫他們保密，直到他們上路為止。經過多番討價還價之後，恩多洛同意建造足夠運送大約四萬人軍隊的船隻，代價是帝國發行的八萬五千枚銀幣巨款。為表善意，丹多洛還另外附贈五十艘戰船，條件是十字軍不管獲得什麼戰利品，一律與威尼斯平分。最重要的是，選定了一二〇二年六月二十九日為出發日期，各路十字軍領袖可以有十五個月時間去籌款並在威尼斯組軍。

但十字軍馬上就遇到了問題。提博這位有名無實、宛如眾人的護身符、衝勁十足的領導者，在使節們從威尼斯回來後不久就死了，這嚴重挫折了士氣。他在十字軍的領頭地位由蒙費拉托的博尼法斯（Boniface of Montferrat）取代。此君年約五十五歲，是個義大利老將，雖說算是勝任，但卻很難稱得上是個有傳奇色彩的人物。

然而更嚴重的問題卻是那些跟威尼斯達成交易的使節，大大高估了軍隊人數規模。一開始時掀起的十字軍東征風潮很熱鬧，還有個荒唐的謠言說有位法蘭西教士，分發了二十多萬份的十字布條給有志參加十字軍的人，但事實上並未真的出現大批的從軍人潮。更糟糕的是，法蘭西的腓力二世已婉拒參加，大部分顯耀貴族也跟隨他的決定。等到出發日期逼近時，來到威尼斯的人數還不到當初預估四萬人的三分之一。

這對十字軍是很尷尬的事，對威尼斯人則是很嚴重的問題。因為在過去這一年裡，共和國放下了一切海上活動（這是該國的命脈），一心一意打造這支大艦隊。這項努力取得了出色的成果，位於潟湖的這座小城市生產出最大規模的艦隊，這是自從一千兩百年前羅馬將軍龐培（Pompey）掃蕩了「劫掠者之海」後，地中海未曾見過的景象。但這筆龐大的支出經費也在財政上耗盡了共和國的資金。要是十字軍不能付清所欠款項，威尼斯就會面臨破產。

丹多洛不會讓這種情況發生，他也不打算前往任何靠近埃及的地方。由於威尼斯與開羅簽有幾項利潤豐厚的貿易協定，因此總督已採取預防措施，派人送信給蘇丹，向他保證不會讓十字軍前往埃及。如今他只要想辦法如何讓此事轉為對共和國有利。

丹多洛接手控制十字軍

他不用等多久機會就自己來了。一二〇二年六月初，擺明了十字軍會拖欠債款，出現在威尼斯的一萬一千名士兵不可能還清債務，因為就算強行沒收他們身上的一切，也只夠償付一半的款項。丹多洛把這批十字軍隔離在利多（Lido），這是位於威尼斯潟湖邊緣的一片沙洲。太陽很大，從那裡看得到艦隊，但卻可望而不可即。

丹多洛完全控制了他們的水和糧食供應，等待著義大利炎熱的夏季月份到來，耗損掉十字軍的士氣。軍中的緊張對峙到了沸點，他們實際上已形同囚犯，在火熱如地獄的沙洲上紮營，苦不堪言，而他們的領袖則沒完沒了討論該怎麼辦。士卒不是怪威尼斯人貪婪，就是怪蒙費拉托侯爵博尼法斯無能，而他們只想要繼續前進，實踐他們的誓言。

總督靜觀其變，讓他們吃夠苦頭，然後在作戰季節快要結束的九月初才圓滑地提出一個解決方案。威尼斯人跟位於達爾馬提亞海岸的一個造反城市正好有過節，要是十字軍肯幫忙他去攻打該城，劫掠所得就很夠他們償清債務，然後他們就可以繼續前進聖地。

但這個請求讓十字軍領袖們很為難，他們當然心裡有數，這個正在談論的城市就是扎拉（Zara），嚴格來說是屬於匈牙利國王的領地，而匈牙利國王實際上已宣誓加入十字軍，一處理好私事就會前來會合。更糟糕的是，扎拉完全就是個基督徒城市，因此根本就不適合成為十字軍攻擊的目標。

拜占庭人的提議

博尼法斯很不願意這樣做，但又想不出別的選擇。何況，他的英雄「獅心王」理查在攻擊西西里或賽普勒斯的基督徒時，也不像有什麼顧慮。博尼法斯很勉強首肯了這項計畫。就在這支十字軍大艦隊準備出發時，博尼法斯接待了一位不尋常的訪客，此人代表一位拜占庭皇子阿歷克塞·安格洛斯前來，並且帶來一項驚人的提議。

自從第三次十字軍東征以來，君士坦丁堡的政局就大為惡化，在位的皇帝安格洛斯王朝伊薩克二世懦弱無能，被其弟阿歷克塞三世推翻。新皇帝採取了預防措施，命人挖掉前任皇帝的雙眼，關進皇宮的大地牢裡。悽慘的伊薩克後來又多了位兒子加入他，在清除舊統治集團的過程中，他兒子很容易就被逮捕了。

這位皇子表現得比父親更有膽量，在兩名來訪的義大利商人協助下展開了大膽的逃亡行動，偷渡到日耳曼，在那裡獲悉十字軍會在威尼斯會合，於是派使節去向博尼法斯尋求十字軍的援助。要是十字軍支持他的大業並除掉可惡的篡位者，他允諾，君士坦丁堡的城民會感激萬分，贈予他們前所未聞的大量財富。他們不僅可以輕易付清欠威尼斯的債款，而且還大大有餘，他本人也會親率拜占庭軍隊與十字軍並肩作戰，收復耶路撒冷。這項提議很引人垂涎，有了拜占庭的財富與威望做為後盾，十字軍就可無限加強。協助正統皇帝復位也實現了騎士精神的職責，由於阿歷克塞與博尼法斯還有點沾親帶故的姻親關係，因此也等於協助了一位遠親。最好的是，大家都可從沉重的威尼斯債務中解脫出來。但事實上伊薩克二世自己也是篡位者，這件事卻很容易地被忽視了。[7]博尼法斯熱切地向使節們保證他會幫忙，並要求阿歷克塞盡快與十字軍會面。

與此同時，還要料理扎拉的事。丹多洛在十字軍出發前一個星期，超常發揮了一場慷慨激昂的演講，這位政治秀老手演到高潮處，當著整個大軍的面雙膝跪下宣誓加入十字軍。這股英勇豪氣多少緩和了一般士卒對於繞道扎拉的疑慮，再見到總督所率艦隊的壯觀槳帆船，甲板上鮮紅的天篷、非凡的旗幟，以及號角齊鳴，疑慮就一掃而空了。

但當十字軍真的抵達扎拉時，這股興奮與虔誠的光環就突然被戳破了。絕望的扎拉守軍在城牆上掛了十字架，教宗那裡也來了一封信，禁止他們攻擊一座基督徒同胞的城市。這使得十字軍陷入了道義上的兩難，進退不得。中世紀的社會是靠誓言來維繫的，他們已經以其人格起誓要協助威尼斯攻占扎拉，但要是這樣做，靈魂就有下地獄的風險，但若聽從教宗則又讓他們成了破誓者。

丹多洛一如以往總有個答案。當初十字軍去威尼斯要求提供船隻時，有位教宗使節曾忠告他們採取一切必要方法保持十字軍的完整。這不就是默許了十字軍要信守跟威尼斯人的協議嗎？

少數幾位十字軍脫隊離去，因為不齒威尼斯人這種明目張膽劫持十字軍的行為，但大多數人則隨著總督起舞。後者認為等到教宗掌握了全部的來龍去脈，他肯定會理解的。於是十字軍就展開了圍城，不到一星期扎拉就陷落了，但在戰利品還沒分完

7 作者注：伊薩克曾親眼目睹一位更多采多姿拜占庭皇帝的血腥下場，這位皇帝就是名符其實的前任皇帝「恐怖的安德洛尼卡一世」（Andronicus I the Terrible）。

時，教宗的詔書就到了，要將所有的十字軍都處以破門律。

博尼法斯盡量壓下了這個消息，並派信使到羅馬解釋並請求寬恕。他的拜占庭盟友傳來的新消息更讓他的請願多增加了籌碼。年輕的阿歷克塞・安格洛斯愈來愈急於找到協助，於是又增加了他提供的讓利。他不僅會加派一萬人到十字軍裡，為收復後的聖地提供永久駐守兵力，還會讓東正教教會接受羅馬的管轄，一百五十年來東西教會分裂成兩個基督教世界的傷口，就可以癒合。此外十字軍的帳務由拜占庭支付，而耶路撒冷的未來也有了保障。

唯一的麻煩是大多數十字軍都不想要跟阿歷克塞・安格洛斯扯上關係，他們報名加入十字軍，為此還在威尼斯忍受了很羞辱的監禁，結果還得在道義上模稜兩可地攻擊扎拉。他們為的是替基督教世界收復耶路撒冷，其他的事情都是額外的。他們認為教宗一旦知道來龍去脈後，大概就會原諒扎拉的事，所以又何必去攻打這座舉世最知名的基督教城市，來犯險再度惹怒教宗呢？

十字軍領袖們再次私下解決了這件事。博尼法斯跟丹多洛和阿歷克塞簽署了一份協議，預想就算他們少掉了幾名士兵，軍中大部分人還是會勉強接受這「既成事實」。很快就證明他們的想法是對的，雖然有幾千人因為厭惡而離開了，但其餘的倒是很願意再繞道一下，只要不花太多時間就好。阿歷克塞向他們保證不會花太多時間，還補充說君士坦丁堡的百姓會把他們當成救世主來迎接。

從一開始就有很多麻煩的跡象。首先，阿歷克塞顯然就不像他佯裝的那樣得民心。當十字軍船隊接近科孚島並通知百姓說，他們是來協助正統皇帝復位時，城民的反應是試圖以私刑吊死阿歷克塞。然後教宗也傳話過來，說不管在什麼情況下，他們都不准聽這位「皇帝」的話。

阿歷克塞在接洽十字軍之前，曾經前往羅馬尋求協助，教宗卻沒怎麼當一回事。教宗的來信也很清楚無誤表明了不管是阿歷克塞，或是他的瞎子父親都不是合法的皇帝，所以十字軍不該跟他們扯上關係。他寫信給博尼法斯說道：「不要讓你們當中任何人，輕率地說服自己因為君士坦丁堡的皇帝廢黜他的兄長，並挖出他的雙眼……就可以去掠奪希臘的領地。」[8]

博尼法斯和丹多洛已經走到了這一步，當然不可能收手，因此他們很輕易就壓下

8 作者注：Donald E. Queller and Thomas F. Madden, *The Fourth Crusade: The Conquest of Constantinople*, 2nd ed.。

教宗的信。到了此時，十字軍已經抵達了君士坦丁堡，見到這座讓他們驚嘆的傳奇之城，暫時把一切都拋到腦後去了。

抵達君士坦丁堡

眾城女王君士坦丁堡坐落在金角灣[9]宛如一頂高雅的王冠。它光是規模之大就難以描述，大約可以塞進十幾個西歐最大的城市，近百萬的人口也超越了某些王國。十字軍在其令人目眩的教堂與公共廣場上，面對面見到了這座未被征服的羅馬帝國首都。十字軍維爾阿杜安的若弗魯瓦記載道：「沒有一個人見到此情此景，而不為之戰慄。」[10]

大部分的敬畏之感是來自固若金湯的防禦工事，整座城市被包圍在厚厚的城牆中，千百年來足以輕易擋掉入侵者。此外篡位者阿歷克塞三世有一批起碼是十字軍三倍之多的軍隊駐防[11]，當微不足道的十字軍船隊航行經過時，駐軍以一種不解的好奇迎接他們，也許覺得他們有點怪，但卻不是真正的威脅。

十字軍在第一眼看到君士坦丁堡時，如果還抱有一絲樂觀的想法，但等到他們抵達營地時，這些樂觀想法就消失了。十字軍曾一再獲得保證，百姓們會把他們當作救世主來迎接，但眼前卻很明顯少了歡呼的群眾。過了一星期之後，十字軍漸漸意識到或許阿歷克塞誇大了他在都城得民心的程度，而等到他划船靠近城牆，宣布來收回合法皇位時，更大大證實了上述的想法。從牆頭傳來的狂笑聲迴盪在牆下，接著是一陣石塊與就近可取得的拋擲物紛紛落下。

這段羞辱人的插曲照說應該足以讓十字軍打退堂鼓，結果卻反而激起他們的鬥志，匆忙組成的緊急會議建議立刻攻擊君士坦丁堡。威尼斯艦隊航向了靠海的城牆，經過猛烈攻擊之後，設法占領了一段城牆。攻擊方很快就被擊退，但在此之前卻在城市部分地區放了火。

篡位的阿歷克塞三世並非可以激勵民心的人物，他趁兄長伊薩克狩獵時伏擊，奪取皇位，但這已經耗掉他所有的心力。如今他要承擔起擊退敵人的責任，雖然勝算很

9 作者注：金角灣（Golden Horn）是君士坦丁堡半島北部的海灣之名，這名字可能指它所帶來的財富，又或者是在海灘所投下的溫暖金光。
10 作者注：出自Joinville & Villehardouin, *Chronicles of the Crusades*。
11 作者注：第一位因為君士坦丁堡的固若金湯而撤退的就是「上帝之鞭」，匈人阿提拉。

高，但對他來說還是太耗神了。於是阿歷克塞三世就帶著手邊一切財寶逃之夭夭，丟下君士坦丁堡自生自滅。

阿歷克塞四世

此時君士坦丁堡百姓的君王逃跑了，而且又對最近的事件感到困惑，於是做出他們所能想出的最明智決定。眼前這些西方人是為了遭阿歷克塞三世廢掉的皇帝而來，如果讓廢帝伊薩克二世復位的話，說不定這些人就會撤軍。於是，年邁全瞎又神智不清的伊薩克被人從牢裡拉出來重新加冕，並很快派信使去十字軍的營地，敦促他們停止進攻，還邀請皇子阿歷克塞前來取得他的合法皇位，跟他父親一同擔任共治皇帝。

這幕父子團圓並沒有外人想得那麼美滿。伊薩克雖然年邁，但卻對兒子向十字軍許下的承諾感到驚駭萬分。外人眼中的帝國雖然看來堂皇無比，但真相是幾十年來統治者的管理不善早已使得中央財庫陷入貧困。不過此時這位身心破碎的老人也無能為力，威尼斯人看來無所不在，讓本地百姓士氣低落，而他那位任性的兒子還在開出更多闊綽的承諾，老人伊薩克也只好向躲不掉的命運低頭了。

頭幾個星期裡一切順利。年輕皇子阿歷克塞剛加冕成為阿歷克塞四世，以豪奢晚會招待了他的威尼斯與法蘭西朋友，無視於他的子民們對他顯露出的陰沉表情。與此同時，阿歷克塞也努力兌現諾言，派人送信去埃及警告蘇丹，說他就快要被趕出基督徒的家園了。

然而，等到要幫十字軍償債時，事情就開始失控了。阿歷克塞很快檢視了一下國庫，發現所餘的財富還不夠支付他輕率地向十字軍許諾的一半款項。阿歷克塞試圖徵收新稅來彌補差額，但此舉卻毀了他僅剩的一點民心。情急之下，阿歷克塞不惜有辱身分派官員去搜刮教堂的金銀器皿以及聖物箱，連死掉的人也逃不過帝國稅吏之手。此外官員被派去搜索過往皇帝們的古墓，把他們珍貴的飾物都搜刮一空。

沒過多久，阿歷克塞就讓自己陷入困境。他急著要弄到錢使得他民心大失到了危險的地步，他能保住皇位的唯一理由是因為十字軍就待在城牆外頭。阿歷克塞已經耗盡所有能得到的財源，要是再進一步沒收金錢，肯定會激起暴動。

阿歷克塞除了激怒自己的子民外，他還搞得大部分十字軍領袖都疏遠了他。阿歷克塞請十字軍做的事都做完了，所以十字軍搞不懂明明是這麼富有的城市的統治者，為什麼不付清他所欠的錢？眾人得出的結論當然是阿歷克塞不肯付錢給他們。

這絕大部分是丹多洛在背後搞的鬼。這位精明厲害的總督早就對阿歷克塞下手，利用皇帝來讓十字軍轉移到更有利可圖的目標，而現在顯然他手上這顆棋子已經再也壓榨不出東西，阿歷克塞明顯耗盡了所有資源，丹多洛就把心思轉移到更大的事情上。如果丹多洛有能力取得整個帝國，那又為何要幫助一位順服的皇帝底定江山呢？

在城內，民情已經到了爆發點。當消息傳來說阿歷克塞考慮把皇宮交給趾高氣揚的十字軍做為抵押時，一群暴民就要求另立新的皇帝。混亂之中，一名貴族莫爾策弗魯斯（Mourtzouphlos）用很簡單的手法推翻了阿歷克塞。他直接走入阿歷克塞寢宮，通知這位嚇壞的皇帝說一群暴民正怒吼著要取他性命，他自告奮勇說要帶皇帝到安全的地方，然後就用一條布巾蒙住皇帝的頭，直接把皇帝領進了地牢裡。沒過多久，他父親伊薩克也悽慘地跟他關在一起，父子倆就再也沒出過地牢。隔天早上，莫爾策弗魯斯就加冕成為皇帝。

政變消息差點讓丹多洛的一切計畫落了空，大多數十字軍都渴望前往耶路撒冷，壓根兒沒對君士坦丁堡熱衷過。跟他們達成協議的皇帝已經無能為力，事實上，他已經跟他瞎眼的父親一起默默地被殺了。眼前能採取的上策就是減少損失，前往聖城。

丹多洛認為已經太接近目標，難以就此收手。當士卒要求他們的領袖下令出發時，丹多洛圓滑地反駁道，他們現在是要為一宗卑鄙的謀殺申冤。沒錯，當初十字軍出發時是為了解放耶路撒冷，但他們現在有大好機會癒合基督教世界的傷口。他指出十字軍仍拖欠威尼斯的債款，並辯稱是因為拜占庭的貪念才使得十字軍無法收穫豐富的報酬。大家都見到了這座城市，有富麗的絲綢服裝、無數的聖物、黃金為頂的教堂，還有龐大的大理石宮殿府邸。他們欠錢不還，要是拜占庭人不肯給錢，那就由十字軍來強取。征服君士坦丁堡就能拿回欠他們的錢，而且還懲罰了謀殺皇帝的人，並將東正教置於教宗管轄之下，還有什麼工作比這個更神聖的呢？這些主張混有含蓄的威脅、對貪婪的呼求，以及節操高尚的原則。一二〇四年四月九日，一支十字軍攻擊了世上最古老又最重要的基督教國家的首都。

掠奪君士坦丁堡

這場仗打得驚人短暫，失明的總督親自領導進攻，英勇地乘坐他那艘壯麗的駁船一直來到城牆下。打到第三天時，一小群騎士找到一道用磚堵死的舊城門，於是設法撬開了灰泥，打通勉強可以擠過去的入口。受驚的防禦者儘管擁有很大優勢，卻都立刻逃走了。

英勇的莫爾策弗魯斯努力要挽救局勢，單槍匹馬衝向這群人作戰，但卻沒有部隊挺身而出跟他聯手抗敵，帝國部隊的素質實在太差了，而平民的士氣又低落到無法真正反抗敵軍。隨著十字軍全體湧進城內，莫爾策弗魯斯也就落荒而逃，丟下君士坦丁堡不管。

君士坦丁堡現在成了十字軍的俎上魚肉，但是因為城區範圍實在太大了，讓十字軍暫時停下腳步，這是拜占庭軍隊辦不到的事。由於不知道下一步該怎麼做，這些西方騎士們暫時停下來，考慮對策。目前的情況仍是敵眾我寡，只要對手發動一場適時的反擊，就會讓十字軍在迷宮般的巷道中慘遭屠戮。即使是眼前此刻，說不定已有某位拜占庭元老或貴族在組織防務了。於是十字軍立刻召開緊急軍事會議並做出決定，先鞏固已奪下的地方，立刻在君士坦丁堡廣闊的公共廣場上堆起克難的防禦牆，並放火燒了附近的房舍以為防禦，免得有城民從這些房舍冒出來伏擊他們。

當晚，十字軍與拜占庭人都無法安眠。經過幾天戰鬥之後的奇異寧靜，加上十字軍沒有再繼續推進，使得許多城民生出一絲希望；當莫爾策弗魯斯篡位時，這些西方人就發動攻擊，或許讓西方人來挑選繼位者可以讓他們滿意。

隔天早上，拜占庭人開始在城內大道上列隊，手持聖像，準備去迎接新皇帝，不管是誰來當皇帝。結果他們反而碰上了一群喪心病狂的流氓。

這些西方人一覺醒來發現這座世上最富裕的城市就在他們腳下，且意識到它不會再有反擊，他們見到的一切都任由他們奪取，使得過去這一年積累的挫折感一發不可收拾。武裝者成群湧向寬廣的林蔭大道，見人就殺，宏偉宮殿府邸被洗劫一空，教堂也被搜刮，聖物箱及聖像畫都被拉扯開來以便奪取裡頭的貴重金屬。皇陵中的石棺被砸開，皇帝們的遺體全都扔出棺外，曾經逃過阿歷克塞三世官員掠奪之手的戒指、華服和珠寶全都被剝了下來。[12]

文化損失規模之大實在令人難以想像。君士坦丁大帝跟他的繼任者都曾經從希臘文化世界，把大部分最精美的藝術品帶來君士坦丁堡，其中包括帕德嫩神廟的雅典娜大雕像，描繪奧古斯都慶祝戰勝安東尼與埃及豔后場景的三聯青銅像，無數皇帝、神明與英雄豪傑的圖像，但這些大多被熔解掉來鑄幣，又或者在歐斯底里中被砸爛了。

12 作者注：見到精心保存的查士丁尼大帝遺體，足以讓這群破壞陵墓的暴徒停下腳步。不過，到頭來這位大帝還是跟君士坦丁大帝以及其他帝王一樣，遺骸都被扔到地面上。

有一尊特洛伊海倫的雕像曾被當代人形容為「穿覆著數千星辰之美，美過夜空」，被人從底座上扭扯下來，用槌子敲得稀爛。保存西方長久失傳作品的珍貴手稿畫遭摧毀，只為了取得封面上鑲嵌的寶石，或被丟進綿延不盡的火焰中。大理石雕像被砸毀，圖書館則被火焰吞滅。

然而比起物質上的破壞更糟糕的是精神上的傷害，十字軍為基督教世界造成的傷口至今依然在潰爛中。他們承諾要解放耶路撒冷的神聖之地，結果卻有系統地褻瀆了拜占庭的教堂。在君士坦丁堡最宏偉的聖索菲亞大教堂裡，他們摧毀了主祭壇，搶走了金銀器皿，還讓一名法蘭西妓女在牧首寶座上表演嘲弄的舞蹈。

這一切暴行都是由身穿有十字架圖案盔甲的人所犯下的，這個事實是最殘酷的打擊。對於信奉東正教的拜占庭人而言，就任何意義來說，都不能再將信奉基督教的西方人視為基督徒了。誠如一名目擊者所記載，他們「暴露出了假冒為聖……為了一點黃金就踐踏十字架」。

教宗英諾森三世在羅馬聽到消息時驚駭萬分，狂怒譴責每位涉及十字軍暴行的人，哀嘆他們出發時是去為基督效力，但卻「用基督徒的血洗他們的劍」。

但教宗的譴責一點效果也沒有，損害已經造成，再也無法回頭了。十字軍選了他們的一位性格柔順的領袖，法蘭德斯的鮑德溫為新皇帝。街道上的血跡慢慢洗掉了，燒毀的建物則拆除掉，毀壞的教堂也油漆過。東正教教會正式納入基督教[13]，並宣告恢復了羅馬帝國[14]。十字軍若感到任何良心不安，都可告訴自己說他們留下了一個有拉丁教會的君士坦丁堡，大大加強了基督徒在中東的存在，用來壓下良心的不安。

但事實上，他們所做的正好與此相反。雖然拜占庭政府仍在流亡中倖存，甚至在一二六一年奪回過君士坦丁堡，但這個帝國卻一直沒再恢復過榮光。這座城市曾經號稱「眾城女王」，如今只剩了毀掉的空殼，悽慘坐落於城牆內昔日的輝煌中。基督教世界抵禦伊斯蘭威脅的最大堡壘，卻被派來保護它的十字軍給打垮了。

對於比較短視的十字軍來說，對拜占庭長久以來背信棄義的過往，給他們點顏色瞧瞧只是剛好而已。自從第一次十字軍東征以來，拜占庭對心存善意的十字軍來說一直是個絆腳石，西方騎士被當成外人，被當成粗鄙的暴徒，容忍卻不被真心接受。他

13 作者注：因此而留下的遺產就是拜占庭基督教會，遵行東正教儀式，但卻承認羅馬教宗為最高權威。

14 編按：指十字軍在君士坦丁堡建立的拉丁帝國（Latin Empire, 1204-1261），兩百多年後的一二六一年，由當初出逃的拜占庭人建立的尼西亞帝國，其皇帝米海爾八世收復君士坦丁堡，拉丁帝國覆滅，拜占庭帝國復國。

們在帝國的市場上被敲竹槓，被拜占庭貴族暗中取笑，還被一連串沒有節操的皇帝出賣。他們認為東方人的血液中似乎流著欺騙的本性，就像古羅馬詩人維吉爾（Virgil）一千年前就曾警告過的那樣：希臘人是信不過的，就算他們帶著禮物而來。

這次以牙還牙的代價只有回顧時才看得清楚。征服君士坦丁堡破壞了東方基督徒重大守護者的力量，不管君士坦丁堡跟各十字軍國家之間的實際關係如何，拜占庭會還以顏色，加以嚴懲的威脅，一直都發揮著遏止穆斯林野心的作用，但如今這隻保護的手卻消失了。取而代之的十字軍帝國[15]只是曇花一現、貧弱不堪，幾乎熬不過五十年，根本就無法對絕望的海外之地提供協助。第四次十字軍東征的發起原本是為解救在東方的基督徒，結果反而是毀了他們。

15 編按：即前述的拉丁帝國。

第十七章　兒童十字軍

這一年發生了一件很了不得的事……前所未聞。

——《科隆王室編年史》（*Royal Chronicle of Cologne*）[1]

在歐洲，眾人聽到征服君士坦丁堡的消息之後的反應可說是百感交集。一方面，他們現在有一座設防良好的城市做為未來發動聖地戰事的基地；另一方面，取得這座

1 作者注：出自Chronica Regiae Coloniensis Continuatio prima, translated by James Brundage, The Crusades: A Documentary History, (Milwaukee, WI: Marquette University Press, 1962), 213。

城市也無法抵消他們所使用的可恥方法。即使再美化的文獻紀錄也掩蓋不了十字軍公然蔑視從教宗到十字軍領袖的事實，他們兩度被處以破門律，而且跟東方基督教世界間的關係也造成無法彌補的傷害。

如果說第四次十字軍東征是一場悲劇性的鬧劇，那麼接下來的根本就是怪誕離奇的插曲。民間對於拯救聖地的熱情依然未減，而且主要是靠那些宣揚末日劫難的傳教士所花的工夫，整個法蘭西因而掀起連串的農民運動。這些運動統稱為「兒童十字軍東征」，雖然嚴格來說這個稱呼並不恰當，因為他們既不是正規的十字軍，組成也不是一支娃娃兵。

只有第一次十字軍東征，也就是沒有君王參加的十字軍獲得了成功，這件事實在中世紀歐洲並未曾消失。基督尤其眷顧窮人，他花時間在妓女以及受人踐踏者身上，他講道時曾說過，謙卑的人並承受土地，也許這就是那些王公與教宗們失敗的原因，因為基督是在召喚弱者來做祂在地上的工作。

一二一二年，這些理念具體環繞著一名日耳曼牧童，科隆的尼古拉（Nicholas of Cologne）呈現出來，他聲稱見到異象，指點他向南來到義大利。等他到了海邊時，地中海的水就會奇蹟般分開，讓尼古拉及其追隨者走到耶路撒冷去，然後他們就會和平地讓穆斯林改信基督教，從而解放聖城。

這個訊息廣泛深得民心，沒多久尼古拉就吸引了幾千名的追隨者，其中龍蛇混雜，三教九流，社會上的人渣、兒童、婦女、教士以及上了年紀的人，都因為自身的貧窮和信仰而團結在一起。[2]他們不管走到哪裡都被當成了基督教的捍衛者受到迎接，而且還送他們禮物，對於這些長期習慣被人白眼的人來說，這種待遇簡直讓他們陶醉。對此表示懷疑的神職人員則受到公然嘲弄，而他們每經過一座村莊，隊伍就日益壯大。

在越過阿爾卑斯山脈時，第一批麻煩徵兆就開始出現了。天氣悶熱，糧食開始耗盡，而且又漫無組織，大多數的參加者都認為上帝自然會準備一切所需物資。這趟橫越阿爾卑斯山的傷亡慘重自不待言，有多達三分之二的「十字軍」在翻山越嶺時半途而廢或死在路上。

倖存者來到義大利時，整支十字軍已經四分五裂，有些人前往不同的義大利港口，有些人則企圖到羅馬去見教宗。尼古拉本人則在夏末來到了熱那亞，在眾目睽睽

2 作者注：有人認為兒童十字軍是格林童話中的德國民間傳說「花衣魔笛手」的來源。

之下，自稱當代摩西的他卻無法將海水分開。等了幾星期後都不見有奇蹟出現，這群人就拆夥了，希望另尋出路前往聖地。其中一群人還遠至馬賽，那裡有兩位商人願意免費帶他們去耶路撒冷。這些感激萬分的朝聖者就上了船，結果很快就被運到亞歷山大港的奴隸市場上賣掉。

這些出發的人之中，沒有幾個人重返家園。而攀越阿爾卑斯山半途而返的人，回去迎接他們的是恥笑，嘲弄他們的天真和缺乏信仰。尼古拉當然沒能回到日耳曼，他很可能在歸途橫越阿爾卑斯山時死在半路。眾人把一切的失敗都怪在尼古拉身上，他的父親被憤怒的鄰居用私刑吊死，因為他們的親友都跟著這名少年送死去了。

英諾森三世認為這整件事是另一場慘劇，他會見了幾位「十字軍」成員，感謝他們虔誠的心，但卻勸他們回老家去。對教宗而言，這次行動唯一的好處是顯示出還是有人對十字軍東征抱持興趣。

號召第五次十字軍東征

教宗有意號召另一次十字軍東征已有一段時日，他完全意識到第四次十字軍東征的離經叛道，並看出需要馬上對殘餘的十字軍國家施予援手。針對伊斯蘭的威脅，必須要先整頓基督教世界的全部力量。即使是現在，穆斯林的彎刀也擺好架勢要給十字軍國家最後的一擊，他泊山的山上已經蓋了一座穆斯林大堡壘。他泊山是基督變容的地方[3]，敵人正在準備對十字軍國家做最後的進攻。

每位基督徒都可以盡一份心力。貴族可以上陣作戰，但窮人的力量也可以派上用場。他們可以祈禱十字軍東征成功，同樣也能有收穫。在一場頗精采的政治秀上，英諾森三世開始分發十字架給每一個立願在物資或精神上支持十字軍的人。現在從最貧苦的寡婦到最富有的公爵，大家都投資在這番冒險犯難的勝利中。

十字軍會合地點選上了義大利南部港口布林迪西（Brindisi），十字軍正式出發日期為一二一七年六月一日。英諾森三世承諾教廷將捐獻三萬磅白銀，並對所有神職人員徵收百分之五的稅。商人被勒令停止跟東方港口貿易，並鼓勵捐贈他們的船運工具來運送部隊，最後還發放贖罪券給資助十字軍的人。這最後一項安排尤其受到平信徒

3 編按：基督變容（Transfiguration of Christ）是新約聖經上描寫的一段故事，記載耶穌和他的三個門徒前往他泊山，在山上，耶穌開始發出明亮的光芒，顯現出神的容貌。

跟神職人員的歡迎，因為這樣一來就為那些無法或不想要親自參加十字軍的人，開啟靈性上受惠的途徑。民情本來就普遍支持十字軍東征，英諾森三世又碰巧從中找到了一條財路，於是善男信女的奉獻金紛紛湧入教堂的錢箱裡。[4]

沒過多久，周圍的貴族都回應了。奧地利公爵利奧波德（Leopold）以及匈牙利國王安德烈（Andrew）都宣誓加入十字軍，還有許多次要的貴族。然而當消息傳出說神聖羅馬帝國皇帝腓特烈二世．巴巴羅薩也承諾要去解放耶路撒冷時，這些大人物立刻黯然失色，因為根本無人能及得上腓特烈。就腓特烈的母系而言，他是諾曼人，是富裕無比的義大利西西里王國的繼承人；就他的父系而言，他則是日耳曼人，是領土遼闊的神聖羅馬帝國合法繼承者。[5]腓特烈在這兩個王位之間控制著將近三分之一西歐的領土，但真正讓他與眾不同的則是他的好奇心。

腓特烈對物質世界有著永不滿足的飢渴求知欲，他蒐集動物標本，愈奇特的愈好，這些標本來自他地中海老家外的天涯海角。到腓特烈過世時，西西里的王室百獸園已經有大象、長頸鹿、花豹、黑豹、熊，以及一隻開羅蘇丹送的鳳頭白鸚鵡，幾隻來自格陵蘭的北極隼。腓特烈用科學研究眼光去對待每種動物，分析牠們的飲食，有系統地觀察動物，他甚至還編寫了幾篇關於馴鷹的論文，文中仔細將遷徙模式、築巢習性以及日常行為加以分類。

這種好奇心也延伸到人類身上。為了想要發現腸胃功能，腓特烈親自解剖過幾具屍體。據一名當代的僧侶說，然後他又更進一步，將兩名享受過盛宴的男子開腸破肚，看看活動或休息是否讓食物消化得更好。但腓特烈最有名的實驗或許是語言學上的。為了研究人類天生的語言究竟是什麼，他下令兩位保母以完全的靜默不語來撫養她們帶的孩子。腓特烈猜想人類天生的語言應該是希伯來語，因為那是創世記中的語言，但遺憾的是，據說實驗還沒能完成之前兩個小孩就死了。

各國學者都受邀來到腓特烈的宮廷。算術、幾何和代數專家都寫了論文獻給他，這可不是奉承而已，腓特烈跟當代人不一樣，要是他的觀察跟從前那些備受尊崇的權威學者得出的結論不同的話，他是很樂於批評他們。對這樣一位連亞里斯多德也逃不過他的檢驗的人，錦上添花的奉承並沒有用。我們可以說這種專家學者奉獻論文是學

4 作者注：贖罪券雖然提供了立竿見影又持續很久的橫財，但後來發展證明這對教會來說卻是弊多於利，三個世紀之後引發了宗教改革。

5 編按：腓特烈二世的父親是前文提到的神聖羅馬帝國皇帝亨利六世，母親是西西里王國女王康斯坦絲，因此有權繼承歐洲南北兩大強權國家。

術贊助的表現，腓特烈是在創立一個國際學者的社群。在許多方面說，他是比文藝復興時期還要早了兩百年的文藝復興型君王。

的確，如果腓特烈出生在米開朗基羅和達文西的時代，就一點也不會格格不入。他的領地包括各種不同地方，因此他至少通曉其中六種主要通行的語言。此外腓特烈也是很有造詣的詩人，他的作品在近代義大利語言的發展上扮演了不可或缺的角色。腓特烈也是很有才幹的政治家和開明的統治者，創立了西歐歷史最悠久之一的大學，並禁止酷刑以及神明裁判法[6]，因為這有違理性的原則。

腓特烈成立了一所醫學院，並發證照給將來會當醫生的人，他個人並贈予了一系列無價的文本給醫學院，以便學生（照他的說法）能從「古井中汲出新水來」。有興趣學習的學生都獲邀來就讀，由他出資。他們在路上旅行時也受到他的皇家衛隊保護，若他們有任何額外花費，也有低利息的補貼貸款可以申請。

我們不知道腓特烈是怎麼辦到的，他忙於兩個國家之際，還找得出時間成為好幾篇醫學論文的作者，指導獸醫們照顧馬兒的正確方法，去上他找來的最有名教授的課，甚至還能行醫。腓特烈的宮廷成為歐洲的知識分子中心，而他自己設計的王宮裡則擺滿了各種風格的藝術品，風格從北非到拜占庭都有。這也難怪那些看得眼花撩亂的臣民會稱他為「世界的奇蹟」（Stupor Mundi）。

也因此，當腓特烈在日耳曼城市美茵茨一場情緒高漲的典禮中，宣布他要加入十字軍時，群情相當激動。腓特烈的拔刀相助，連帶也會吸引很多帝國上層貴族加入，肯定會大大加強這次十字軍東征的力量。

但諷刺的是，對這消息最不感興奮的卻是英諾森三世，因為他最不想要看到的是腓特烈加入十字軍，其中原因多半是政治上的因素。此時羅馬北面的領土都在神聖羅馬帝國控制中，南面則由西西里王國控制。傳統上歷代教宗都是利用南方的王國來制衡北方過度熱衷於開疆闢土的皇帝們。但現在再也不能這樣做了，腓特烈同時身兼神聖羅馬帝國皇帝與西西里國王，成了教宗的夢魘。羅馬現在完全被包圍在帝國勢力中。

為此，英諾森竭盡全力要阻止腓特烈繼承兩邊的寶座。西西里這邊他無能為力，因為腓特烈在兩歲時就加冕了，而且也沒有其他正當的人選。然而神聖羅馬帝國這邊就另當別論，英諾森轉而支持腓特烈的競爭對手「不倫瑞克的鄂圖」（Otto of

6 譯者注：神明裁判法（trial by ordeal），或稱神斷法、神明審判，指藉由神的旨意來判斷事情真偽、正邪的審判方法。例如從火上走過，若毫髮無傷，則表示神明斷定其無罪。

Brunswick），在一二〇九年加冕他為皇帝。

因之而起的內戰推遲了無法避免的局面，但到了一二一五年，鄂圖的落敗看來明顯是遲早的事。腓特烈戲劇性地宣示要加入十字軍，既是向羅馬傳達出和解的意願，也是一個警告。事實上，腓特烈並不怎麼關心基督教，更不在意十字軍，他在私底下提到基督徒時，稱之為玷汙耶路撒冷的「豬玀」。而且在抨擊世界三大宗教時，他認為摩西、基督和穆罕默德都是欺騙人類的冒牌貨。

而且恐怕也很難找出比腓特烈更不適合擔任十字軍領袖的人。腓特烈的嬪妃無數，他跟穆斯林臣民在一起時似乎更自在，跟基督徒臣民反而不是如此。而且他還公開嘲弄自己軍隊裡某些成員的基督教信仰。[7]

幸虧英諾森三世在一二一六年就去世了，沒能見到他的對手後來接掌了他的大業，因為那時準備工作仍在進行中。不過，就算英諾森還在人世，腓特烈也還是沒準備好，當一二一七年出發日期到來時，腓特烈還在逼迫頑固的鄂圖退位，要等三年後才成功。

第五次東征的十字軍由奧地利公爵利奧波德和匈牙利國王安德烈率領，在夏末離開了歐洲。雖然腓特烈的缺席令人失望，但眾人對十字軍的期望仍很高，因為聖地的政治局勢已經比幾個世代以前好很多。基督教世界的大敵薩拉丁已經死了，他留下的帝國因為三個姪兒之間的內戰而四分五裂。三個姪兒之中最年長的卡米爾（al-Kamil）已經設法奪取埃及，因此亟欲與十字軍保持良好關係，直到他鞏固好自己的位子為止。

這一來卻給十字軍帶來一個意想不到的問題。當他們在阿卡與海外之地的殘軍會合時，構成了強大兵力，但究竟該以什麼為目標呢？腓特烈可能隨時到來，有了他的兵力，耶路撒冷唾手可得，但要是他們太早出擊就有風險，可能會削弱自身兵力並破壞皇帝到來的良機。另一方面，誰都不敢說腓特烈究竟何時會到，要是他們等待太久，就真的有可能會錯失一個大好機會。

妥協之計是集中在小規模突襲上，但這個戰術立刻就遭到反對，因為這讓那些原本就不太堅決的十字軍有了離開的藉口。匈牙利國王安德烈後悔加入十字軍已有一段時日，經過一場短暫的小規模衝突後，他就宣布已經實現了捍衛聖地的誓言，就此撤軍。有不少貴族跟著他離開，足以讓十字軍再也無法從事大規模軍事行動。

奧地利公爵利奧波德又滯留了幾個月，希望腓特烈趕快到來。眼下日耳曼人部隊

7 作者注：在一次出征中，腓特烈曾指著一片麥田說：「你們的上帝長在那裡」，這是在貶損聖餐餅。

已陸續前來，但卻不見皇帝的身影，也沒有傳來隻言片語。眼見自己的軍隊士氣日益消沉，利奧波德決定在軍心完全渙散之前發動一次攻擊，他選定了位於埃及的富裕港口杜姆亞特（Damietta），這個有戰略優勢的港口位於尼羅河三角洲，很容易通往開羅。

利奧波德的軍隊於一二一八年春天來到埃及境內，當他第一眼看到杜姆亞特時就感到洩氣。這座城市面海與面向陸地的地方都建有城牆，守軍林立於牆頭。更糟糕的是，還有一道浮橋連接到位於尼羅河中央的巨大鏈塔[8]上，這些防禦設施堵住了通往尼羅河的所有通路。利奧波德數次嘗試攻占不成，每次的失敗都讓士氣更低落。杜姆亞特設防嚴密，無法猛攻，但又太過重要，不能丟下不管。唯一的辦法就是讓守城將士餓到投降。

隨著炙熱的埃及夏日逐漸來到，十字軍營中的情況也開始每況愈下。糧食得要配給，又有消息傳來說卡米爾帶著大批援軍正在前來的路上。八月二十四日，十字軍醞釀出了一個很異想天開的計畫，要去攻占鏈塔，他們將兩艘十字軍船隻綁在一起，然後在上面建造了一座很不穩固的木堡壘。幾名英勇的十字軍自告奮勇進入這座克難的建物，而且居然在木堡壘還沒有倒掉前就將其引導到鏈塔處。接著，十字軍擊退了敵人激烈的反抗，硬是成功闖入塔內，扯掉蘇丹的旗幟，換上有十字架圖案的旗幟。

卡米爾才剛抵達杜姆亞特，親眼見到鏈塔被十字軍攻占，這點讓十字軍獲得的勝果更加甜美。卡米爾驚愕萬分，他原本期待見到士氣低落、被打得落花流水的敵人，於是立刻班師撤退，下令用沉船堵住尼羅河，防止敵人追擊。

杜姆亞特的命運這時已定，只剩下還能撐多久的問題。但更令人注意的是，誰才是實際掌管十字軍的人？匈牙利國王已經離開了，而奧地利公爵也宣布要回家去。等皇帝腓特烈來到時，當然會是由他負責，但眼下卻沒有合適的人選可以擔當領導者。

於是軍隊決定投票選人，結果由耶路撒冷王國的攝政「布里恩的約翰」[9]當選，他是個溫和但很敬業的人。但是剛抵達不久的教宗使節葡萄牙神職人員佩拉久斯（Pelagius），卻對此提出異議。這個男人沒什麼耐性，更不懂得拿捏分寸，在他心中，除了自己有資格當指揮之外，選其他人都是笑話。十字軍是教宗發起的，因此也只有教宗的代表才是在知性與靈性上最適合來領導十字軍的人選。

8 譯者注：鏈塔（chain tower），建於河口或海港口兩頭的塔樓，中間有可拉起的浮橋或鐵鏈發揮防禦功能。

9 編按：此時的耶路撒冷國王是瑪利亞女王，布里恩的約翰（John of Brienne）是她的丈夫。

就在十字軍內訌之際，卡米爾卻恐慌萬分。即使在對手這樣斷斷續續的領導之下，西方騎士仍然包圍了他的一座城市，而且很快就會打到開羅來。等到皇帝腓特烈來了（而且他肯定快到了），埃及的一切就會有危險。如今最好咬緊牙關先談好協議，以免為時太晚。於是卡米爾立刻派出大使前往十字軍陣營提出誘人條件，要是他們同意馬上撤出埃及，他就同意讓十字軍恢復整個耶路撒冷王國，還加上三十年的休戰協議。

布里恩的約翰喜出望外，僅憑一紙條約就能恢復薩拉丁所造成的一切損害，代價只是放棄圍城，而且是在他們根本就不願意涉足的國家裡。十字軍可以因此獲得的，比當初出發時計畫爭取的還要多。聖城會重回他們手裡，而且起碼接下來三十年都會是安全太平。

但紅衣主教佩拉久斯卻完全不同意。當布里恩的約翰指出十字軍的目標就是奪取耶路撒冷時，佩拉久斯卻罵他沒有政治頭腦。埃及如今已搖搖欲墜，等打垮了埃及，他們照樣可以得到耶路撒冷，所以為何要為了一紙靠不住的三十年休戰承諾，而放棄一次有利可圖的圍城呢？而且佩拉久斯指出，耶路撒冷的穆斯林防守者已經放棄希望，他們毀掉了城牆，希望將來無可避免交還聖城時，讓敵人無法防守。

對此雙方並沒有真正討論過，儘管布里恩的約翰強烈反對，佩拉久斯卻嗤之以鼻駁回這項提議，於是圍城又持續下去。整個冬天和接下來的夏天都不見皇帝腓特烈的蹤影，但到了八月底卻出人意外來了亞西西的聖方濟（Saint Francis of Assisi）。這位僧侶決心要勸蘇丹改信基督教，以此結束戰爭。他溫文但很有毅力地纏著佩拉久斯，終於獲得首肯讓他嘗試。但卡米爾誤以為他是和平使者，兩人的會談並沒有成果，但倒是開啟了雙方的溝通管道。

沒多久之後，蘇丹又重提之前的條件，這次還加碼，願意主動重建耶路撒冷城牆，並交還薩拉丁在哈丁角戰役奪走的聖物真十字架。佩拉久斯再度拒絕了他。真十字架的確很吸引人，但佩拉久斯卻對蘇丹是否擁有此物存疑，因為三十年前薩拉丁意圖用某些俘虜勒贖時，他自己都沒找到真十字架。

攻占杜姆亞特

到了秋天，佩拉久斯的固執顯然得到了回報。一二一九年十一月四日，一名哨兵留意到杜姆亞特的一座塔樓似乎無人防守，於是十字軍派出一小支分隊去調查情況，卻有了很令人震驚的發現，原來城內已幾乎沒有活口。飢餓使得杜姆亞特的人口從六萬減到了一萬，而這一萬人大部分都在垂死邊緣。死屍堵塞了街道，有的屍體攤在床上或趴在桌上，瀰漫著一股令人作嘔的惡臭。

這景象讓最鐵石心腸的軍人也忍不住心酸。十字軍竭盡其力拯救倖存者，儘管他們自己的存糧也很少。他們清理乾淨杜姆亞特，許多孤兒也獲洗禮和餵養，成人則得以贖回自由。然而，最大的挑戰卻是心理上的。

十字軍為了這場磨人的圍城耗了一年半時間，如今突然之間，他們一仗也沒打就占領了杜姆亞特。十字軍原先住的是艱苦簡陋的軍營，如今卻換成了昔日富裕、逸樂的港市，在重新出發前，他們當然有資格稍微輕鬆一下吧？事實證明，他們一待就是一年，沒再前進。

而這主因是領導權又再度出現不確定情況。攻占杜姆亞特之後不久，布里恩的約翰就離開了，留下佩拉久斯指揮，沒人跟他爭，但大部分的將士卻都拒絕由一位神職人員來領導。總之，佩拉久斯顯然控制不了狀況，且妓院和賭場幾乎如雨後春筍冒出來，因分贓不勻引發的暴力事件也愈演愈烈，以致佩拉久斯只好將杜姆亞特按國家分為幾個區塊。

然而導致這種沉悶乏味、無所事事情況的罪魁禍首，就是腓特烈二世。就在杜姆亞特陷落後，他又公開重申了他的十字軍誓言，並發誓最晚在隔年春天之前會離開歐洲。十字軍接到指示後留在原處，等腓特烈抵達後親自率領他們邁向勝利。第一批部隊在五月抵達，毫無疑問，皇帝本人應該隨後就會到了。

到這時，卡米爾已經抓狂了。他再度提出恢復耶路撒冷王國的提議，卻再度碰了釘子。隨著日子一天一天過去，腓特烈還是沒來。一二二一年七月，十字軍踏上埃及領土已經三年，他們的耐心耗盡了。紅衣主教佩拉久斯提議馬上進攻，深感挫折的十字軍接受了這個計畫。一半軍隊留守杜姆亞特，一半則朝開羅挺進。

曼蘇拉戰役

十字軍士氣高昂地出發了。但就在他們開始前進時，一切就跟著出錯。漫長的按兵不動讓卡米爾有時間聚集一支龐大的軍隊，輕易就遠超過十字軍的兵力人數。這支穆斯林大軍在開羅以北七十五英里外的小鎮曼蘇拉（Mansoura）迎戰十字軍。沒有作戰經驗的佩拉久斯選了尼羅河及其支流形成的狹長土地紮營，完全無視旁人的警告。

萬一其中一條河流氾濫，他們就會被困在那裡。過去三年來一直活得心驚膽戰的蘇丹見狀大感驚訝，根本就沒動用他的軍隊，隨即打開一個用來調節尼羅河水位的水閘，讓洪水來替他退敵。

頓時十字軍的營地變成了一座孤島，基督徒的處境完全無望，一個月下來糧食供應也逐漸減少，連佩拉久斯也認為投降是唯一的選擇了。但讓佩拉久斯感到意外的是，他發現蘇丹還挺和善的。卡米爾的幕僚都力勸他殺掉島上的十字軍，但卡米爾曉得這只會引發另一次十字軍。他認為最好趁皇帝露臉毀掉一切之前，先趕快接受基督徒的投降。

卡米爾開出的條件非常慷慨，十字軍得要交出杜姆亞特並退出埃及，蘇丹的回報則是饒他們一命，簽署八年休戰協議，甚至歸還真十字架。

當消息傳到杜姆亞特時，起初眾人的反應是難以置信，接著是驚恐。雖然還見不到腓特烈的身影，但一批新的日耳曼人部隊已經抵達了，現在卻告訴他們說十字軍東征已經結束了。有幾群人誓言要留下來作戰，不管什麼條約，但這大部分只是虛張聲勢而已。一二二一年九月八日，卡米爾以凱旋之姿再度進入杜姆亞特。

對於數次接近獲得驚人勝利的十字軍來說，這羞辱也未免太大了，才不過兩個月前，整個聖地以及埃及，差點就又回到基督徒的手中，然後就這樣糊里糊塗地都成了泡影。十字軍不僅全盤皆輸，勝利也像到嘴的煮熟鴨子飛走了。[10]

10 作者注：後來第五次十字軍東征連收回真十字架這個小小安慰也沒能得到，佩拉久斯一直以來的懷疑沒錯，卡米爾根本就沒有真十字架。

第十八章　第六次十字軍東征

他對上帝沒有半點信仰；他滑頭滑腦、詭計多端、貪婪成性、好色、惡毒、脾氣很大；然而卻是位豪俠人物。

——《撒林貝內編年史》（*Chronicle of Salimbene*）[1]

當這一敗塗地的消息傳回歐洲之後，一般反應是震驚得難以置信。十字軍東征怎麼可能又失敗了呢？是因為上帝對十字軍的罪孽感到憤怒，又或者是有更世俗的理由

1 作者注：G. G. Coulton, *St. Francis to Dante*, (London: David Nutt, 1906), pp. 242-43。

呢？當然這裡頭也不乏人為因素，例如匈牙利國王丟下十字軍一走了之，各領導人在杜姆亞特的駭人行徑，尤其是頑固不化的佩拉久斯還屢次拒絕接受得手的勝利。

然而絕大部分的錯都歸咎到一位不在場的人頭上。腓特烈二世宣誓加入十字軍已經六年了，卻寸步未離開歐洲。沒錯，他派遣了一些部隊前去，但這一來卻更糟糕，因為他老是承諾著要出發，結果讓十字軍一直處於不知何去何從的境地，削弱了行動能力。

教宗何諾三世（Honorius III）繼前任英諾森三世之後，接手領導了第五次十字軍，他對腓特烈的表現感到非常惱怒。那年十一月教宗和皇帝會面，讓皇帝知道他的不滿。腓特烈向教宗保證他絕對無意違背誓言，但他聲稱需要更多時間做準備。看到皇帝表現出的誠意，何諾三世息了怒，再給他四年時間，但他警告腓特烈，絕對不會容忍任何進一步的拖延。

也許皇帝做事就是慢條斯理，又或許是十字軍東征的熱情已開始消退，但是到了該出發的日子時，腓特烈還是沒準備好。他已經組了一支規模相當大的艦隊，但卻沒能招到足夠的部隊來填滿這些船艦。他又跟何諾三世會晤，要求延期，辯說帶著這麼少的兵力出發保證會失敗。

教宗很難跟這番評估理論，但他的耐性就快沒了，他已登上教宗寶座十年，就快八十歲了，要為第五次十字軍東征雪恥已來日無多。於是教宗又給了腓特烈二世兩年時間，要是這回他又錯過期限，就有附帶的嚴厲處罰。腓特烈得先交出十萬兩黃金給條頓騎士團做為擔保金，等他到了聖地才能索回。此外，他要發誓在東方起碼待兩年，以確保持久的安定。要是他實踐不了任何一個諾言，或於一二二七年八月十五日之後在歐洲多待上一天，教宗就會對他處以破門律。

最後這一點是腓特烈建議加上的，以表示他的認真，要是腓特烈有意拖延，可以有好幾個理由。就算在最好的情況下，加入十字軍東征都是有風險的事，沒有一位負責任的君王會樂意擁抱十字軍理念，畢竟不待在自己的國家，而且一離開就是好幾年，這種領導人的缺席很容易招致國家的滅亡。神聖羅馬帝國本就出了名的一團亂，他已經花了大部分在位期間去掃平叛亂。靈性上的富足從來對他來說都沒有什麼特別的吸引力，也沒什麼理由值得他去犯險。

耶路撒冷的王冠

不過到了一二二五年，情況轉變了。布里恩的約翰的十三歲女兒尤蘭妲（Yolande），是耶路撒冷王位的繼承人，已經成年了，鰥夫腓特烈於是向教宗表達了想娶她當妻子的念頭。他以很典型的手法表示，暗指要是他能娶到耶路撒冷的女王為妻，那他就會有捍衛耶路撒冷的動力了。

何諾三世懷疑腓特烈真正的理由，其實是想為帝國的收藏多添另一項頭銜而已。但從另一方面看來，這一來也會讓腓特烈有了非得貫徹十字軍東征不可的理由。於是何諾三世先取得腓特烈的承諾，保證不會意圖申索耶路撒冷的王位，只會以他妻子的配偶身分來統治，然後才對這宗聯姻給予全力支持。

但腓特烈甚至沒等婚禮完成就已經食言了，典禮進行到一半時，他就宣布現在他是耶路撒冷國王，這意味著剛成為他岳父的布里恩的約翰（這位約翰曾為了十字軍國家的利益而努力），就此被剝奪了王位，甚至連句給他的道謝也沒有。

但對教宗而言，唯一的積極結果就是腓特烈終於開始行動了。這時機再好不過，因為穆斯林世界再度分裂，埃及與敘利亞的領袖彼此不和，埃及蘇丹卡米爾已經派了幾名信差到腓特烈的宮廷，表示願意交出耶路撒冷，只要皇帝肯去進攻敘利亞的大馬士革而不是開羅。腓特烈發揮他一貫的魅力讓使節們留下深刻的印象，但也很精明地派人送信給大馬士革，看對方是否會開出更好的條件。[2]

一二二七年夏天，腓特烈二世終於出發了，這時離他當初發下誓言已經過了十二年。他的老對頭何諾三世用盡了一切辦法，軟硬兼施才有了這結果，但卻未能見到這幕。何諾三世已在該年三月過世，享年七十七歲。到他死時，第五次十字軍東征的失敗仍然沉重地壓在他的心頭。

然而，要是以為此時教廷和帝國之間的關係會比較好轉，這想法很快就破滅了。何諾的繼任者格列哥里九世年紀更大，而且同樣對腓特烈很惱怒。在他心目中，這位皇帝就是個謊言連篇的人，最需要的只是一隻指引他的鐵腕。當然，他對腓特烈的拖延將會毫無耐性。起初，事情進展得還頗順利，腓特烈選了義大利南部港口布林迪西做為登岸地點。一二二七年的夏天，日耳曼人部隊也開始越過阿爾卑斯山，陸續進入義大利。然而過了沒多久，事情就開始出錯。天氣酷熱難熬，補給不足，乾淨的飲水

2 作者注：大馬士革給腓特烈的回覆是：「我們只能給你一劍，其他什麼也沒有。」

更是短缺得可怕。在這種不衛生的環境中，疾病開始蔓延，於是成千位將士就乾脆打道回府。

儘管人數減少，皇家艦隊仍準時啟航。不過皇帝本人卻沒跟艦隊一起出發，他帶著朝臣走著更悠閒的路線，直到八月底才來到義大利。不過，腓特烈倒是很識相地不稍作停留，馬上出發，沒讓教宗留意他已經違反了嚴格來說八月十五日一定要出發的誓言。

教宗這頭也沒辦法放下心來，因為腓特烈才啟航三天，就爆發了疫病，船上許多士兵都病倒或病死，皇帝本人也病倒了。由於皇帝病得很重，士兵都開始擔心起他的身體，於是決定找個最近的義大利港口養病。幸好艦隊還沒航行得很遠，因此很容易就來到那不勒斯最著名的溫泉勝地。

腓特烈知道會受到背信棄義的指控，於是就先發制人，趕緊先去函給教宗為自己開脫，說明不幸有這樣的曲折。他說大部分軍隊都已經上路了，等他身體一好轉就會盡快去跟他們會合。

但這實在微不足道，也為時太晚。十二年來教廷看著腓特烈拖延十字軍東征，已經耗盡了耐心，既然皇帝自己都提出過，如果他違背誓言就願意接受懲罰，那麼格列哥里九世就指控腓特烈二世裝病逃避誓言，在一二二七年九月二十九日正式對他處以破門律。

此一宣布使得一切陷入混亂。被處以破門律是會被排斥在封建社會之外，沒有一位好基督徒會跟腓特烈打交道，所有的封建紐帶和義務也會化為烏有，任何接納他或以任何方式協助他的人也都一律跟他同受譴責。腓特烈的頭銜、土地，以及財富在理論上都被撤銷了。

腓特烈顯得很冷靜，根本不當一回事，公開宣布他會在五月上路完成十字軍東征，絲毫不理會教宗傳來的一切憤怒訊息。當腓特烈在春天兌現諾言出發時，整個歐洲都非常感冒，因為不管十字軍東征實踐得多不完美，但總是信仰上的行動，如果讓一位被逐出教會的人參加，而且還讓他來領導，這簡直是不可思議，還會危及其他每個參與者的靈魂。

不過，腓特烈對靈魂的興趣沒有對王冠來得大，他的妻子耶路撒冷女王尤蘭妲，也是他跟耶路撒冷王位間的紐帶，剛死於分娩。這對腓特烈來說是個令人困擾的枝節，但實際上的安排向來都是兩回事。腓特烈本來就打算以丈夫的身分統治耶路撒冷，但現在妻子死了，當兒子的攝政也同樣容易。腓特烈認為反正以後就可以得到寬恕，只要讓眼下這位教宗或他的接班人看到自己的成果就行了。

腓特烈二世在海外之地

這時看來格列哥里九世不會有希望改變心意，就在腓特烈於義大利海岸揚帆出海之際，教宗正忙著寫信給十字軍國家的首領們，怒罵這位壞透了的皇帝是信仰的敵人，禁止任何人跟他扯上關係。

毫不意外，當腓特烈在巴勒斯坦上岸時，果然受到冷冰冰的對待。不過，堂皇的表面也已有裂痕。神職人員和軍事修會都討厭他，但是很多十字軍國家的貴族卻都樂得能取得任何協助。

腓特烈對這一切似乎都不放在心上。他不像之前大多數的十字軍，他清楚聖地伊斯蘭圈複雜的政治局勢，而且打算善加利用其分裂的本質。他並不需要一支強大、團結的軍隊，他只需要有支軍隊亮相就可以了。十幾年來，光是提到他的大名就已經讓埃及蘇丹以及巴勒斯坦眾埃米爾感到威脅，現在他本人已在這裡，或許虛晃幾招就能收效。

兩年前，蘇丹卡米爾曾提議交出耶路撒冷給腓特烈，交換條件是要腓特烈去攻打大馬士革，所以現在腓特烈就派人送信去通知說，他已準備好做交易了。蘇丹卻尷尬萬分，因為政治風向早已轉變，大馬士革不再像以前是個威脅，要是他拿耶路撒冷交換進攻大馬士革，對他的威信是很大的打擊。但另一方面，拒絕腓特烈的話，肯定會激怒這位令人畏懼的皇帝，就得要去抵禦十字軍了。

解決辦法就是拖延時間。於是卡米爾派了成群使者去見腓特烈，每個都帶來了貴重禮物，承諾會永遠感激，還有無窮無盡的各種提議。來訪的穆斯林特使如此之多，而且都獲得熱情接待，以致皇帝手下軍隊開始懷疑，腓特烈是否在計畫背叛他們？

然而過不了多久，腓特烈就意識到卡米爾是在拖延。看來要給他們點顏色瞧瞧才行，於是皇帝驟然中止交涉，開始計畫朝耶路撒冷挺進。保護聖城通路的海岸城市雅法加強了防禦工事，彷彿準備要展開大舉攻勢，軍隊也開始儲備糧食。蘇丹讀懂了這個訊息，趁著皇帝還在雅法的時候，蘇丹代表團就抵達請求休戰。

交涉過程很困難，但是腓特烈得心應手。當這些特使抵達時，他以阿拉伯語跟他們寒暄，並以他的古蘭經知識來接待他們。腓特烈在西西里度過的成長歲月讓他對穆斯林的心態有深入了解，很清楚何時該招架，何時該攻其要害，何時該強硬，何時該妥協。三個月下來，腓特烈憑著三寸不爛之舌做到之前三次十字軍用刀劍都做不來的事，重新贏回了聖城。

勝與敗

條約的每項條款幾乎都是一種妥協，這樣說可謂再恰當不過。雙方同意休戰十年，除了耶路撒冷的清真寺之外，其餘都歸還給基督徒管理，連同伯利恆、拿撒勒，以及銜接這些地方通往海岸的一片狹長內陸。腓特烈答應聖城保持不建城牆或駐軍，伊斯蘭朝聖者可以自由通往阿克薩清真寺、穹頂清真寺，或其他任何膜拜地點。此外，所有目前的穆斯林居民都可留下，他們的社群會有自己的官員，並受伊斯蘭教法管轄。最後一條規定則是，若穆斯林與其他基督教國家發生戰爭，腓特烈會保持中立，如基督徒破壞休戰協定，他就會協助穆斯林。

當收復耶路撒冷的消息散布開來時，海外之地陷入了狂喜中，剎那間，腓特烈從放肆的惡魔搖身一變成了基督教世界的大英雄。每座城市都響起鐘聲，男人在街上當著大庭廣眾哭了起來，教堂裡舉行了感恩禮拜。然而隨著條約的細節逐漸披露出來，眾人的喜悅之情也轉成了困惑，然後是驚恐。

基督徒認為耶路撒冷根本不算是回到自己手中，他們不會有權力去管理大部分的人口，也無從控制眾多的神聖遺址，也沒任何能力限制誰可以進城。更糟糕的是，不能重建防禦城牆，這城市在戰略上就等於完全孤立了，耶路撒冷只能靠一條狹長的陸路走廊跟其他的十字軍國家連接，只要哪個鄰國心血來潮就可切斷通路。這條約的所有條款讓耶路撒冷完全沒有了防禦力。這不是一項偉大的勝利，而是外交上的騙局。

卡米爾公開吹噓自己的外交勝利更是火上加油。他說只不過用「幾座教堂加上廢墟房子」就打發了十字軍。他向聽者保證說「所有的神聖遺址都會留在穆斯林手中，伊斯蘭會像之前一樣繼續欣欣向榮」。總之他結語說，等到休戰結束時，他會「清除」基督徒的耶路撒冷。

我們很難看出處在妥協處境的腓特烈還能做些什麼，但他的目標是志在國王加冕儀式而非長久維持海外之地的安定。起碼腓特烈得到自己想要的，而且一點時間也沒浪費，馬上就籌劃在聖墓教堂舉行盛大儀式。

正如眾人所料，耶路撒冷牧首斷然拒絕跟這件事扯上半點關係，當腓特烈無視牧首而自行進入耶路撒冷時，牧首就對全城下了禁令，任何人要是出席儀式或者支持這件事的話，就會跟著皇帝一起被趕出教會。

接下來發生的事堪稱十字軍東征史上最詭異的插曲之一。一二二九年五月十八日早上，腓特烈二世・巴巴羅薩進入耶路撒冷最神聖的教堂裡，卻發現空無一人。不管這條約安排得多薄弱不足，但腓特烈的確獨力完成了每位十字軍的既定目標，解放了耶路撒冷。但這場偉大的勝利為基督徒和穆斯林雙方帶來的只有苦澀，大家都覺得被自己的領袖出賣了。腓特烈本人就是個活生生的矛盾例子，他被處以破門律，是信仰上的敵人，但卻又是教會神聖使命的領導者，可因此獲得減輕罪孽的特權。

沒有人為腓特烈加冕或舉行簡單的彌撒，但腓特烈才不會就此罷休，他多加的一個目中無人的舉動，更添加腓特烈皇帝的傳奇性。左右簇擁著腓特烈的日耳曼士兵跟著他走進教堂，再自行戴上王冠並宣稱自己是耶路撒冷國王。加冕儀式本來就毫無喜慶氣氛，加上皇帝跟他的新臣民們明顯互相蔑視，於是更加不開心。隔天腓特烈就離開了耶路撒冷，從此再也沒有回來過。

等到腓特烈來到阿卡時，他的心情已經壞透。他本來就沒指望海外之地的百姓感激他，但起碼要尊重他。最冒犯他的是耶路撒冷的牧首，甚至毫不掩飾對他的厭惡。這位令人難以忍受的牧首還追著腓特烈到了阿卡，集結貴族起來反對他。

皇帝可沒心情應付這種不服從，他命人把牧首拖到自己面前，憤怒地要求對方承認自己是國王。牧首也同樣火大，吼回去說他才不會聽命於叛徒。腓特烈終於忍無可忍，攻占了耶路撒冷，命士卒把所有不承認他是合法國王的人都驅逐出耶路撒冷。發表抗議言論者則在大庭廣眾下鞭笞，牧首則遭軟禁。

唯一阻止了帝國軍和本地人之間進一步衝突的，是腓特烈強烈想要盡快離開這裡的意思。當腓特烈不在歐洲時，格列哥里九世一直在忙著，他組了一支軍隊，交由布里恩的約翰來指揮，他是被剝奪王位的前任耶路撒冷國王，也是腓特烈的岳父。教宗的軍隊已經長驅直入來到腓特烈在義大利南部的國土境內，就快要征服這片國土了。

一二二九年五月一日，在抵達聖地後才十個月，腓特烈就航行返國。在一陣怨恨之下，他先毀掉所有能找得到的武器或攻城工具（這也為了確保百姓不會違背他簽下的條約）。當腓特烈走向他旗艦的過程，簡直就像匆匆撤退而不像莊嚴地進軍，百姓對皇帝的看法毫無疑問，皇帝一路上得要忍受噓聲以及投擲來的畜生糞便和腐爛的動物內臟。

對一場詭異的十字軍東征來說，倒是很合適的結局。表面上腓特烈的表現非常出色、成功，儘管大部分的基督教世界、十字軍國家和伊斯蘭世界都跟他敵對，他卻做到憑著口才就收復耶路撒冷，辦到只有第一次十字軍東征才做到的事。耶路撒冷、伯利恆還有拿撒勒再度成為基督徒的城市。

然而就各方面重大意義來說，這些勝利都是毫無意義的。這次的十字軍東征一直就是腓特烈為達成個人目標的舉措，而他追尋這些目標時也是恣意而為。他丟下的海外之地就像耶路撒冷一樣，嚴重分裂而且實際上毫無防禦能力。

腓特烈費盡九牛二虎之力取得的王冠，也沒能為他帶來多少安慰，不到一年，他留下負責照管聖城的將士就打起內戰。不到十年，耶路撒冷以及其他任何腓特烈曾留下的影響痕跡就都消失了。

這次經歷對腓特烈的聲譽也沒有好處。他在深深不受信任中抵達黎凡特地區，離去時，誠如一位當代編年史家所形容的：「（他）深受怨恨、詛咒與詆毀。」他對基督教世界的大業造成了無可挽回的破壞，但卻沒能從中得到任何收穫。

第十九章 第七次十字軍東征

……法蘭克國王帶著一大批人前進……地球因為他們的聲音而震動……。

——敘利亞編年史家巴爾·希伯來（Bar Hebraeus）[1]

海外之地因為穆斯林一次又一次的內訌而獲救，免於徹底崩垮。如今基督徒占有的巴勒斯坦顯然只是苟延殘喘，因此要抵抗異教徒的緊迫性也就大大降低了，開羅的

1 作者注：出自 *The Chronography of Gregory Abu'l Faraj...Bar Hebraeus*, trans. Ernest A. Wallis Budge (London, 1932)。

蘇丹對於征服大馬士革的興趣遠大於收拾掉這些可憐兮兮、苟延殘喘的十字軍國家。

再沒有比耶路撒冷的命運更能象徵這種對聖戰幾近漫不經心的態度了。一二三九年休戰一到期，老蘇丹卡米爾的部隊就占領了耶路撒冷，隔年進入大馬士革。接著蘇丹就去世了，在隨之而來的內戰中，耶路撒冷又交還給了基督徒，以換取軍事上的支持。然而實質上的控制只不過是幻象，這座聖城對於它的伊斯蘭主人們而言只不過是個擺設，方便的時候就易手。

到了一二四四年，有位埃及將軍拜巴爾（Baybars）決定要奪回耶路撒冷時，就更充分表現出來這點。拜巴爾是馬穆魯克（Mamluk）的領導人，這是一群以前是奴隸、後來成為埃及軍隊骨幹的士兵。一支十字軍被派去攔阻他，拜巴爾將之摧毀後就長驅直入耶路撒冷。沒有離開的人全都遭到屠殺，婦孺則淪為奴隸，城裡的教堂，包括君士坦丁大帝興建的聖墓教堂，全都付之祝融。十字軍國家只剩下一小片黎凡特海岸區，甚至連能否繼續存在也要看伊斯蘭鄰國的心情而定。

十字軍諸王國的淒慘處境在歐洲引發了慣有的虔敬卻束手無策的同情。腓特烈二世允諾了幾次要發起大規模十字軍東征，但沒什麼人相信他，因為眼前他正忙著抵禦教宗軍隊，此外他還二度被處以破門律。[2]與此同時，教宗英諾森四世已經發起了另一次十字軍東征，但卻建議用這十字軍對付信仰上的「真正」敵人腓特烈二世。

在這種充滿兒戲與政治暗算的氣氛中，連教宗都不會試圖去捍衛聖地之際，法蘭西國王卻突然挺身而出，要重拾已失去光輝的十字軍東征理想。路易九世和腓特烈二世是完全不同的人，他真誠又有很深的信仰，這位年輕國王在為人正直上已有無懈可擊的名聲，甚至在他的敵人中也享有此譽。他死後不到三十年就被冊封為聖人，而且一直是法蘭西君主之中唯一的封聖者。他遠比「獅心王」理查莊重得多，但同樣充滿騎士精神，並認為解放耶路撒冷是表達基督徒虔敬最值得做的事。多虧了他的前任諸王們所做一切，尤其是腓力二世，法蘭西富有、安定，而且是歐洲最強大的王國，利用這些資源來為基督效勞，這是最好不過的途徑。

他的熱情從來都是毫無疑問的，就在歐洲其他君主們都在找理由推三阻四之際，他已經在耶路撒冷陷落那年就宣誓加入十字軍東征，儘管那時他還病得很嚴重。後來嚇壞的王太后總算成功說服教宗解除誓言，說她兒子病得神智不清，但路易一等身體

2 作者注：腓特烈還曾厚臉皮地說道，誰加入他攻打教宗的行列，他就給予此人同樣的減輕罪孽福利。這通常是參加過十字軍東征才有的權利。

復原就隨即重新宣誓。

路易雖然亟欲出發，但並不代表他就會草率行事。這是神聖的召喚，是他身為國王的最高責任，一點都不能碰運氣。所有的計畫都一絲不苟，組織得令人刮目相看。他花了三年時間做準備，等到一二四八年八月二十五日啟航時，他所率領離開歐洲的這支部隊，是從以前到現在運作得最有效、補給最完善的十字軍。

由於作戰季節已到尾聲，於是軍隊便在賽普勒斯過冬，路易九世趁此蒐集當前埃及政治局勢的情報。他聽到的消息很令人鼓舞，卡米爾王朝正在分崩離析中，顯然過不了多久馬穆魯克就會占了上風，現在正是利用此分裂局面的最好時機。

埃及的戰事

在賽普勒斯過冬的不利之處，是給了埃及蘇丹充分的事先警告，知道路易九世的打算。因此當十字軍來到杜姆亞特時，發現伊斯蘭軍隊已在等著他們。他們被迫在水深及腰處下船，在激烈對抗中涉水上灘。路易九世本人表現得很英勇，跟手下一起奮力擠上沙灘。

等他們搶灘之後，這場戰鬥就縮得很短了。法蘭西人的長矛打斷了埃及人的衝鋒陣線，使得對方陣腳大亂退回主力軍處。不到幾分鐘，穆斯林就逃離了戰場，丟下杜姆亞特自生自滅。

路易九世立即下令準備圍城，一心以為會有一場漫長的抵抗。在第五次十字軍東征時，杜姆亞特的駐軍曾經頑抗了五個多月，無疑這次他們會比上次準備得更好。然而當路易派出斥候去試探對方的防禦力時，卻發現該城已人去樓空。三十一年前的回憶為路易攻下這座城市，杜姆亞特的百姓索性跟著駐軍一起逃掉。

這意外的成功反而帶來了一個問題。他們才不過進入十字軍東征的第一天，但已經沒有一個可用的先例可循，只有第五次十字軍東征所犯的錯誤要避免。路易九世的幕僚們對於下一步究竟該怎麼做，分成了兩派意見。東征的最終目標是要收復耶路撒冷，但他們應該留在埃及多久呢？埃及本身是否就是終極目標，又或者只是在未來更遠大的目標中討價還價的籌碼呢？換句話說，他們是應該進軍開羅並永久粉碎埃及的穆斯林勢力以確保海外之地的長期安全，還是繼續施壓直到蘇丹交出耶路撒冷為止？前一條路有重蹈覆轍之險，犯下佩拉久斯在第五次十字軍東征時的愚行，而後者則有錯失得到聖地幾十年安定的良機。

路易為了做出決定而天人交戰，由於他控制了海上，因此可以無限期保有杜姆亞特，而蘇丹也已經顯示出很缺乏勇氣，因此無疑會盡早交出耶路撒冷。但他的良心不容他忽視海外之地的長期安定，收復耶路撒冷卻不能確保它將來的安全，這就跟腓特烈二世做過的沒什麼兩樣。斬草還是得要先除根才行。

經過幾個月的策劃，路易很謹慎地向南進軍，一面確保其補給線都受到充分保護。不到一個月他就抵達了曼蘇拉，並在三十年前佩拉久斯所選的同一地點上紮了營。

彷彿過去失敗的十字軍陰魂不散，一場夢魘般的情景又重演了，尼羅河再度開始氾濫，法蘭西人試圖修築一條堤道，卻遭已經在對岸嚴陣以待的穆斯林軍隊擊退。又一次，一支開始時大受看好的十字軍受困於孤島之上。碰巧國王的弟弟「亞多亞的羅貝爾」（Robert of Artois）發現了有一名當地埃及人知道上游有個可涉水而過的地點，他沒先跟路易商量就帶著幾百名騎士躍入水中，並設法安全渡過了河。他立刻襲擊了穆斯林的營地，殺得對方措手不及。

這場驚人的勝利完全沖昏了羅貝爾的腦袋。曼蘇拉是前往埃及路上唯一重要的障礙，必須得在十字軍能前進之前攻占下來。羅貝爾已經救了十字軍一次，現在更是鞏固他聲譽的大好機會。於是他沒等到法蘭西主力軍渡河跟他會合，就衝進了曼蘇拉，意圖自行奪取這座城鎮。不到幾分鐘，他和大多數手下都在蜿蜒的街道上被砍死，使得十字軍喪失了一些經驗最豐富的騎士們。

路易沒有時間悲傷，他的軍隊一渡過尼羅河，就有一支龐大的穆斯林軍隊跟他們交戰起來。這場慘烈的戰鬥持續了十二個多小時，造成慘重傷亡。十字軍總算是打贏了，但已經太過衰弱無法對曼蘇拉形成嚴重威脅，更別說是開羅了。

就在國王苦惱著不知該怎麼做時，蘇丹卻正忙著布下一個陷阱。只要能透過尼羅河取得補給，這支基督徒軍隊就會一直成為威脅，於是他想出了一個巧妙辦法來化解。他在開羅打造了一支艦隊，然後拆解開來用駱駝經由陸路運送，繞過十字軍，來到尼羅河下游幾英里處再重新組裝滑入河裡，俐落地切斷了路易九世軍隊與杜姆亞特之間的補給線。

諷刺的是，儘管路易做了萬全準備，但卻還是陷入與第五次十字軍同樣的困境。他撐了三個月拒絕投降，就算是飢餓與疾病進一步削弱了他的軍隊也一樣，但毫無疑問，這場十字軍東征已經結束了。最後，他於三月下令撤退，病者與傷兵都上船並試圖闖過伊斯蘭的封鎖，而軍隊則行軍北進。

儘管路易九世病得很厲害卻拒絕在船上占個位子，他的職責是要跟軍隊待在一起，不會丟下他們不管由得他們自生自滅。結果事實證明，怎麼做都一樣，除了一艘船之外，其他全都沒能突破穆斯林海軍的封鎖。大多數人都遭殺害，只有那些有望復原者逃過一死，以便賣到奴隸市場上去。

路易九世的情況也只是差強人意而已。軍隊艱苦地向北前進，一路不斷受到尾隨盯梢的穆斯林軍隊騷擾。糧食減少又無法補給，很快就證明這番努力已注定失敗。回杜姆亞特的路程還沒走到一半，國王就意識到他們再也前進不了了，在終究免不了要投降之前，繼續抵抗下去只會徒增傷亡。為了讓他手下殘兵能逃過一死，這位法蘭西國王提出了投降。

結果卻讓路易大為驚駭，因為蘇丹立即下令殺掉所有無法付出贖金的人，病患與傷兵都跟貧窮者一起被殺掉，其他的則成為階下囚。接著蘇丹開出條件，要他們立刻撤出埃及並付出一筆龐大賠款，如此就准許生還者贖回自己。國王路易本人則繼續囚禁，直到起碼付了一半錢為止。

命運弄人太殘忍，路易接受了條約，卻只見到馬穆魯克長期醞釀的反叛推翻了埃及蘇丹。要是他在杜姆亞特多待上幾個月，或者延遲進攻曼蘇拉，埃及就根本沒條件抵抗了。然而現在他的處境肯定更壞，開羅的新主人們無意履行任何跟異教徒的協議，而且還打算把他們全都販賣為奴。

最後，對穆斯林來說，基督徒允諾給予的金錢以及交出杜姆亞特的控制權，打敗了跟這些不信真主者達成交易時的不愉快感。付出了已經提高的贖金之後，路易九世與大多數上層貴族終於獲釋。但令人難以置信的是，即使到了這地步，這位法蘭西國王還是不肯認輸，他很多手下仍被囚禁，他不能昧著良心回國丟下他們不管。畢竟他曾鄭重發過誓要協助海外之地。他先解除了手下附庸對他宣過的誓，然後宣布說他會航往聖地，盡自己一切所能。於是在大約一千名騎士陪同下，他前往阿卡去了。

聖路易在海外之地

路易的來到正好與不久前腓特烈二世的來訪成為鮮明對比。當王室駁船駛入港口時，牧首和全城百姓都前來致敬，歡呼著把他當成了征服歸來的英雄迎接。事實上，有很多他可以做的事。雖然他只有千名騎士，但他的聲譽遠遠彌補了軍隊的孱弱。他跟腓特烈不一樣，他受到整個海外之地的敬重和服從，大家都視他為東方唯一有道德權威可擔當領導的人物。

成功幾乎立刻隨之而來。路易利用埃及與敘利亞之間慣有的分歧，很聰明地提議與馬穆魯克結盟，以此交換釋放所有基督徒俘虜。埃及人同意了，並暗示若能得到足夠的協助，也可能有機會交還耶路撒冷。不過，因此而爆發的戰爭打得並不久，無法看出馬穆魯克是否是認真的，但路易九世起碼實現他許下要營救手下的諾言。

由於路易的十字軍絕大部分已解散了，因此他缺乏兵力去為海外之地取得更重大的收穫，於是他就集中於鞏固現有的領土，建造新城堡，修補城牆，交通線也改善了，而且全都是由他個人付費。他一心一意只想幫助海外之地，幾乎到了狂熱地步，儘管幾乎每天都有信件來催他回國，路易卻甚至連離開聖地都沒想過。

不過到了一二五三年底，就連路易也不得不承認他能做的已經不多了。沿海領土仍握在基督徒手中，他已盡力保護得很好，也運行得很有效，並跟馬穆魯克定好確保十年的和平，現在只需要一支規模大的十字軍來擴展邊疆。他已經離開法蘭西六年之久，比實現他加入十字軍東征誓言所預期的合理年限要長得多，早就過了該回國的時候，到這時他還是很不願意回國。在路易回國之前，他又做了最後一件好事，為阿卡建立一支擁有百名騎士的永久駐軍，並永遠由法蘭西王室出資來養這支駐軍。

儘管有夢魘般的起頭，路易多少總算做到營救他手下的十字軍。他留下的聖地比他當初見到時的處境強得多，這樣的成就除了「獅心王」理查之外，沒有別的十字軍做得到。但儘管如此，他卻仍受良心困擾，上帝不認為他是配用來救贖耶路撒冷的好工具。他得出的結論是，是他的缺點，尤其是自負，要為此負責。要是他能用真正基督徒對於公義與貧苦人的關懷來統治法蘭西的話，說不定上帝會再給他另一次機會。

第二十章 祭司王約翰

在世上各種財富中，我們的偉大是豐富而卓越的。

——祭司王約翰致君士坦丁堡皇帝函[1]

回國之後，國王路易九世一直留意著東方情況，日理萬機讓他被綁在法蘭西，但他很盡責地盡量經常送錢和補給到海外之地，並伺機重返。因此，他是最早接到一份

1 作者注：出自 *Selections from the Hengwrt Mss. Preserved in the Peniarth Library.* Williams, Robert, ed. & trans. London: Thomas Richards, 1892。

關於奇妙發展狀況的知情者之一。祭司王約翰終於出動了。

自從第二次十字軍東征以來，西歐就流傳著關於東方有位偉大基督徒國王的傳說，雖然細節出入很大，但大多一致認為祭司王約翰是耶穌誕生時曾朝拜聖嬰的三賢之一的後代。

傳說並說他是聶斯脫里教徒，是基督教分裂出來的一派，既不承認教宗權威，也不承認君士坦丁堡的牧首。祭司王約翰遠在東方的波斯，統治著一個富有得難以想像的國家，身兼祭司與國王，而且已經在整合軍隊要驅趕走占據耶路撒冷的穆斯林。

這些活動的報告可信到足以讓當年的教宗亞歷山大三世寫了一封信給祭司王約翰，探討是否有可能攜手合作建立第三次十字軍去東征。但縱使沒有一位使者回來過，又或者祭司王約翰屢次未能在耶路撒冷出現，也無損於基督教世界對這位偉大的東方救主的相信程度。[2]

然後到了十三世紀，令人激動的報告開始逐漸傳了過來。阿卡的主教向羅馬報告說穆斯林軍隊在東方吃了一場大敗仗，驚恐落荒而逃。很快就有更多伊斯蘭國家崩垮、軍隊被擊潰、城市被夷為焦土的故事證實了此說。接著到了一二五八年又傳來最驚人的消息，阿拔斯哈里發王朝[3]堂皇富麗的首都巴格達被徹底摧毀了，宏偉的圖書館遭焚毀，大約九萬多名城民遭殺害，哈里發本人則用地毯裹起來讓人踐踏至死。

很多人在這番覆滅中見到了上帝的手。過去六個世紀裡，伊斯蘭軍隊征服了四分之三的基督教世界，現在終於能夠伸張正義了。祭司王約翰會掃除那些占領者，迎來太平繁榮的新時代。

然而，有些事卻似乎跟這支所向披靡的基督教軍隊有所出入。當軍隊進入敘利亞時，的確是由一位聶斯脫里教徒將軍怯的不花率領[4]，但他似乎並沒有在伊斯蘭敵軍與基督教友軍勢力之間劃清界線。安條克大公被迫成為附庸，要是拒絕就面臨死亡威脅。阿勒坡與大馬士革因為投降而幸免於難，而且怯的不花還派了大使前往開羅要求埃及馬上投降。

2 作者注：尋找祭司王約翰是啟發馬可孛羅東方之旅的靈感之一。
3 作者注：此王朝的哈里發們乃穆罕默德一位叔父阿拔斯的後裔。
4 編按：怯的不花（Kitbuqa）是蒙古人旭烈兀底下的大將，旭烈兀在一二五二至一二六〇年間發動第三次蒙古西征，攻滅了巴格達的阿拔斯與大馬士革的阿尤布兩個穆斯林王朝。西歐人錯把蒙古人的軍隊認成祭司王約翰的軍隊。

當教宗英諾森四世致函去問他們為什麼要攻擊基督徒的領土時，對方告知他說，任何不承認他們領袖權威者一律都消滅掉。這答覆震驚了歐洲各宮廷，這根本就不是他們認為祭司王約翰會有的表現。

或許由世俗的領袖跟他們談，運氣會好一些。路易九世意圖開啟談判，提議放下他們在神學上的一切歧見，聯手對抗共同的伊斯蘭敵人。但對方冷然地告訴他說，他們的目標是要擴充勢力，而非與盟友分享勢力。他們接著說，要是路易九世真的有心出力的話，可以現在就讓法蘭西投降並送歲貢來，省去他們入侵的麻煩。

到這時西歐人才恍然大悟，這些新來的入侵者原來跟祭司王約翰一點關係也沒有。祭司王傳說本身不過是一廂情願的種種想法混合，斷章取義擷取了幾樁半為人所記得的事實，以及對地理掌握不清的結果。在歐洲的東部的確有個很大的基督教王國，但卻位於衣索比亞。此外，有些聶斯脫里教徒社群更散布在遠東的印度，但他們在當地百姓中只屬於極小眾。

事實上，這些侵略者是蒙古人，來自中亞大草原的民族，在歷史上已經建立過一個最遼闊的帝國。率領他們的是成吉思汗，天生的軍事奇才，謠傳他生下來時握著一拳鮮血，他們似乎決心要破壞掉所有的文明。說蒙古人是野蠻人的確名符其實，蒙古人的行為的確令人驚駭，看來就純粹為了尋開心而打仗。對蒙古人周遭的文明國家而言，他們的習俗很讓人作嘔，為了維生，蒙古人什麼都吃，從水牛、老鼠到狗，要是當代的紀錄可信的話，蒙古人甚至還吃蝨子和人血。

他們不像其他的征服者，他們的使命似乎就只是破壞。抵抗他們的城市乾脆就不復存在。在俄羅斯時，他們將反叛的貴族活埋在一座木台下，然後在台上舉行宴會，台底下的人就在慘叫中慢慢被這木台壓死。在亞洲，他們強迫一座已經注定滅亡的城市居民在城牆外集合，聽著他們分配給每位蒙古兵一把戰斧，以及必須砍殺掉的居民配額。

這不僅僅是出於野蠻的殘暴行徑而已，他們是以恐懼為工具來讓抵抗力變弱。堆積如山的髑髏、拋棄的成袋耳朵、誇大數量的散棄屍體，一切都是為了要讓下一次的征服變得容易得多。[5]從黑海到太平洋，蒙古軍隊可說是所向無敵。

---

5 作者注：實際上的數字已經夠糟糕了，一項保守的估計是，十一到十五世紀期間，蒙古人在戰事中殺害了大約百分之二點五的世界人口。

拜巴爾

不過，當蒙古人來到埃及時，卻終於棋逢對手。狠毒的馬穆魯克蘇丹拜巴爾處決了派來要他投降的特使，集合軍隊向北挺進去迎戰侵略者。

拜巴爾出兵的時機再好不過，就在他正從埃及出發的同時，蒙古大軍的司令，成吉思汗的孫子旭烈兀接到消息，成吉思汗去世了。由於旭烈兀是蒙古帝國的主要繼承人選，他立刻啟程趕四千英里路回國，並帶走了大部分軍隊。

一二六〇年九月三日，拜巴爾在加利利東南方，靠近今天以色列村落伊斯瑞爾（Yizre'el）的阿音扎魯特（Ayn Jalut），跟蒙古剩餘軍隊相遇，毅然決然打敗了他們。這是首次有人在三大洲設法阻擋了蒙古人的進軍，粉粹他們的無敵神話。儘管後來的歲月裡蒙古人仍然是一股危險的力量，但這場仗卻已很有效地打破他們所投下的絕對恐懼魔咒。

這場勝利給了十字軍國家寶貴的喘息空間，但他們非但沒有利用這個機會加強防禦，貴族們反而還開始內鬥起來。最不像話的是軍事修會，一直不停意圖互扯後腿。聖殿騎士團和醫院騎士團為了面子，意見始終相左，而且常常吵得很激烈，有時甚至還訴諸公開交戰。

這些情況無助於王國的安定。蒙古人征服的結果開啟了通往北方的新貿易路線[6]，隨著南方貿易路線的衰落，海外之地的經濟也開始崩潰。

與此同時，伊斯蘭世界卻空前團結，阿音扎魯特戰役給了伊斯蘭世界一個有凝聚力的人物，拜巴爾自此日益強大。打完那場仗之後的第二年，他攻陷了大馬士革，粉粹確實能威脅到他權威的最後一股穆斯林勢力。然後他就展開了他的終身使命：一場剷除中東基督教的聖戰。絕無憐憫或妥協，他自己會樹立榜樣，不管何時何地碰到基督徒就格殺勿論或者讓他們淪為奴隸。

拜巴爾的第一個目標是拿撒勒，他焚毀了那裡的主教座堂，將之夷為平地。然後移師至凱撒利亞（Caesarea），沿著海岸上下襲擊，所到之處，野蠻殘暴行徑與蒙古人不相上下。當他包圍位於以色列北部一座聖殿騎士的堡壘時，允諾若他們投降就會饒了那些騎士性命，結果堡壘門一開，他的士兵就衝了進去，殺掉每一個居民。當他

6 作者注：與龐大的蒙古帝國貿易的明顯好處是，遠東來的貨物不必再經過十幾重關稅而造成抵達歐洲前價格高漲，以海外之地為終點的南方貿易路線實在太昂貴，無法與之競爭。

的軍隊出現在安條克時，繼續屠殺所有百姓，包括婦孺在內。這是整個十字軍東征時期內空前未有過最可怖的平民大屠殺，就連穆斯林的編年史家也感到震驚。

不過，拜巴爾只是在兌現他說過的話。他聲稱，他只後悔安條克的十字軍君主鮑德溫四世沒能在那裡分擔該城的命運。他給這位君王寫了一封幸災樂禍的信，巨細靡遺描述鮑德溫錯過的大屠殺情景，大費筆墨談及那些被強姦的貴婦以及被割喉的各個聖人。

安條克，古代以及中世紀最偉大的城市之一，曾享有「東方之后」的美譽，就此被毀，再也沒有恢復。似乎過不了沒多久，十字軍國家的其他部分也加入了它的毀滅命運。

第二十一章　最後的十字軍東征

全心放在上帝身上，用全力去愛祂……。

——路易九世對其子之言[1]

從前，光是海外之地受到威脅就足以發動十字軍東征去解救他們，但如今，最古老的十字軍國家淪陷都沒怎麼引起歐洲人的注意。感受到這種處境無望的人愈來愈

1 作者注：出自Saint Louis' Advice to His Son, in Medieval Civilization, trans. And eds. Dana Munro and George Clarke Sellery (New York: The Century Company, 1910), pp. 366-75。

多，因為海外之地似乎瀕臨崩垮已經很多個世代了。眼前歐洲有更緊迫需要關注的事，總之，十字軍若有餘力，也用在其他地方。西班牙正在進行「收復失地運動」，而且還正在發起新的努力來對抗波羅的海北部的異教徒。

實際上唯一在意這件事的反而是法蘭西國王路易九世，此時他已五十五歲左右，愈來愈年老體衰，但他從未放棄要拯救聖地的偉大夢想。當他宣布要再次加入十字軍東征時，上層貴族都大為震驚。現在要規劃這樣一趟長征簡直就是愚蠢至極。路易已成為模範國王，以公義治國已成傳奇，法蘭西王國也運行得很有效率，而且異常繁榮，何必為一項注定沒有好結果的計畫而拿這一切來冒險呢？因為這項計畫風險極大，可能得到的回報卻很少。對於一位決心要證明自己的信仰與勇氣的年輕國王來說，加入十字軍東征是頗高尚的，但路易九世已盡了他自己那份心力，為一趟愚勇冒險而捨棄他建立起的一切，實在說不過去。

廷臣竭盡所能勸阻路易，每個人都反對他的計畫，懇求他不要去。然而國王鐵一般的意志卻未因年紀而軟化，他不僅立刻開始準備，而且還強迫他那位極不情願的弟弟「安茹的查理」隨他前去。

查理已經有份很令人刮目相看的履歷。他哥哥非常虔誠，他則非常老謀深算，相當有手段地讓自己從一位普羅旺斯的小貴族，一躍成為歐洲的大人物。一二六二年當腓特烈二世的兒子死掉，留下引起爭端的西西里王國的王位時，他的大好機會來了。教宗先是要把王位交給路易，路易推辭之後，教宗就給了查理，查理立刻抓住了機會。他花了四年按部就班發動攻勢，到了一二六六年已經粉碎一切反對勢力，在西西里自立為王。

除了十字軍東征固有的迂腐感之外，查理也因為別有所圖而不願加入兄長的事業。突尼西亞的埃米爾國既衰弱又誘人地近在西西里眼前，而地中海的另一端則坐落著一二六一年收復君士坦丁堡的老態龍鍾帝國拜占庭，已經爛熟到可以征服它。只要查理能取得充分時間去準備，就可以很快成為皇帝，而且自然而然成為歐洲的主導人物。

然而，他現在還不是皇帝，且更令他惱怒的是他目前的聲望低於他的兄長，因此除了咬緊牙跟著路易參加十字軍東征之外，別無他法。但起碼讓查理感到安慰的是，他並非唯一受到壓力才加入的君主，西班牙國王阿拉貢的海梅一世（James I），以及英格蘭的亨利三世都對第七次十字軍裹足不前，而且是被勸說要為此出一份力。

一二七〇年盛夏，路易九世出發去從事他的第二次十字軍東征，他的精心準備極為可觀，甚至比二十年前更加努力。艦隊井然有序航向薩丁尼亞島，他計畫要在那裡跟其他君王會合，然而當他抵達該島時，卻不見有人來迎接。他弟弟還在做最後一刻的準備，西班牙艦隊則在途中失事，亨利三世正式退出，不過卻承諾會派兒子「長腿愛德華」（Edward Longshanks，後來的愛德華一世）來代替他。

這真是出師不利，但卻並不嚴重。這原本就一直是路易的十字軍東征，他會貫徹始終，不管有沒有人協助。唯一真正讓人吃驚的反倒是他選擇的目標。

所有人，包括埃及蘇丹拜巴爾在內，都以為杜姆亞特會再度成為目標，哪知路易卻出人意外選擇了突尼西亞。這顯然是受到弟弟查理的影響，要是他逃不過加入十字軍的話，他就決心要趁機占點便宜。突尼西亞與西西里隔海相望，本就是個相對積弱不振的國家，由一位據稱會改信基督教的埃米爾領導。查理對突尼西亞垂涎已久根本就不是祕密，因為突尼西亞既能保衛西西里側翼，又能讓他稱霸地中海西部。他說服路易，說征服突尼西亞可為進攻埃及提供一個穩固的基地，同時又能削弱伊斯蘭的士氣，因而向兄長推銷了這個計畫。

不管這計畫的優點是什麼，開始時倒是相當順利。法蘭西軍隊在七月中旬悶熱高溫中登陸突尼西亞，輕易就把被派來攔阻他們的部隊打跑了。他們井然有序沿著海岸北上，在昔日迦太基古城遺址的外圍紮了營。

然而，盛夏並非在北非發動攻擊的理想時機，高溫夾雜著成群蚊蟲再加上衛生條件很差的飲用水，導致痢疾爆發，嚴重削弱了軍隊。隨著狀況惡化，路易決定等候查理來到再說，因為據說他已經在前來的路中。

結果證明這是個錯誤，酷熱與滋生疾病，加上惡劣衛生環境之苦，士兵開始大批死亡，但卻仍不見查理的蹤影。路易九世的長子兼王儲腓力也病倒了，就在路易正束手無策之際，另一名兒子約翰卻死了。喪子讓路易洩了氣，約翰是在第七次十字軍東征時於埃及出生的，他的死亡似乎顯然是上天不滿的跡象，路易再次受到上天評斷認為他不適任。

幾天後，路易自己也病倒了，不到幾天就很明顯看出他無法康復。八月二十四日，他勉強打起精神，要了一件給新皈依者穿的悔罪白袍，並命人將他安放在一層灰燼上躺著，隔日早上就去世了，臨終前唇邊還掛著「耶路撒冷！」。他在突尼西亞總計待了三十五天。

那天下午，查理抵達了，卻發現兄長已駕崩，軍心大亂。他做出明智決定以減少損失，立刻跟埃米爾開啟外交談判，很典型地為自己取得非常划算的協議。埃米爾會付出一筆龐大金額給西西里王國，並同意某些貿易上的讓步，以換取法軍從突尼西亞撤兵。

當這項協議的具體細節揭曉之後，引起了十字軍的憤慨。查理什麼也沒參與，就只像隻禿鷹一樣猛撲下來掠走戰利品。軍中跟路易九世同樣具有鐵一般決心的人或許很少，但他們都很真心關注海外之地的運行狀況。已故的法蘭西國王深受愛戴，不到三十年就會被冊封為聖人，而查理的邪念卻為了錢而出賣了先王的崇高理想，實在難讓人接受。

愛德華一世

此外還有一種憤怒，因為查理要是再多等幾個星期，說不定還可挽回部分十字軍東征的初衷目標。就在查理才簽完協議後，英格蘭王儲愛德華一世就帶著一小支軍隊抵達了，日後他會因下手不留情而贏得「蘇格蘭之錘」的綽號。他是名出色的軍人，就算只有一支已衰弱的法蘭西軍隊，說不定還是能取得很大的成就。然而事到如今，在突尼西亞已經沒有什麼可做的了。

愛德華並沒有馬上回英格蘭去，反而決定航往阿卡，看看能為十字軍國家貢獻些什麼。結果發現這個王國已瀕臨崩垮。拜巴爾一曉得十字軍針對突尼西亞而非埃及攻擊時，就對散布各地的基督徒據點重啟攻擊。拜巴爾在三月攻占了醫院騎士團的宏偉堡壘「騎士堡」，此堡壘堪稱史上最強大的中世紀堡壘，別號「鯁在伊斯蘭喉中的一根骨頭」，抵擋了無情聖戰將近兩百年。

十三世紀初，有位十字軍國王曾把這座堡壘稱之為基督徒存在於黎凡特的「關鍵」，失去該堡在敵我雙方的詮釋皆為戰爭的結束。愛德華立刻看出唯有一次全面的十字軍東征才能維持這局勢，但他還是盡力而為。由於他手下不到一千人，根本就不可能去迎戰拜巴爾，於是他就說服了蒙古人去加緊襲擊敘利亞。

這項政策頗為成功，以致拜巴爾需要騰出一隻手來處理此事，於是就提議給十字軍國家十年的太平。雖然這並未改變十字軍面對的主要危險，但起碼已算是種成就了。在那些每況愈下的日子裡，能有這樣出人意外的休戰就已被當成偉大勝利來慶祝。愛德華僅憑手下三百名騎士就取得比前兩次十字軍成千上萬人還大的成就後，便返航回英格蘭。回國時卻發現父王駕崩，他則成了新國王。

隨著愛德華回國，偉大十字軍東征的日子也接近尾聲，十字軍國家陷落的宿命感油然產生，協助他們的呼籲已不再像從前那樣能發揮感召作用。路易付出的努力是歐洲有史以來所發動過最精心策劃，又資金充足的攻勢，而且是由一位熟練的指揮來領導。這位國王充滿騎士精神、英勇，又一心一意要解放耶路撒冷。然而儘管如此，兩次出征都是落得屈辱失敗。要是連聖路易本人都無法成功，那誰還有望成功呢？

路易巨大的虔誠掩蓋了一件事實：十字軍精神已經衰落多年，由於過度使用而削弱了。除了八次大規模的十字軍東征之外，還有無數小規模的十字軍在西班牙、波羅的海攻擊敵人，以及針對在法蘭西的異端分子。[2]而且要讓十字軍的理想與其明顯的政治化傾向調和，也愈來愈困難。威尼斯劫持過一次十字軍東征，腓特烈二世則劫持另一次，安茹的查理則利用十字軍東征來奪取西西里島。教宗們也發起十字軍用來針對他們的政敵，此風日長，讓問題更加嚴重。

總之，海外之地的命運已定。教宗做了最後一次協助嘗試，藉由說服讓安茹的查理買下耶路撒冷的王冠，希望他會因此趕去營救耶路撒冷。然而查理連自己已經到手的都抓不牢了。他把西西里當成個人財庫來資助其他冒險活動，到了一二八二年，長期受苦的西西里人終於受夠了，百姓揭竿而起，也就是眾所周知的「西西里晚禱起義」[3]，成功將他驅逐出西西里島，使得他所有宏偉理想化為塵土。查理派在阿卡駐守的部隊被召回國以平息叛亂，但卻徒勞無功，而留下的十字軍國家則變得比以前更衰弱了。

海外之地的淪陷

在尾聲日子裡唯一堪可告慰的是，起碼最後消滅掉十字軍國家的不會是可怕的拜巴爾，這位馬穆魯克蘇丹於一二七七年逝世，據說是因為心不在焉喝下他打算給別人喝的毒藥。走投無路的基督徒簽下各種休戰協議，但到此時充滿信心的穆斯林已經懶得遵守他們簽下的協議。他們簽下一項和平條約的一年後，就殘暴地劫掠了的黎波里，還有其他連串沿海城鎮。

一二九一年，一批龐大的軍隊包圍了阿卡，雙方都知道結局終於來臨。只有到了

2 作者注：愛德華一世在阿卡的努力有時也稱之為「第九次十字軍東征」，因為嚴格來說他是在第八次十字軍東征結束之後才開始。

3 譯者注：西西里晚禱起義（Sicilian Vespers），發生於一二八二年，西西里百姓為反對安茹王朝的西西里國王查理一世統治而起義。因百姓相約在教堂晚禱彌撒時刻起義，故稱「西西里晚禱起義」。

這時，海外之地尚存的最後幾天裡，大家才終於團結合作。條頓騎士、聖殿騎士、醫院騎士三大騎士團的團長都到齊，首次沒有彼此爭吵。雖然敵眾我寡，起碼是七對一，但他們還是設法撐住了一個多月。然後，在一二九一年五月十八日，其中一道防禦城牆被打穿了一個洞，於是伊斯蘭部隊一擁而入。

少數人設法逃到停在港口裡的船上，其他人則全部都遭屠殺。多虧了英勇的軍事修會，犧牲自己性命來掩護撤退，大多數的撤退生還者都是婦孺。

阿卡淪陷使得基督徒再也無望控制黎凡特地區，海外之地大部分騎士都在這場戰鬥中喪生，沒有人活下來捍衛剩下的領土。東方奴隸市場充斥著大批基督徒俘虜，供過於求，以致一名女孩的身價跌至一枚硬幣。到了年底，最後一批十字軍擁有的城鎮與城堡也都投降了，消滅海外之地使其猶如從未存在過一般。為了確保繼續做到這點，穆斯林拆除沿海每一座防禦工事，偉大的城市阿卡、泰爾以及的黎波里自古以來就是文化與學習中心，如今則全都化為焦土廢墟，永遠無法再度崛起。

聖地的穆斯林們倒不需要費心去毀掉他們自己的城市。到了一三〇〇年，明顯可察覺到世界已經改變。中世紀的教廷稱霸歐洲舞台將近兩百年，所受損害最明顯可見。十字軍東征一再失敗且愈來愈政治化，侵蝕了教廷的權威，阿卡淪陷後不到二十年，教廷就已不再有能力發起大規模的運動。一三〇九年，教宗離開羅馬前往位於法蘭西的亞維農（Avignon），其後七十年裡的歷代教宗都普遍被視為法蘭西國王的階下囚。隨之而來的是尷尬的「大分裂」（Western Schism）局面，期間甚至有過出現三人同時自立為教宗的情況。梵諦岡從此再也未能完全恢復它曾在西歐有過的世俗權威。

軍事修會的命運

教會的主力軍也同樣受到連累，為了捍衛聖地而創立的各大十字軍修會，也因為海外之地的淪陷而被剝奪掉他們的主要目標，三大軍事修會都得遷移並另覓繼續存在的理由。聖殿騎士團重組了他們位於法蘭西的總部，運用龐大資產成為西歐主要的貸款組織之一。他們擁有的巨富、免稅地位，以及國際關係，實際上等於讓他們成了國中之國，而且還是個武裝國家。欠他們錢者怨恨他們，他們所到之處的當地政府怕他們，幾乎所有人都不信任他們。

在這樣的趨勢下，他們成了絕對無法留情的目標對象，阿卡淪陷才不過二十年，他們就淪為阮囊羞澀的法蘭西國王，與待在亞維農乖乖聽命的教宗的怨恨對象。國王根本就不怕會遇到抵抗，他很精明地趁著聖殿騎士團大多數人遠赴西班牙作戰時動手，留在法蘭西的聖殿騎士不是年邁就是受傷，都是些來日不多的退役者。在酷刑拷問之下，他們承認了幾乎令人難以相信的事情：對著十字架苦像撒尿、裝扮成木乃伊頭像來膜拜魔鬼、舉行褻瀆的祕密儀式、密謀摧毀歐洲各地基督徒。隨之而來的是更多的逮捕與處決，最後終於對團長本人雅克・德・莫萊（Jacques de Molay）施以引起公憤的處決。

這位七十歲的老僧被拖到搭建在塞納河中一座島上的木台上，面對嘲弄起鬨的群眾，他的後方則聳立著哥德式聖母大教堂，一位教宗代表宣讀出團長罪狀，罪狀以很不堪的細節詳列出種種罪行。然後用鐵鍊將莫萊綁在樁上，點燃成堆柴枝，聖殿騎士團最後一任團長就活活被燒死了，臨死仍堅稱自己是無辜的。[4]聖殿騎士團正式被廢除了，逃過法蘭西君王搜刮的財富則都分贈給了其他修會。

醫院騎士團應付得比較好，從聖殿騎士團的命運學到了要順著民意。他們小心翼翼維護醫院、辦學校，以大量金錢和食物賑濟貧困。在所有軍事修會中，他們的後續生涯是最多采多姿的，海外之地淪陷後，他們逃往羅得島（Rhodes），在島上繼續肩起保護基督教世界的責任，抵禦伊斯蘭的前進勢力。他們抵禦了無數次進攻，直到一五二二年一次龐大規模的土耳其人入侵，將他們趕出了羅得島。接下來八年裡他們四處流浪，尋覓另一處家園，最後終於在馬爾他島（Malta）落腳，多虧了他們的慈善工作，西班牙國王准他們以一隻馬爾他獵鷹的代價為年租。幾年後，他們再度擦亮了招牌，七百名騎士英勇對抗四萬多名入侵的土耳其人，捍衛該島，而且竟然打了勝仗。後來儘管拿破崙在政治上解散了他們，但直到今天他們仍留在島上，成為一個人道組織。

條頓騎士團在波羅的海東部建立了一個國家，躲開伊斯蘭的迫害或騷擾，他們在那裡專注於讓中世紀的立陶宛基督教化。幾年之內，他們就成了主要勢力，開始扮演起傳統國家的角色。經過一番風雲詭譎的政治操弄之後，他們被一支波蘭與立陶宛聯軍打破了一切。幾年後，在宗教改革期間，他們的團長改信路德宗，修會則失去了大部分所餘領土。拿破崙和希特勒時代都取締過他們，但該組織仍留存到今天，成為一

4 作者注：起初他在酷刑拷問下招供，但在被帶往木樁時卻大聲推翻供詞，據稱他還咀咒法蘭西國王與教宗，預言他們將在一年又一天之內得要為他們的罪行負責。這兩人果然也在那年尚未結束前就先後死去，因此普遍認為這是上天對他們鎮壓聖殿騎士團所施的報應。

個慈善機構，既有新教分會，也有天主教分會。

雖然條頓騎士團和醫院騎士團都在十字軍東征中倖存下來，但卻愈來愈被當成了古董。即使是繼續英勇抵抗伊斯蘭的醫院騎士團，也是純粹抱著防禦態度去做此事。無論他們對抗伊斯蘭的英勇行徑在西方宮廷裡贏得了多少掌聲，但真相卻是，到了一三〇〇年時，歐洲已經對收復遠方的耶路撒冷失去了興趣，而且完全只一心一意顧著近在眼前的事務。雖然有過個人發起的零星嘗試，去協助遺留在當地的基督徒百姓，但西方卻再也沒有發動另一次大規模的十字軍東征。

海外之地的大夢，一個在聖地發亮、能迎來基督二度降臨的基督徒綠洲，這場夢結束了。剩下的只是幾座毀壞的城堡以及一則則故事。

結語　尾聲

我們個個都在睡夢中殞滅，狼悄悄進了羊棚……。

——塞巴斯蒂安．布蘭特（Sebastien Brant），《愚人船》（*Ship of Fools*），一四九四年

十字軍留下了很糾結的遺產，這遺產大部分深受世人誤解。今天普遍臆斷是他們毒害了東方與西方的關係，造成伊斯蘭武裝化，並導致了幾世紀的不信任與苦楚；他們的主要罪孽除了駭人聽聞的表裡不一之外，就是摧毀了伊斯蘭的開明時代，迫使它變得強硬與內向，把伊斯蘭逼到了去擁抱暴力的聖戰。換句話說，十字軍是種下了今

天恐怖主義苦果的始作俑者。

不幸這個觀點根深柢固又大錯特錯，伊斯蘭世界根本就不曾受到十字軍的蹂躪，除了一些地名與幾項民間傳說之外，他們認為這事與他們毫不相干，而且很快就忘掉了。阿拉伯文裡並沒有「十字軍」一詞，直到十九世紀下半葉才出現此詞，而且快到二十世紀時阿拉伯史上才首次提到了十字軍。[1]一則因為伊斯蘭並未區分「十字軍」與其他異教徒之故，再則事實是，就扭轉伊斯蘭進攻局勢而言，十字軍是落得了慘敗，他們不比其他曾經力圖阻擋必勝的伊斯蘭卻不得其果的異教徒更值得被記住。

當然，就短期而言，十字軍東征的確有過些戰術上的成功，他們設法保住耶路撒冷將近一百年之久，並迫使伊斯蘭世界將其資源集中在聖地，而不用於新的征服上。但是一等到耶路撒冷淪陷，伊斯蘭就又繼續無情的擴張了。

伊斯蘭的聖戰頭四個世紀已征服了基督教世界的大部分，十字軍東征打斷了其征服，但這場打斷結束後，穆斯林軍隊又再繼續進軍征服其餘部分。有個充滿活力的亞洲民族因其首領名字奧斯曼（Osman），而命名為鄂圖曼土耳其人。在此民族領導下，伊斯蘭之劍再度直指拜占庭，這是唯一還留在亞洲的基督徒勢力。到了一三三一年，該帝國在安納托利亞最後一個主要城市尼西亞淪陷，據有此地一千多年之久的拜占庭帝國從此被驅逐出了亞洲。一三四八年鄂圖曼人開始入侵歐洲，很快就併吞了希臘、馬其頓以及巴爾幹大片領土，使得昔日強大的東羅馬帝國縮減到了只比君士坦丁堡稍大一點的面積而已。

後來歐洲有過兩次認真嘗試要解救拜占庭。一三九六年，匈牙利國王西吉斯蒙德（Sigismund）組織了一支「十字軍」，因為如果君士坦丁堡淪陷的話，他的王國就會是下一個被併吞的對象，因此他號召了受到類似威脅的東歐諸國共組聯軍。他們在希臘城市尼科波利斯（Nicopolis），也就是今天的普雷韋扎（Preveza），迎戰鄂圖曼軍隊，就在一千四百年前奧古斯都大帝打敗馬克・安東尼與埃及豔后地點的附近。該城名字意指「勝利之城」，結果卻成了殘酷的諷刺。大多數基督徒都遭屠殺，只有少數幾個逃進附近的樹林裡。不幸被生擒者則被赤裸拖到蘇丹面前，強迫他們跪下然後斬首。保加利亞所餘部分到了那年年底也都被土耳其人併吞。

第二次也是最後一次嘗試阻止進攻是在一四四四年。連串受到威脅的國家在外西凡尼亞（Transylvania）領導下，這是位於今天羅馬尼亞中部的一個中世紀國家，意

1 作者注：出自Sayyid Ali al-Hariri's *Splendid Accounts in the Crusading Wars* was publishedin 1899。

圖透過攻擊鄂圖曼國土來保護匈牙利，但卻在越過保加利亞時被打得全軍覆沒，被俘者不是遭殺害就是販賣為奴。[2]

這場敗仗打破了基督教東歐的後盾，就此決定了拜占庭的命運。一四五三年五月二十九日，擁有兩千多年歷史的羅馬帝國結局終於來臨，在一陣砲火硝煙之中，伊斯蘭部隊從君士坦丁堡防禦城牆的破口中衝了進去，而這些城牆曾在過去千年中抵擋過無數次攻擊。基督教世界最壯麗的聖索菲亞教堂被改造為清真寺，這座基督東正教的首都也成了新興伊斯蘭勢力的中心。

西歐對這一切的反應是大感震驚。儘管受到幾個世紀的攻擊，他們還是繼續相信會出現某些奇蹟，或者事情並不可能如報告所說的那麼糟，君士坦丁堡一直都處於災厄邊緣，承受過無數次一波波的攻擊者，肯定應該還是能再撐得過另一次。不管怎樣，這威脅是遠在天邊的。

只不過現在已經不是遠在天邊了。鄂圖曼軍隊長驅直入阿爾巴尼亞和波士尼亞，殲滅了派來抵抗他們的軍隊。征服了君士坦丁堡的蘇丹現在控制住亞歷山大港、耶路撒冷、安條克和君士坦丁堡，基督教世界五大城之中的四座，而且他毫不隱瞞接下來就要進軍羅馬的事實。一四八〇年，蘇丹的軍隊在義大利南部登陸，蹂躪了奧特朗托城（Otranto）。八百名城民拒絕改信伊斯蘭教而遭斬首，其餘的則販賣為奴。

恐慌席捲了義大利半島，發狂般發布了號召十字軍的新呼籲，但似乎沒有任何事能搖醒渾噩昏睡中的歐洲。有位當代的日耳曼作家在一首名為《愚人船》的諷刺詩畫龍點睛道出了這種情緒：「我們個個都在睡夢中殞滅，狼悄悄進了羊棚……。」聽到四大名城當下已落入伊斯蘭枷鎖中之後，他以一個幾乎會成真的陰暗預言結束了這首詩：「但他們已因此喪失生命並遭劫掠，很快地『頭部』就會遭到攻擊。」

蘇丹的意外身亡阻止了鄂圖曼人利用他們在義大利的立足點，但在東歐的征服行動仍然推動得很快。一五二一年，最後一批塞爾維亞人的抵抗瓦解，於是伊斯蘭軍隊進入匈牙利。隔年鄂圖曼人將醫院騎士團趕出羅得島，並開始征服東地中海地區。在那十年結束前，他們已經併吞了匈牙利並進入奧地利國境。到了一五二九年，他們已來到維也納城門前，準備攻入中歐了。

相當諷刺的是，最後拯救了歐洲的卻是其西方的十字軍。伊比利半島經過七百年

---

2 作者注：這就是所謂的「瓦爾納十字軍」（Crusade of Varna），因這座保加利亞城市而命名，十字軍最後就是結束在這裡，這是基督徒與穆斯林之間的最後一次大規模交手且具有「十字軍東征」特質。

奮鬥要掙脫伊斯蘭的掌控，也就是眾所周知的「收復失地運動」，就在東歐正開始向鄂圖曼的進攻屈服之際大功告成。一四九二年，伊比利半島上最後一個埃米爾國格拉納達（Granada）投降了。而新近完成統一的西班牙王室也決定資助哥倫布航海之旅，因此得到的財富，加上文藝復興而產生科學與經濟進步的爆炸性成長，把歐洲推入了現代化的世界。哥倫布航行後不到一百年，西班牙國王統治的領域就讓蘇丹國小巫見大巫，而故步自封的鄂圖曼人則正在成為「歐洲病夫」。

雖然哥倫布在一四九二年曾祈禱說，要是發了財就會用來解放耶路撒冷，他已經算是快絕種的一群人了。啟蒙時代的理性新歐洲可沒什麼時間去緬懷十字軍東征。啟蒙時代的人們認為十字軍信仰驅使下犯下罪孽，而且是那種迷信的終極例子，這驅使伏爾泰這類人要求*Ecrasez L'Infame*（粉碎敗類），這「敗類」指的就是天主教會。

留存下來的十字軍東征版本都是些浪漫故事，若非像「獅心王」理查這種美化而得人心的人物，就是拿來跟開明的穆斯林人物如薩拉丁之流比較，將他們呈現為受到誤導的狂熱分子。這些到了十九世紀又被帝國主義列強拿來利用，將之塑造為早期欲將文明帶給民智未開中東的嘗試。

西歐殖民國家就是把這種對十字軍東征歪曲、斷章取義的詮釋重新引入伊斯蘭世界，歐洲人費盡苦心去指出他們的教化使命和被遺忘的十字軍東征的浪漫認同。[3]這是個深受憎恨的訊息。對於伊斯蘭而言，從十六到十九世紀這些年裡，是非常困惑的。穆斯林世界變得在文化上故步自封又開倒車，仍然自以為是天下第一，殊不知西方早已飛躍超過了它。穆斯林無助地眼看著偉大的鄂圖曼帝國淪為無能的傀儡，只因為歐洲人其實不知道該拿它的領土怎麼辦才好，這才免於全面瓦解。

一次大戰後，由倫敦與巴黎的外交部來決定中東命運時，這恥辱感就變得更劇烈，再也無法視而不見了，這些異教徒遠遠勝過了伊斯蘭信徒。對於感受到輕視又沒被當一回事的穆斯林世界而言，十字軍東征忽然間變得有關連了，那是抵禦外侮振奮人心的時刻，成功地把西方人驅逐了出去。由於薩拉丁是庫德人出身，加上他稱霸的時間並不長，因此大多數阿拉伯人史書都將他排除在外，但如今他卻驟然成為泛伊斯蘭的大英雄。[4]

3 作者注：第一次世界大戰後隨之而來的鄂圖曼帝國殞落餘波中，奉命掌控敘利亞的法國將軍就曾昭告說：「薩拉丁看呀！我們又回來了！」

4 作者注：一八九八年，來訪的德國皇帝威廉二世見到被人遺忘的薩拉丁遺體葬在一口破舊木棺裡，大感驚駭，於是出資買了一口很龐大的白色大理石棺，以便配得上這位「兄弟皇帝」。

以色列的建國更加強了這新發現的重新認識，儘管其實那是個猶太人的國家，但卻被穆斯林世界視為新的十字軍國家。在敘利亞，薩拉丁的臉孔出現在郵票與貨幣上，首都大馬士革城外也樹立起一尊雄偉的青銅騎像，後面還拖著兩名基督徒俘虜，銘文寫著：「耶路撒冷的解放」。伊拉克獨裁者海珊不甘示弱，自稱為新的薩拉丁，還樹立了四尊他本人的銅像，每一尊銅像都戴著狀如圓頂清真寺的頭盔，這是在指薩拉丁收復了耶路撒冷各聖地。[5]

但諷刺的是，過去那宛如滑稽漫畫般的十字軍東征，由暴虐、不文明的西方人發動平白無故的攻擊，攻擊更加和平、開明的東方，卻又滲回到西方來。前美國總統克林頓在二〇〇一年所說的話大概最有名了，他沉思恐攻問題基本上其實是十字軍當年種下的惡果如今報應了。

但像這樣的觀點可說是危險的，理由有很多，尤其是這觀點扭曲過去來配合當前的政治需求。古羅馬詩人西塞羅和維吉爾曾寫道，「歷史是生命的老師……」，還有「枝彎樹亦傾」。誤用歷史的誘惑無所不在又強大，必須不惜代價抗拒這誘惑才行。我們不必同意拿破崙所說的「歷史只不過是連串商定了的謊言」，也看得出意圖透過捏造過去以控制眼前的危險。十字軍東征並非東西方或甚至是基督教與伊斯蘭之間的第一場大衝突，也沒有無法挽回地造成這兩大宗教對立或其中一方衰落。

然而，十字軍東征還是有很重大的意義，東征之初，中世紀教會正在成為基督教世界裡的中心組織力量，只憑著一次演講，烏爾班二世就發起了一項運動，激發多達十五萬人離鄉背井，還意圖步行將近三千英里路前往耶路撒冷。到了東征結束時，教宗這番不自量力已轟然失敗，為後來的宗教改革鋪了路。

教宗們還不是唯一愈來愈虛弱者。諷刺的是，十字軍表面目的是去東征，實際上削弱基督教世界的卻是他們。第四次的十字軍打垮了君士坦丁堡這座大堡壘，基督教世界也被撕裂成了「羅馬公教」和「希臘正教」兩半，雙方本來已經疏遠了很多個世紀，但是一二〇四年以後，他們就不再認為對方是徹底的基督徒了。[6]

十字軍東征在西歐人的家鄉卻有著幾乎截然相反的效果，他們成了改變「騎士」

5 作者注：至於海珊同時也在意圖滅絕薩拉丁的族人庫德人一事，似乎一點也沒讓他感到不安。

6 作者注：整整八百年後，才算有了某種和解。二〇〇四年，教宗若望保祿二世對此表示歉意，說就算過了八個世紀也沒能減輕他身為天主教徒所感受到的「痛苦和厭惡」。君士坦丁堡的普世牧首巴爾多祿茂接受了道歉，提醒他的聽眾「和解的精神比仇恨更強大」。

概念的催化劑。一〇六六年隨著征服者威廉在黑斯廷斯打仗的人，只不過是略為吹捧美化了的騎馬傭兵而已，他們有效率、強大而且殘暴。最初的改變起於烏爾班的演講，教宗主張他們應該利用武器去為更高的感召效勞。這些話都被騎士們聽了進去，於是「騎士之道」應該包括一套行為準則的理念最終也傳回了家鄉。[7]第一次十字軍東征後不到一百年，騎士之道的理念就在詩歌如《羅蘭之歌》（*Song of Roland*）以及亞瑟王傳說中具體呈現出來，兩者在十二世紀初都各有其最著名的文學形式，並成了中世紀的暢銷作品。[8]換句話說，十字軍幫忙創造出了身穿閃亮盔甲的偶像形象，後來成為中世紀的象徵。

最後，十字軍東征也促進了義大利海上共和國的發展，也就是威尼斯與熱那亞，讓它們幾乎不受限通往地中海東部的市場，通常這對他們的穆斯林與拜占庭同行而言是很不利的。因此而產生的財富不僅為歐洲帶回了新奇事物[9]，而且也創造出富商階層，他們的子孫將會成為日後義大利文藝復興的資助人。

這些理由就足夠讓我們去探討十字軍世界，而不會超出其恰當的背景脈絡。十字軍東征展現出人類十足的愚行與理想主義，吹噓著一群聖人、流氓，以及介乎二者之間的每個人。十字軍東征顯示出即使歷史不是重複的，人性卻不斷重複，開闊了我們的眼界，看到一個比我們的世界更廣大不同的世界。

十字軍東征故事恰好也是迷人的。

7 作者注：聖殿騎士團甚至自稱為「新騎士之道」。

8 作者注：《羅蘭之歌》（*La Chanson de Roland*）寫於十一世紀末或十二世紀初。亞瑟王傳說則大部分出於「蒙茅斯的若弗魯瓦」（Geoffrey of Monmouth）的杜撰，他把亞瑟王納入寫於一一三〇年代的《不列顛諸王史》（*History of the Kings of Britain*）中。英格蘭詩人瓦思（Wace）進一步充實了此傳說，在寫於一一五五年的《布魯特傳奇》（*Roman de Brut*）中首次提到圓桌。

9 作者注：杏仁、檸檬、某些的香水，還有現代吉他的祖先，都是海外之地盛行的出口貨。

參考書目

第一手資料

An Arab-Syrian Gentleman and Warrior: Memoirs of Usamah Ibn Munqudh. Translated by Philip K. Hitti. Princeton: Princeton University Press, 1987. Print.

Andrea, Alfred J., ed. Contemporary Sources for the Fourth Crusade. Leiden: Brill, 2000. Print.

Brundage, James A. The Crusades: A Documentary History. Milwaukee, WI: Marquette UP, 1962. Print.

Chartres, Fulcher, Harold S. Fink, and Frances Rita Ryan. A History of the Expedition to Jerusalem, 1095-1127. New York: W. W. Norton, 1973. Print.

Cobham, Claude Delaval. Excerpta Cypria; Materials for a History of Cyprus. Cambridge: U, 1908. Print.

Comnena, Anna, E. R. A. Sewter. The Alexiad. London: Penguin, 1969. Print.

Coulton, G. G. From St. Francis to Dante. London: David Nutt, 1906. Print.

Crusader Syria in the Thirteenth Century: The Rothelin Continuation of William of Tyre. Translated by Janet Shirley. Brookfield, Vt.: Ashgate, 1999. Print.

Edbury, P. W., and John Gordon. Rowe. William of Tyre: Historian of the Latin East. Cambridge: Cambridge UP, 1990. Print.

Gabrieli, Francesco. Arab Historians of the Crusades. Berkeley: U of California, 1969. Print.

Guibert of Nogent. The Deeds of God through the Franks. Translated and edited by Robert Levine. Rochester: Boydell, 1997. Print.

Hebraeus, Bar, and E. A. Wallis Budge. The Chronography of Gregory AbÃ»'l Faraj, the Son of Aaron, the Hebrew Physician, Commonly Known as Bar Hebraeus; Being the First Part of His Political History of the World. London: Oxford U, H. Milford, 1932. Print.

Hill, Rosalind. Gesta Francorum et aliorum Hierosolymitanorum. London: T. Nelson, 1962. Print.

Bahā' al-Dín. The Rare and Excellent History of Saladin. Translated by Donald Richards. England: Routledge, 2002. Print.

Jones, Hartwell, and Robert Williams. Selections from the Hengwrt Mss: Preserved in the Peniarth Library. London: Thomas Richards, 1892. Print.

Krey, August C. The First Crusade; The Accounts of Eyewitnesses and Participants. Princeton: P. Smith, 1921. Print.

Malaterra, Goffredo, and Kenneth Baxter Wolf. The Deeds of Count Roger of Calabria and Sicily and of His Brother Duke Robert Guiscard. Ann Arbor: U of Michigan, 2005. Print.

Munro, Dana Carleton, and George C. Sellery. Medieval Civilization: Selected Studies from European Authors. New York: Century, 1910. Print.

Nestor, Samuel Hazzard Cross, and Olgerd P. Sherbowitz-Wetzor. The Russian Primary Chronicle: Laurentian Text. Cambridge, MA: Mediaeval Academy of America, 1973. Print.

Nicetas Choniates. O City of Byzantium. Translated by Harry J. Magoulias. Detroit: Wayne State University Press, 1984. Print.

Peters, Edward, ed. Christian Society and the Crusades, 1198-1229. Philadelphia: University of Pennsylvania Press, 1971. Print.

Porter, J. L. Handbook for Travellers in Syria and Palestine: The Peninsula of Sinai, Edom, and the Syrian Desert ; with Detailed Descriptions of Jerusalem, Petra, Damascus, and Palmyra. Trans. Le Strange. London: J. Murray, 1875. Print.

Raymond of Aquilers. Historia Francorum qui ceperunt Iherusalem. Translated by John Hugh Hill and Laurita L. Hill. Philadelphia: American Philosophical Society, 1968. Print.

Robert the Monk. Robert the Monk's History of the First Crusade. Brookfield, Vt.: Ashgate, 2005. Print.

Queller, Donald E., and Thomas F. Madden. The Fourth Crusade: The Conquest of Constantinople. 2nd ed. Philadelphia: U of Pennsylvania, 1997. Print.

Robinson, James Harvey. Readings in Modern European History. Vol. 1. Boston: Ginn, 1904. Print.

Shaw, Margaret R. B., Jean Joinville, and Geoffroi De Villehardouin. Joinville & Villehardouin: Chronicles of the Crusades. Baltimore: Penguin, 1967. Print.

Stone, Edward Noble, Ambrosius, and Robert. Three Old French Chronicles of the Crusades. Seattle, WA: U of Washington, 1939. Print.

Translations and Reprints from the Original Sources of European History. 4th ed. Vol. 1. Philadelphia: Dept. of History of the U of Pennsylvania, 1902. Print.

Zurayq, Constantine K., and Hisham Nashshābah. Studia Palaestina: Studies in Honour of Constantine K. Zurayk. Beirut: Institute for Palestine Studies, 1988. Print.

第二手資料

Asbridge, Thomas S. The Crusades: The War for the Holy Land. London: Simon & Schuster, 2010. Print.

Asbridge, Thomas S. The First Crusade: A New History. New York: Oxford UP, 2004. Print.

Billings, Malcolm. The Cross and the Crescent: A History of the Crusades. New York: Sterling, 1988. Print.

Bradford, Ernle Dusgate Selby. The Sword and the Scimitar: The Saga of the Crusades. New York: Putnam, 1974. Print.

Claster, Jill N. Sacred violence: the European crusades to the Middle East, 1095-1396. Toronto: U of Toronto Press, 2009. Print.

Cobb, Paul M. The race for paradise: an Islamic history of the crusades. New York: Oxford U Press, 2014. Print.

Durant, Will. The Age of Faith: A History of Medieval Civilization--Christian, Islamic, and Judaic-- from Constantine to Dante: A.D. 325-1300. New York: Simon and Schuster, 1950. Print.

Edbury, Peter W. The Conquest of Jerusalem and the Third Crusade: Sources in Translation. Aldershot: Ashgate, 1998. Print.

Gaposchkin, M. Cecilia. The Making of Saint Louis: Kingship, Sanctity, and Crusade in the Later Middle Ages. Ithaca: Cornell UP, 2008. Print.

Harris, Jonathan. Byzantium and the Crusades. London: Bloomsbury Academic, 2014. Print.

Hillenbrand, Carole. The Crusades: Islamic Perspectives. Edinburgh: Edinburgh University Press, 1999. Print.

Lambert, Malcolm. Crusade and Jihad: Origins, History and Aftermath. London: Profile, 2016. Print.

Madden, Thomas F. The New Concise History of the Crusades. Lanham, MD: Rowman & Littlefield : Distributed by National Book Network, 2005. Print.

Nicolle, David, and Christa Hook. The Third Crusade 1191: Richard the Lionheart, Saladin and the Struggle for Jerusalem. Oxford: Osprey, 2006. Print.

Norwich, John Julius. Byzantium: The Apogee. New York: Knopf, 1992. Print.

Norwich, John Julius. Byzantium: The Decline and Fall. New York: Knopf, 1996. Print.

Phillips, Jonathan. The Second Crusade: Extending the Frontiers of Christendom. New Haven: Yale UP, 2007. Print.

Prawer, Joshua. The World of the Crusaders. New York: Quadrangle, 1973. Print.

Reston, James. Warriors of God: Richard the Lionhearted and Saladin in the Third Crusade. New York: Doubleday, 2001. Print.

Riley-Smith, Jonathan. The First Crusade and the Idea of Crusading. Philadelphia: U of Pennsylvania, 2009. Print.

Riley-Smith, Jonathan. The Oxford Illustrated History of the Crusades. Oxford: Oxford UP, 1995. Print.

Runciman, Steven Sir. A History of the Crusades, Volume I: The First Crusade. Cambridge: U, 1954. Print.

Runciman, Steven. A History of the Crusades, Volume II: The Kingdom of Jerusalem and the Frankish East 1100-1187. Cambridge: Cambridge UP, 1987. Print.

Runciman, Steven. A History of the Crusades, Volume III: The Kingdom of Acre and the Later Crusades. Cambridge: Cambridge UP, 1987. Print.

Runciman, Steven. The Sicilian Vespers: A History of the Mediterranean World in the Later Thirteenth Century. Baltimore: Penguin, 1960. Print.

Setton, Kenneth M. The Age of Chivalry. Washington: National Geographic Society, 1969. Print.

Stark, Rodney. God's Battalions: The Case for the Crusades. New York: HarperOne, 2009. Print.

Tierney, Brian, and Sidney Painter. Western Europe in the Middle Ages, 300-1475. New York: McGraw-Hill, 1992. Print.

Tyerman, Christopher. God's War: A New History of the Crusades. Cambridge, MA: Belknap of Harvard UP, 2008. Print.

【Historia歷史學堂】MU0013X

十字軍聖戰：基督教與伊斯蘭的二百年征戰史

In Distant Lands：A Short History of the Crusades

作　　者❖拉爾斯・布朗沃思 Lars Brownworth
譯　　者❖黃芳田
封面設計❖徐睿紳
排　　版❖張彩梅
校　　對❖魏秋綢
總 編 輯❖郭寶秀
責任編輯❖郭棤嘉
行　　銷❖力宏勳

事業群總經理❖謝至平
發 行 人❖何飛鵬

出　　版❖馬可孛羅文化
台北市南港區昆陽街16號4樓
電話：(886)-2-25000888
發　　行❖英屬蓋曼群島商家庭傳媒股份有限公司城邦分公司
台北市南港區昆陽街16號8樓
客服服務專線：(886)2-25007718；25007719
24小時傳真專線：(886)2-25001990；25001991
服務時間：週一至週五 9:00～12:00；13:00～17:00
劃撥帳號：19863813　戶名：書虫股份有限公司
讀者服務信箱：service@readingclub.com.tw
香港發行所❖城邦（香港）出版集團有限公司
香港九龍九龍城土瓜灣道86號順聯工業大廈6樓A室
電話：(852)25086231　傳真：(852)25789337
E-mail：hkcite@biznetvigator.com
馬新發行所❖城邦（馬新）出版集團【Cite (M) Sdn. Bhd.(458372U)】
41, Jalan Radin Anum, Bandar Baru Seri Petaling,
57000 Kuala Lumpur, Malaysia
電話：(603)90563833　傳真：(603)90576622
Email：services@cite.my
輸出印刷❖中原造像股份有限公司
初版一刷❖2018年7月
二版一刷❖2025年7月
紙本書定價❖500元
電子書定價❖350元

ISBN：978-626-7747-00-1
EISBN：9786267747094

城邦讀書花園
www.cite.com.tw

國家圖書館出版品預行編目資料

十字軍聖戰：基督教與伊斯蘭的二百年征戰史 / 拉爾斯.布朗沃思(Lars Brownworth)作；黃芳田翻譯. -- 二版. -- 臺北市：馬可孛羅文化出版：英屬蓋曼群島商家庭傳媒股份有限公司城邦分公司發行, 2025.07
面；　公分
譯自：In distant lands : a short history of the Crusades
ISBN 978-626-7747-00-1(平裝)

1.CST: 十字軍東征 2.CST: 基督教 3.CST: 伊斯蘭教
740.236　　114006642